BENJAMIN KAISER & HEIKO SCHRANG

KULTURMARXISMUS

EINE IDEE VERGIFTET DIE WELT

MACHT STEUERT WISSEN

Über den Autor:

Benjamin Kaiser, geboren 1973, studierte Germanistik, Publizistik und Geschichte an der Freien Universität Berlin. Er ist Unternehmer, Vater von fünf Kindern und lebt in Großbritannien.

Über den Herausgeber:

Heiko Schrang ist einer der bekanntesten Publizisten der freien Medien. Neben seiner Autorentätigkeit ist er auch Inhaber des erfolgreichen Schrang-Verlages. Dort erschienen u.a. sein erstes Buch „Die Jahrhundertlüge, die nur Insider kennen", welches sofort zum Besteller wurde. Außerdem wurde in seinem Verlag „Deutschland außer Rand und Band" von Petra Pausen veröffentlicht. Dieses Buch schaffte auf Anhieb den Sprung in die Spiegel-Bestsellerliste.

Breite Bekanntheit erlangte Heiko Schrang jedoch mit seinem Format Schrang-TV, das mittlerweile zu den größten Youtube-Kanälen im Bereich der Alternativmedien gehört. Heiko Schrang ist bekennender Buddhist und lebt nördlich von Berlin.

… und es ist kennzeichnend für alles Dämonische,
daß es zwar ungeheures Aufhebens macht und viel Bewegungen schafft,
niemals aber noch irgendwem irgendwas danach in der Hand gelassen hat.
Heimito von Doderer

An ihren Früchten sollt ihr sie erkennen.
Matthäus 7,16

Hinweis

Alle Links in diesem Buch wurden zuletzt im August 2018 geprüft.
Sollten Sie, liebe Leserin und lieber Leser, Fehler entdecken würden wir uns freuen, wenn Sie uns dies unter info@macht-steuert-wissen.de mitteilen, damit wir dies in der nächsten Auflage beheben können.

FSC www.fsc.org
MIX
Papier aus verantwortungsvollen Quellen
FSC® C014138

Überarbeitete und erweiterte Ausgabe des Buches: "Kulturmarxismus", erschienen 2018 bei Seuse Verlag, Mühlenbecker Land.

2. Auflage
ISBN: 978-3-945780-61-9

Weitere Informationen zum Buch finden Sie unter: www.macht-steuert-wissen.de
Coverlayout: Freie Vektoren erstellt von freepik, Gesamtmontage Amadeus Holey, Birkenweg 4, 74579 Fichtenau, Mail: a.holey@gundf.de
Druck und Bindung: Finidr, s.r.o. Cesky Tesin

Besuchen Sie uns im Internet unter: www.macht-steuert-wissen.de

Bibliografische Informationen der Deutschen Nationalbibliothek
Die Deutsche Nationalbibliothek verzeichnet diese Publikation in der Deutschen Nationalbibliografie.

Inhalt

Vorwort von Heiko Schrang

Täglich bekommen wir unzählige Buchmanuskripte zugeschickt. Ein Buch zog mich sofort in den Bann, da es so gründlich recherchiert war, wie kein anderes, das ich bislang zu dieser Thematik las. Dies hat mich dazu bewogen, ein Vorwort für dieses - aus meiner Sicht sehr wichtige Werk - zu schreiben.

Es befasst sich mit der Wahrnehmung vieler Menschen, dass sich unsere westliche Welt im freien Fall befindet. Werteverfall, Verrohung, Gewalt und Dekadenz gehören mittlerweile in unseren Städten zur Tagesordnung. Gleichzeitig wird mit aller Macht eine neue Gesellschaft propagiert, die „bunt, offen und tolerant" sein soll.

Mehr noch: Genderwahn, Massenmigration und sexuelle Übergriffe scheinen das Mantra der neuen Zeit zu sein.

Die Kehrseite der angestrebten und scheinbar erreichten Vielfalt ist, dass die Freiheitsrechte des Einzelnen im Zuge dieses Prozesses massiv eingeschränkt werden. Diejenigen, die an Familie, Zusammenhalt und Tradition festhalten, werden mehr und mehr als Nazis und Rechtspopulisten stigmatisiert und gesellschaftlich geächtet.

Nur die Wenigsten wissen, dass sich dahinter ein geheimer, teuflischer Plan verbirgt. Der Grundstein zu diesem wurde bereits vor über hundert Jahren gelegt und umspannt mittlerweile fast die ganze Welt. Benjamin Kaiser deckt auf einzigartige Weise die komplexen Zusammenhänge auf und gibt dem Wahnsinn einen Namen:

„Kulturmarxismus".

Was ist Kulturmarxismus?

Der Glaube an eine größere und bessere Zukunft
ist einer der mächtigsten Feinde gegenwärtiger Freiheit.
Aldous Huxley

1968 begann eine neue Ära. Voller Hoffnung brach die damals junge Generation auf, ihren Traum einer besseren Welt zu verwirklichen. Während Bob Dylan und die Rolling Stones gegen den »Mief« der Nachkriegsjahre ansangen, begannen Akademiker, diese Utopie hinter den Kulissen umzusetzen. Was in kleinen Schritten vor sich ging und große Rückschläge erlebte, ist heute Wirklichkeit.

Europa, wie wir es kannten, gibt es nicht mehr. Wir leben in einer multikulturellen und »vielfältigen« Gesellschaft. Kinder müssen, nachdem sie zu Schuljahresbeginn eine Woche lang über die nationalsozialistischen Verbrechen aufgeklärt wurden, eine »Buntheits- und Toleranzwoche«[1] durchlaufen. »Bunt« und »vielfältig« zu sein, gilt heute als ein allgemein zu akzeptierender Standard. Die »offene« Gesellschaft, von der die 68er träumten, ist auf ihre Weise Wirklichkeit geworden.

Um dies zu erreichen, galt es, die tragenden Säulen der westlichen Welt: Familie, Glaube und Nation einzureißen. Die Mittel, derer man sich bediente, waren vielfältig. Neben der subtilen Lenkung durch Fernsehen, Kino und Musikindustrie, boten Konzepte wie »multikulturelle Gesellschaft« oder »sexuelle Revolution« den nötigen Sprengstoff.

Darüber hinaus kam eine neue Strategie zum Einsatz: der »lange Marsch durch die Institutionen«. Junge Hochschulabsolventen eroberten Schritt für

Schritt Macht und Einfluss in den Institutionen, um ihre Vorstellung einer besseren Gesellschaft umzusetzen. Dieser »lange Marsch« ist aus heutiger Sicht erfolgreich abgeschlossen. Die 68er beziehungsweise ihre ideologischen Nachfolger geben in den Massenmedien, Universitäten und Kirchen den Ton an.

Mit der Macht in den Institutionen wurde auch die kulturelle Hegemonie errungen. Das heißt, es wurde die Möglichkeit geschaffen, vorzugeben, welche Werte in der Gesellschaft gelten und welche nicht. Das auf diesem Weg neu installierte Wertesystem wird gemeinhin als »politische Korrektheit« bezeichnet.

Hinter all dieser absichtlich herbeigeführten Veränderung steht ein Traum. Der Traum einer besseren, vereinigten, grenzenlosen Welt, in der alle Menschen gleich sind. Man möchte über den ganzen Erdball hinweg die schöne neue Welt errichten. »Diskriminierung und Ausgrenzung« sollen endgültig der Vergangenheit angehören.

Bunt, offen und vielfältig

Wenn der Faschismus wiederkehrt, wird er nicht sagen:
»Ich bin der Faschismus«.
Nein, er wird sagen: »Ich bin der Antifaschismus«.
Ignazio Silone

Und insbesondere im Marxismus
ist das religiöse Element nicht zu übersehen.
Karl Popper

Um diesen Traum zu verstehen, müssen wir uns auf eine Reise in die Vergangenheit begeben: freizügige Mädchen, Palmenstrand und blaues Meer …

Mehrfach reiste der Maler Paul Gauguin in die Südsee. Als er sich 1895 dort endgültig niederließ, waren seine Berichte schon Legende. Er hatte in Frankreich die Sehnsucht nach einem Paradies auf Erden befeuert. So schrieb er enthusiastisch, die Bewohner »in Ozeanien kennen vom Leben nichts anderes als seine Süße. Für sie heißt Leben Singen und Lieben«.[2]

Weiter berichtete er der Pariser Leserschaft, im »›Dschungel im Inneren der Insel‹ sei er auf ein Volk von edlen Wilden gestoßen, das unschuldig und sorgenfrei nur dem Gesang, dem Tanz und der freien Liebe lebe«.[3] Besonders beglückend für den unter notorischen Geldsorgen leidenden Maler war, »daß es dort möglich sei, ohne Geld zu existieren«.[4]

Paul Gauguin hatte also nichts Geringes entdeckt. Was er in Tahiti vorfand, war seinen Berichten zufolge das real existierende Paradies auf Erden. Er verweilte dort bis zu seinem Tod unter »edlen Wilden«, die im Naturzustand, friedfertig und unverdorben unter Palmen im Einklang mit sich selbst, ihren Mitmenschen und der Umwelt lebten.

Wir stellen uns den Maler Paul Gauguin entsprechend vor: Ein Leben ohne Geldsorgen, Lebensmittel schenkt die Natur in Hülle und Fülle, man muss nur die Hand ausstrecken, um sich mit Kokosnüssen, Bananen und Fischen zu sättigen. Abends tanzen spärlich bekleidete Südseemädchen bei entspannter Musik um ein Lagerfeuer. Die »edlen Wilden« sind in sich ruhende, erfüllte Menschen, sexuell experimentell und kennen keine Konflikte. Sie teilen solidarisch, was die Natur ihnen schenkt, sie sind gegenüber Fremden offen und tolerant.

Wie wir wissen, sah die Wirklichkeit radikal anders aus, als Gauguin sie dem Pariser Publikum schilderte. Weder konnte er jagen und fischen, noch war er in der Lage, »in den Bergen Bananen zu pflücken«.[5] Er musste bei einem chinesischen Händler teure Importkonserven kaufen, die aus Europa bis in die Südsee verschifft wurden. Die »edlen Wilden« führten einen harten Existenzkampf, und als die erwarteten Zahlungen aus Frankreich ausblieben, lebte der Künstler nur noch von Wasser und Reis. Von »solidarischer Hilfe« der »edlen Wilden« war wenig zu spüren.

Finanziell schlug noch ein anderer Notstand schwer zu Buche: An die angeblich »sexuell freizügigen Eingeborenen-Mädchen« kam er nur schwer heran. Er musste sich Prostituierte halten. So lebte er lange Zeit mit dem käuflichen Mädchen Titi zusammen, das er auch malte, und selbst das natürlich gegen Bezahlung. Dabei fiel ihm Titi noch mit ihrem Geschwätz auf die Nerven.[6]

Mit den Jahren wurde das vermeintliche Südseeparadies dem an Syphilis erkrankten Künstler zum Verhängnis. Als er kurz vor seinem Tod den Wunsch äußerte, nach Frankreich zurückzukehren, riet man ihm davon ab. Seine Rückkehr würde das Bild zerstören, das er in Europa geschaffen hatte und dem Verkauf seiner Gemälde schaden. Schließlich starb Gauguin in seiner Not unter Palmen, ohne die Heimat je wiedergesehen zu haben.

Wir mögen heute vielleicht über Gauguins Naivität lächeln, dürfen jedoch nicht übersehen, der große Künstler legte in der Südsee nicht nur einen wesentlichen Grundstein zur Moderne in der Malerei. Mit seiner Eskapade brachte er den Traum der modernen Menschheit selbst zum Ausdruck. Er war aufgebrochen, die seit Aufklärung und Französischer Revolution verbreitete Utopie einer besseren Welt auf Erden zu leben. Das hieß konkret, sich nicht mehr auf ein fernes Jenseits vertrösten zu lassen, sondern tatsächlich hier und jetzt das Paradies zu suchen und zu verwirklichen.

Dieser Traum des modernen Menschen hat bis heute nichts von seiner Aktualität eingebüßt. Er tritt in immer neuen Varianten auf, derzeit in der westlichen Welt als das Ideal einer neuen Gesellschaft, in der die freie Selbstverwirklichung des Einzelnen mit der globalen Solidarität aller Menschen Hand in Hand geht. In Deutschland wird diese neue Gesellschaft zum Beispiel mit den Worten »offen«, »bunt« und »anders« beworben. Weitere in diesem Kontext stehende Wörter sind »tolerant«, »vielfältig« und »Willkommenskultur«.[7]

Das Paradies auf Erden

Mit Aufklärung und Französischer Revolution begann nicht nur die Befreiung des Menschen »aus seiner selbst verschuldeten Unmündigkeit«,[8] es nahm der Traum der modernen Menschheit seinen Anfang: Die Erde sollte zu einer Heimstatt des Friedens und der Gleichheit aller werden, Kriege und Ungleichheit für immer ein Ende finden und die gerechte Verteilung der materiellen Güter sichergestellt sein. Diese Utopie ist aktueller denn je und ihre Umsetzung besitzt für diejenigen, die diesen Traum hegen, eine ungeheure Dringlichkeit: »Lasst uns wenigstens den Weltuntergang verhindern. Es ist fünf vor zwölf, und wir haben nicht mehr viel Zeit.«[9] So der ehemalige US-Präsident Barack Obama.

Im Rahmen dieser Dringlichkeit geht es sowohl um Gerechtigkeit, die Gleichstellung aller Menschen, als auch den Kampf gegen »Unterdrückung, Rassismus, Homophobie und Nationalismus«.

Die Antworten zur Umsetzung dieser Ziele kennen zahlreiche Facetten, ein wesentlicher Aspekt ist, dass die schöne, neue Welt nicht nur im kollektiven

Sinne besser als der jetzige Zustand der Welt sein wird, sondern dem Einzelnen Erfüllung, Selbstverwirklichung sowie ein Leben in Freiheit und Wohlstand ermöglichen soll.

Wesentliche Voraussetzung für das Funktionieren dieser Utopie ist die Theorie, der Mensch wäre von Natur aus gut, man müsse ihn nur von seinen zivilisatorischen und überkommenen moralischen Fesseln befreien. Man muss sogar sagen, die Vorstellung davon, dass der Mensch gut sei und sein Gutsein nur unter einer Kruste gesellschaftlicher Deformierungen wiederentdeckt werden müsse, ist elementare Grundlage für die Erschaffung der neuen, globalen Gesellschaft.

Diese Theorie ging prägend von Jean-Jacques Rousseau aus, der postulierte, der Mensch wäre erst durch Zivilisation, bürgerliche Gesellschaft und christliche Moralvorstellungen verdorben worden. Als Beweis für diese Theorie führte Rousseau an, irgendwo auf der Erde gäbe es immer noch »edle Wilde«. Genauer genommen existierten diese in Nordamerika und der Südsee, wo sie unberührt von bürgerlich-familiärer Enge wie im Paradies im Einklang mit ihren Mitmenschen und der Natur lebten.

Diese »edlen Wilden« benötigen, wie später Gauguin zu beweisen suchte, kein Geld, sind sanftmütig und könnten nicht anders, als einander zu lieben. Weder würden sie lügen, noch gäbe es bei ihnen Könige und Gerichtsverfahren. Selbstverständlich ist der »edle Wilde«, wie wir gesehen haben, nackt und sexuell freizügig.

Dieses Ideal sollte ein Jahrhundert später in die Vision des befreiten, sich in Harmonie mit der neuen Gesellschaft selbst verwirklichenden Menschen münden: »An die Stelle der alten bürgerlichen Gesellschaft [...] tritt eine Assoziation, worin die freie Entwicklung eines jeden die Bedingung für die freie Entwicklung aller ist.«[10]

Was Marx und Engels hier programmatisch formulierten, war für viele bis dahin eine Unvorstellbarkeit. Es war die grandiose Hoffnung auf Aufhebung des jahrtausendealten Gegensatzes zwischen individuellem Streben und gesellschaftlichen Verpflichtungen. Es war die Hoffnung auf eine Welt, in der sich der Einzelne und die Gesellschaft harmonisch zu einem Ganzen zusammenfinden, sich ergänzen und gegenseitig beglücken. Die Selbstverwirklichung des Einzelnen würde den solidarischen Zielen der Gesellschaft dienen und die Gesellschaft wiederum solidarisch den Einzelnen bei seiner Selbstverwirklichung unterstützen.

Auch der Zusammenbruch des Sowjetkommunismus hat diesem Traum keinen Abbruch getan. In Westeuropa und Nordamerika, der ehemaligen sogenannten »freien Welt«, erlebt die westliche Sonderform des Marxismus eine unerwartete Renaissance. Der Ruf nach Verwirklichung einer neuen Gesellschaft erschallt hier lauter denn je.

Ein Gründungsmythos für diese postmodern-westliche Variante des modernen Menschheitstraums war erneut eine Südseereise. 1925 brach die junge Ethnologin Margaret Mead zu der Südseeinsel Samoa auf. Zwar konnte sie weder die Sprache der dortigen indigenen Völker, noch war sie sonst in irgendeiner Weise besonders auf ihre Reise vorbereitet. Aber sie glaubte bedingungslos an das Gute im Menschen. Dies war der entscheidende Faktor.

Ihr Südsee-Bericht sollte zu einem wichtigen Manifest der 68er-Generation werden. Antiautoritäre Erziehung, sexuelle Vielfalt, friedliche Koexistenz aller Menschen: Die ganze Agenda der nach dem Zweiten Weltkrieg angetretenen jungen Akademikergeneration wurde prägend von Meads Bericht beeinflusst.

Mead fand in Samoa einen fast paradiesisch anmutenden Gegenentwurf zur sexualfeindlichen und gewalttätigen westlichen Gesellschaft. Im Zustand der Verzückung schilderte sie, wie die Jugend Samoas frei und ohne Zwänge heranwuchs, wie sie spielerisch und ohne verklemmte Moralvorstellungen sexuelle Erfahrungen sammelte und somit keine, für die westliche Welt so typischen Neurosen entwickelte.

Weiterhin beobachtete sie nicht nur das Fehlen von Rivalität, Ehrgeiz und Gewalt, sie konstatierte das Fehlen von Vergewaltigungen, Mord und Selbstmord. Die Ureinwohner Samoas schilderte sie als sanfte und lockere Menschen und lag mit der von ihr gezeichneten Südsee-Idylle ganz im Trend der nach dem Ersten Weltkrieg sehr populären Lebensreform-Bewegungen, der »Rohköstler und Nacktturner«.[11]

Als einige Jahre später der Ethnologe Derek Freeman ebenfalls nach Samoa aufbrach, um die Forschungsergebnisse Margaret Meads zu überprüfen, war er besser vorbereitet als seine Vorgängerin. Er beherrschte die Sprache der dortigen Ureinwohner und hatte so die Möglichkeit, direkt in das Leben der Menschen einzutauchen. Seine Ergebnisse standen in solcher Diskrepanz zu den Beobachtungen Meads, dass er sich entschloss, seine Forschungsergebnisse aus Respekt vor ihr erst 1982, also vier Jahre nach ihrem Tod zu veröffentlichen.[12]

Was er beschrieb, rückte das von Mead stilisierte Südseeparadies in ein ganz anderes Licht. Nicht nur lebten die Ureinwohner Samoas keinen friedlichen und glücklichen Gegenentwurf zu den westlichen Gesellschaften. Wie er statistisch erheben konnte, lag die Zahl der Vergewaltigungen, Morde und Selbstmorde im Vergleich zur Bevölkerungszahl deutlich höher als in den USA. Gleichzeitig konnte er eine Vielzahl an Neurosen und psychischen Störungen unter den Eingeborenen beobachten. Auch waren die Erziehungsmethoden der indigenen Bevölkerung keinesfalls sanftmütig und freizügig, sondern von geradezu drakonischer Strenge. Dazu war es mit der von Margaret Mead beschriebenen »freien Liebe« unter den Südseebewohnern nicht weit her. Kein katholischer Bergbauer hätte eifersüchtiger über die Jungfräulichkeit der Töchter wachen können, als die Samoaner.

Aber noch heute gilt Margaret Mead als Ikone, wird sie als »Mutter der sexuellen Revolution« verehrt, wird sie als Kronzeugin für die tatsächliche Realisierbarkeit bunter, diverser und toleranter Gesellschaften angeführt.

Feinde der Menschlichkeit

Wesentlich für alle Facetten des modernen Menschheitstraumes ist die gezielt gesteuerte Wahrnehmung, dass es unter den Menschen nicht nur Befürworter, sondern auch Gegner einer neuen, humanitären Weltordnung gibt. Diesen »Feinden der Menschlichkeit« ist bis heute ausdrücklich der Kampf angesagt.[13]

Dieser Kampf ist nicht neu. Der Traum der modernen Menschheit war schon immer durch die Auseinandersetzung mit »fortschrittsfeindlichen, konservativen und rückständigen« Kräften geprägt, von denen die Gesellschaft »gesäubert« werden müsse. Man sprach von »Reaktionären«, von »Ungeziefer«[14] oder von einem »Pack«,[15] das sich der Revolution entgegenstelle, um aus egoistischen Motiven die neue Gesellschaft zu verhindern.

Zwar kamen die »Säuberungen« mit der Zeit aus der Mode und man bediente sich zunehmend subtilerer Methoden, die neue Gesellschaft zu errichten und die Menschheit von ihren vermeintlichen Fesseln zu befreien. Die Stichwörter sind hier in Folge: »lenken«, »öffnen«, »Erziehung zu sexueller Vielfalt«, »Fake News und Hass-Sprache bekämpfen« oder »Mit Vielfalt gegen Populismus«.[16] Doch das Ziel des neuen, befreiten Menschen blieb das gleiche: Von Natur aus wäre er wieder gut, friedfertig, sexuell freizügig, mit der Befähigung, sich harmonisch in die neue Gesellschaft einzufügen. Dieser neue Mensch bildet die Grundlage der neuen Gesellschaft. Wer sich gegen diese Umerziehung stemmt, wird als »abgehängt und zurückgeblieben«[17] gebrandmarkt.

Um diese »Feinde der Menschlichkeit« zu bekämpfen, musste und muss bis heute hart durchgegriffen werden.[18] Der kommunistische Schriftsteller Bertolt Brecht formulierte dies nicht ohne Ironie in der *Dreigroschenoper:*

Der Mensch ist gar nicht gut
drum hau ihn auf den Hut.
Hast du ihn auf den Hut gehaut
Dann wird er vielleicht gut.[19]

Das Erstaunliche ist: Trotz allem »auf den Hut gehaut«, also trotz stalinistischer »Säuberungen«, Pol Pot und der Kulturrevolution in China mit über 100 Millionen Opfern,[20] ist dieser Traum immer noch aktuell. Weswegen wird also unbedacht aller Rückschläge weiter an der kollektiven Menschheitsbeglückung gearbeitet? Ist der Mensch nicht lernfähig? Ja, es hat sogar den Anschein, als nähere sich das große Menschheitsbeglückungsprogramm langsam aber sicher seinem Finale …

Wie in einer Wagner-Oper häufen sich die Crescendi, Pauken schlagen, Trompeten schmettern. Wäre der Begriff nicht anderweitig besetzt, müsste man von einem »Endkampf« sprechen, in dem die Guten gegen die Bösen zu einer letzten Schlacht antreten. Das große Finale nähert sich seinem Höhepunkt und findet spätestens seit dem Spätsommer 2015 in einer zunehmend gespaltenen Gesellschaft seinen Ausdruck.

»Bunt statt Braun«,[21] steht auf Transparenten, welche die Mitglieder großer Institutionen wie Gewerkschaften, Kirchen und Solidarverbände bei Großveranstaltungen durch die Straßen tragen. Die Welt – oder eigentlich die westliche Welt – nähert sich der Entscheidung: Wird der Traum von der bunten, offenen und vielfältigen Weltgesellschaft Wirklichkeit? Gelingt es, die neue Weltordnung zu errichten?

Ein wichtiges Symptom für das nahende Finale ist die Zuspitzung der Lage: Der offene Kampf gegen die »Feinde der Menschlichkeit« hat begonnen und gewinnt zunehmend an Dramatik.

Das große Finale

Die Auswirkungen dieses Kampfes werfen einige Fragen auf. Warum wird er geführt und wer sind die Nutznießer der zunehmenden Polarisierung? Schaut man in Westeuropa oder Nordamerika in die Medien, ist der Frontverlauf klar: Auf der einen Seite finden sich die Kräfte der »bunten und vielfältigen Gesellschaft«,[22] während auf der anderen Seite »Feinde der Gleichheit und der Menschlichkeit«[23] »diffuse Ängste schüren«,[24] um damit bei »verunsicherten Bürgern«[25] auf Stimmenfang zu gehen.

In Deutschland manifestiert sich diese Art der Berichterstattung seit der Jahrtausendwende beispielsweise bei den Themenfeldern: Einwanderung, Islam, Europäische Union, Gemeinschaftswährung Euro, Energiewende, Bargeldabschaffung und Umsetzung des Programms »sexuelle Vielfalt« in Kindergarten und Schulunterricht. Graustufen in der Berichterstattung sind in den Leitmedien zu diesen Fragen kaum noch zu erwarten. Es wird ohne Warnruf scharf geschossen, Kritikern wird jede Möglichkeit der Rehabilitierung zurück ins gesellschaftliche und berufliche Leben verweigert.[26]

Um diese enorme gesellschaftliche Spaltung zu verstehen, müssen wir einen Blick in die jüngere Geschichte nehmen. Wurde der Zustand, in dem sich die westlichen Gesellschaften befinden, durch eine langfristig angelegte politisch-kulturelle Anstrengung absichtlich herbeigeführt? Auf der einen Seite »offen« und auf der anderen Seite »Rassismus und Homophobie«[27]?

Dass in einer Demokratie mit angeblicher Meinungspluralität diese einfache Freund-Feind-Formel gesellschaftlich eine solche Popularität erlangen konnte, sollte misstrauisch stimmen.

Zwei Fragestellungen können helfen, diesen Tatbestand weiter zu verdeutlichen:

- Warum befinden sich »Jugendliche« seit Ende des Zweiten Weltkriegs in einer permanenten Rebellion gegen die Eltern, die sie im Sinne von »Spießern« abwerten? Weswegen wurde das Ideal der Familie durch die sogenannte »sexuelle Vielfalt«[28] ersetzt?
- Woher stammt das »Recht auf grenzenlose Einwanderung«,[29] das insbesondere in Ländern wie Deutschland und Schweden zu ungeahnten gesellschaftlichen Umwälzungen führt?

In den großen Medien der westlichen Welt herrscht zu diesen Fragen ein Meinungsklima der Alternativlosigkeit. Die Umsetzung der »sexuellen Vielfalt« und Abkehr von »veralteten Lebensformen« wie der Familie[30] wird genauso als definitiv verpflichtend propagiert, wie die Auflösung der Nationalstaaten, als Konstitutionsfaktor demokratischer Selbstbestimmung der Völker. Der Bürger hat zu dieser radikalen Umgestaltung seiner Lebenswelt selbstverständlich die Zustimmung zu geben.

Hieraus erwachsen weitere Fragen:

- Inwieweit sind die Werte, an die wir heute glauben, Ergebnis einer großen Umerziehung?
- Sind die gesellschaftlichen Konflikte, die wir derzeit erleben, planvoll durch eine kleine Minderheit herbeigeführt worden, der es gelang, die kulturelle Hegemonie zu erringen?

Denn in der europäischen Geschichte gehören weder die Dualismen der »sexuellen Vielfalt« versus »Spießerfamilie« noch das »Recht auf grenzenlose Einwanderung« versus »Rassismus und Nationalismus« zum traditionell-kulturellen Erfahrungshintergrund der Menschen. Sie sind vielmehr geschichtlich äußerst jung, sie sind singulär und lassen sich in ihrem Entwicklungsprozess bis hin zu ihrer jetzigen kulturellen Dominanz sehr genau lokalisieren und verfolgen.

Kommunismus, Nationalsozialismus und am Ende Kulturmarxismus?

»Mögest du in historisch interessanten Zeiten leben!« lautet ein alter chinesischer Fluch. Die Beschleunigung der geschichtlich relevanten Prozesse in Richtung einer neuen Gesellschaftsordnung ruft danach, in irgendeiner Weise benannt und bezeichnet zu werden. Für die ideologischen Grundlagen dieser absichtsvollen Bewegung – ja, man muss sagen, der kompletten Umgestaltung der westlichen Gesellschaften – hat sich im angelsächsischen Sprachraum die Bezeichnung Kulturmarxismus *(cultural marxism)* durchgesetzt.

Dieser Begriff ist nicht unproblematisch, lässt er sich doch im ideologisch gewollten Dualismus des »Rechts-links-Schemas« verorten. Auch sind die historischen Ursachen in den USA oder Großbritannien für das Aufkommen des Kulturmarxismus teilweise andere als in Deutschland. Dennoch erscheint die Übertragung dieses Begriffs auch für Deutschland hilfreich und gerechtfertigt zu sein.

Einmal ist die Bundesrepublik nach dem Zweiten Weltkrieg mehr als alle anderen westeuropäischen Staaten durch US-amerikanische Kultur geprägt worden. Zweitens nahm die aus dem Nationalsozialismus resultierende 68er-Revolution[31] in allen westlichen Gesellschaften vergleichbare Züge an. Drittens ist gerade die Konsumkultur, also Musik, Film und Unterhaltungsliteratur hier weitestgehend uniform, sodass dieser prägende Einfluss zu einem vergleichbaren Ergebnis führen konnte und musste.

Als weitere Gemeinsamkeit ist das zu untersuchende Phänomen des Kulturmarxismus mit der Vorstellung einer »kollektiven Schuld« verbunden. Diese Schuld gibt vor, in allen westlichen Gesellschaften aus der Geschichte erwachsen zu sein und macht die Diskussion des Phänomens vordergründig schwierig. Denn aus dieser Schuld erwächst die scheinbare Verpflichtung, das Programm des Kulturmarxismus zwingend umzusetzen und jegliche Diskussion darüber zu unterbinden.

Interessant ist in diesem Zusammenhang, dass diese Schuld keinesfalls ein deutsches Phänomen ist. Es handelt sich also um keine spezifisch »deutsche Schuld«, obwohl die zu bezeichnende Schuld nicht nur in Deutschland wesentlich das Merkmal »Hitler« oder »Nationalsozialismus« trägt. Das gleiche Schuldkonzept findet sich vielmehr auch in Ländern wie Frankreich, den Niederlanden und Großbritannien. Dort liegt die propagierte Ursache für das: »Wir sind schuld!« im Kolonialismus des »weißen, heterosexuellen Mannes«.

Überraschend ist, dass sich dieses Schuldkonzept darüber hinaus in Ländern wie Schweden und Dänemark findet, Länder also, die weder Kolonialmächte waren noch in der ersten Hälfte des 20. Jahrhunderts faschistische oder nationalsozialistische Diktaturen hervorbrachten.

Trotzdem ist es gerade die Ära der nationalsozialistischen und faschistischen Regime, die dem Kulturmarxismus entscheidend zum Erfolg verhalfen. Wir können sogar sagen, der Kulturmarxismus ist durchaus ein Kind des Nationalsozialismus. Oder um es prägnant, in einen einfachen, jedoch historisch offensichtlichen Satz zu bringen: Seine Mutter war der Kommunismus, sein Vater der Faschismus.

Kulturmarxismus ist in Folge untrennbar mit einem weiteren ideologischen Konstrukt verbunden: Dem des absolut Bösen im Sinne einer imaginierten, beständig drohenden Wiederkehr des Faschismus, was sich wie bereits erwähnt, in dem Verbot äußert, Kritik an der Utopie eines »bunten, globalen Weltstaates«, in dem »alle Menschen Brüder und Schwestern sind«, nur zu denken.

Aus diesem Zusammenhang stammt das seither in fast allen westlichen Kulturen installierte, mehr oder minder offizielle »Wächteramt«,[32] mit welchem jedes erneute Aufflackern nationalsozialistischer oder faschistischer Regungen im Keim erstickt werden soll. »Der Schoß ist fruchtbar noch, aus dem das kroch«[33] ist der Mahnruf dieser Wächter.

Das Problem ist: So berechtigt dieses »Wächteramt« in seiner aufrichtigen Form auch sein mag, führte es doch als Ganzes nicht nur mit dazu, in den westlichen Kulturen über Schweden, Deutschland, Frankreich und den Niederlanden all das zu ersticken, was einst in ihnen männlich, aufrichtig und echt war. Es führte zur Sterilisation des Weiblichen, Schönen und Mütterlichen in diesen Kulturen und wurde damit zur Mitursache für den kulturellen Niedergang.

Vor allem wurde das zum »Kampf gegen rechts« verkommene »Wächteramt«, indem es zur ideologischen Waffe gegen Rechtsstaat, Familie und Christentum zweckentfremdet wurde, zum Mittel einer drohenden neuen Diktatur. Einer Diktatur, deren ideologische Grundlage der Kulturmarxismus bildet.

Marxismus und Konsumkultur

Die Programmpunkte des Kulturmarxismus sind nicht wirklich neu: die Geringschätzung der Familie als »veraltetes Lebensmodell«, die Demontage des Christentums oder der Frontalangriff gegen den Nationalstaat. All diese tragenden Säulen der westlichen Kultur galten schon Marx und Engels als Hindernisse auf dem Weg in die kommunistische Gesellschaft.[34] Nicht anders stand es in den 1920ern bei vielen Vertretern der »Kritischen Theorie«, jener Neuformulierung des Marxismus durch die Frankfurter Schule. Es galt, die tragenden Säulen der europäischen Kultur zu unterminieren und einzureißen.

Zum Erfolg gelangte dieses Projekt im Westen jedoch erst seit den 1960ern mit dem »langen Marsch durch die Institutionen«. Es kam zu einem beispiellosen Siegeszug, der in die Eroberung der kulturellen Hegemonie in fast allen westlichen Gesellschaften mündete. Aufgrund des langen Weges, den der Marxismus dabei in den westlichen Gesellschaften zurücklegen musste, erfuhr er einige Mutationen. Denn trotz seiner engen Verwandtschaft mit dem von Karl Marx und Friedrich Engels propagierten Kommunismus, ist der Kulturmarxismus auf seine Weise ein recht originelles Phänomen.

Diese Wandlung vom Kommunismus zum Kulturmarxismus war bedingt durch die revolutionären Mittel, mit denen die »bessere Gesellschaft« errichtet werden sollte. Schon in den 1920ern war schnell absehbar, dass in den westlichen Gesellschaften kein Volksaufstand zur Errichtung kommunistischer Räterepubliken zustande kommen würde. Also wurde der Weg der kulturellen Hegemonie, der Marsch durch die Institutionen eingeschlagen.

Unter kultureller Hegemonie war von Anfang an der Anspruch verstanden worden, prägend die öffentliche Meinung so umzugestalten, dass dies zwangsläufig zur freiwilligen Errichtung einer neuen Gesellschaft führen würde. In Deutschland betrifft dies nicht nur die Besetzung der leitenden Redaktionen in allen großen Leitmedien, von der *FAZ* über den *Spiegel* bis hin zu ARD und ZDF.

Weite Teile der Funktionselite innerhalb der politischen Parteien wurden im Rahmen des Marsches durch die Institutionen ebenfalls durch Kulturmarxisten ersetzt. Daher findet man heute, ganz gleich in welches Parteiprogramm wir in Deutschland und Westeuropa schauen, selbst teilweise bei den sogenannten »Rechtspopulisten« im Wesentlichen die gleiche Agenda. Das betrifft in Deutschland das ganze politische Spektrum von den Grünen über die SPD, die FDP, bis hin zur CDU/CSU sowie Funktionseliten der AfD und der Linken.

Der Marsch durch die Institutionen betraf gerade in Deutschland auch die beiden großen Kirchen. Sowohl die evangelische, als auch die katholische Kirche sind heute, gerade was den hohen Klerus anbelangt, weitestgehend kulturmarxistisch ausgerichtet. Allenfalls an den Rändern sind noch kleine Zellen dessen vorhanden, was einstmals die Kirche ausmachte, nämlich die Verkündigung des Evangeliums Jesu Christi.

Ein wichtiger Schwerpunkt des Marsches durch die Institutionen bildeten die Schulen und Universitäten, da man hierdurch den Schlüssel zur Indoktrinierung der nachfolgenden Generationen in die Hand bekam. Daneben standen viele Unternehmen und Nichtregierungsorganisationen im Fokus, deren leitende Posten zunehmend kulturmarxistisch besetzt sind.

Man darf bei alledem nicht übersehen, dass all diese Institutionen in einem jahrzehntelangen, persönlich geführten Kleinkrieg erobert wurden. Gerade dieser Kleinkrieg, ein zähes und individuell geführtes Ringen um gesellschaftlich relevante Posten, war ein wesentlicher Aspekt zur Ausbildung des Kulturmarxismus in seiner heute typischen Form.

Nach dem Zweiten Weltkrieg trat eine idealistische, akademische Jugend an, den »Muff von tausend Jahren« zu überwinden und die Vision einer besseren Gesellschaft umzusetzen. Während sich das »Althergebrachte«, zum Beispiel Moral und Tugenden der Elterngeneration, als gar nicht so stabil erwies wie befürchtet, wurde einer der anfänglichen »Hauptgegner« in seiner erstaunlichen Wandlungsfähigkeit komplett unterschätzt.

Wir sprechen von gewissen Erscheinungsformen des Kapitalismus, die sehr schnell zu ausschlaggebenden Verbündeten im Kulturkampf mutierten. Denn mit dem wachsenden Wohlstand seit Ende des Zweiten Weltkriegs entstand eine neue Form der Konsumkultur, das heißt einer bedingungslosen Konsumhaltung des Einzelnen, die zur Ausbildung neuer Charakterstrukturen führte.

Dies bedingte, dass sich durch das Vermischen marxistischer Ideale und zunehmender Konsumorientierung die ursprüngliche Intention der Kulturrevolutionäre wandelte. Heute gibt es die Ideologie der Politischen Korrektheit, des Gender Mainstreaming und die »Willkommenskultur«. All dies sind Aspekte einer ideologischen Verselbstständigung, hinter der nichts anderes steht, als ein auf seine Weise originelles Konglomerat aus Marxismus und totaler Konsumorientierung. Was bedeutet das?

Kapitalismuskritik war intellektuelles Glanzstück des orthodoxen Marxismus. War im klassischen Marxismus die Zerschlagung zum Beispiel von Ehe und Familie[35] nicht mehr als ein Mittel, um die Produktionsmittel in die Hände der Arbeiterklasse zu bringen, ist im Kulturmarxismus die Stoßrichtung umgekehrt. Falls es überhaupt noch um Kapitalismuskritik geht, dann ist diese

Kritik allenfalls noch Mittel zum Zweck in genau umgekehrter Richtung.

Der Kulturmarxismus ist zwar aus dem Marxismus hervorgegangen, unterscheidet sich jedoch in seiner Mutation vielfach von diesem und späteren Entwicklungsstufen wie beispielsweise der Kritischen Theorie. Dies zeigt sich vor allem in seiner Konformität gegenüber den Interessen multinationaler Großkonzerne, der Verflechtung mit Persönlichkeiten der Hochfinanz wie George Soros, seiner Fixierung auf Wohlstandsprobleme, seiner intellektuellen Anspruchslosigkeit, einer eher gefühlsbetonten »Argumentation« und vor allem seiner Konsumorientierung.

Diese Wandlung mag erstaunen. Wesentlich ist die genannte, in der Menschheitsgeschichte einmalige wirtschaftliche Prosperität der westlichen Gesellschaften nach dem Krieg, verbunden mit einem wachsendem Wohlstand der breiten Bevölkerung bis in die 1990er-Jahre hinein.

»Es ist nicht das Bewußtsein der Menschen, das ihr Sein, sondern umgekehrt ihr gesellschaftliches Sein, das ihr Bewußtsein bestimmt«,[36] ist eine kluge Analyse dieses Umstands durch Karl Marx. Selbstverständlich prägten zunehmender Wohlstand und Konsumorientierung die marxistische Ideologie in Westeuropa und Nordamerika entscheidend. »Das Sein bestimmt das Bewusstsein«, ist die populäre, vulgärmarxistische Übersetzung des obigen Zitats.

Um dies einmal überspitzt und klischeehaft-parodistisch zu skizzieren: Der »typische Kulturmarxist« ist ganz sicher keine »Arbeiter«-Familie mit drei Kindern in einer ländlich »abgehängten« Region; der Vater Mitarbeiter in einem Logistikzentrum, die Mutter Kassiererin bei einem Discounter in Teilzeit. Nach Abzug von Steuern, Sozialabgaben und der Kosten für die Energiewende, lebt diese Familie unter dem Existenzminimum. Der »typische Kulturmarxist« gehört dem Stand der wirtschaftlich bessergestellten, in der Regel akademisch gebildeten urbanen Eliten an: Kulturmarxismus ist ein Oberschichtenphänomen.

Dabei versteckt der »typische Kulturmarxist« seinen hedonistischen Lebensstil und seine materialistische Weltsicht hinter sogenannten »ethischen« Konsumentscheidungen. Hierzu gehören beispielsweise der Kauf von Lebensmitteln im Biosupermarkt, das Buchen »nachhaltiger« Individualreisen in ferne Regionen der Erde, der jährliche Kauf des neuesten Smartphones, Tablets und PCs, ein Zweitwohnsitz auf den Kanaren oder der konsumbedingte Verzicht auf eigene Kinder unter dem Vorwand einer »menschengemachten Klimakatastrophe«.

Waren anfängliche Formen des Marxismus also sehr oft durch eine gewisse Form der Askese zum Wohle der Allgemeinheit gekennzeichnet und war es zum Beispiel üblich, dass Mitglieder kommunistischer und sozialistischer Parteien keinen Alkohol tranken,[37] ist der heute im Westen vorherrschende Kulturmarxismus durch den konsumorientierten Lebensstil seiner Vertreter geprägt. Aus diesem Grund wird vielfach auch von »Konsumkommunismus« gesprochen.

Aufgrund seiner Konsumorientierung tut sich der Kulturmarxismus jedoch sehr schwer damit, sich selbst zu reflektieren. Einesteils steht man ideologisch aufseiten der »Ausgebeuteten und Opfer«, andernteils ist die Diskrepanz zwischen dem eigenen Lebensstil und der propagierten »Solidarität« mehr als offensichtlich. Die Folge sind zahlreiche Verdrängungsprozesse und Ersatzhandlungen. Der Kulturmarxismus ist entsprechend auf einfache Ergebnisse aus und sucht in allen Situationen den »Wohlfühlfaktor«, wie zum Beispiel durch die Verklärung der illegalen Masseneinwanderung nach Europa im Rahmen der sogenannten »Willkommenskultur«. Man möchte unter keinen Umständen mit der Realität in Berührung kommen.

Im Prozess der demokratischen Meinungsbildung ist der Kulturmarxismus »kurz angebunden« und vermeidet die Diskussion. Vielmehr wird mittels der Massenmedien der politische Gegner zielgerichtet diskreditiert. Durch die verkürzte Argumentationskette: »rechts, rechtspopulistisch, rassistisch, homophob, islamophob usw.« wird er öffentlich gebrandmarkt und zunehmend juristisch sanktioniert. Verweise auf eine Realität außerhalb der kulturmarxistischen Ideologie sind untersagt, denn sie sind geeignet, die eigene Komfortzone zu stören und die gelebte Diskrepanz aufzudecken.

Hieraus ergibt sich ein weiteres spannendes Phänomen. Zwar wurde schon dem klassischen Marxismus eine pseudoreligiöse Ausrichtung nachgesagt. Aufgrund der mangelnden intellektuellen Reflexion tritt diese Entwicklung beim Kulturmarxismus in eine neue Phase. Zwar gibt er sich vordergründig religionskritisch und tritt für einen »offenen Dialog der Religionen« ein, ist sich jedoch seines eigenen pseudoreligiösen Charakters nicht bewusst: Er fungiert in seiner Absurdität als antireligiöser »Erlösungsglaube«.

Dass die schöne neue Welt der offenen Grenzen beispielsweise in Zukunft tatsächlich für die Europäer eine positive Erfahrung sein wird, steht für die »gläubigen« Kulturmarxisten unumstößlich fest. Man glaubt strikt daran, dass trotz muslimischer Masseneinwanderung alles gut wird und blendet jegliche Kritik als Tabuverletzung aus. Kritik an der Utopie eines offenen, bunten Europas ist nicht gestattet.

Diese pseudoreligiöse Fixierung kommt mit einer tiefen Fortschrittsgläubigkeit daher. Die Vision der »One World« ist der feste Mittelpunkt dieses Glaubens. Sie ist neben dem nicht zu unterschätzenden hedonistischen Moment eine wesentliche Stütze kulturmarxistischen Denkens und Handelns und entscheidender Motor für das Ineinandergreifen kulturmarxistischer Netzwerke weltweit.

Erlösendes Nirwana dieses Glaubens ist das Einreißen aller Grenzen zwischen den Menschen. Dies ist übrigens immerhin eine wesentliche Gemeinsamkeit mit dem klassischen Marxismus, der ebenfalls eine globale kommunistische Weltregierung als Endpunkt der geschichtlichen Entwicklung des Menschen anstrebte.[38]

Anders als in den großen Weltreligionen richtet sich der »Glauben« der Kulturmarxisten auf ein diesseitiges Ziel. Sinn und Erfüllung findet der Kulturmarxist nicht in der Spiritualität,[39] sondern im eigenen Wohlbefinden in der materiellen Welt. Trotz verschiedener »esoterisch-spiritistischer« Begleitphänomene zielt der Kulturmarxismus auf eine Gesellschaft, in der alle Menschen den materiellen, westlich-hedonistischen Lebensstil leben.

Hier trifft der Kulturmarxismus ideologisch mit den ökonomischen Interessen multinationaler Großkonzerne zusammen. Eindrücklich zeigt dies der deutsche Katalog des Möbelhauses IKEA aus dem Jahr 2016.[40] Die typisch deutsche oder schwedische Familie aus Vater, Mutter und Kindern, hellhäutig und hellhaarig wird man dort vergeblich suchen. Solche Familien sind ideologisch nicht erwünscht. Ihre Darstellung wird als rassistisch und homophob bewertet. Stattdessen findet man verschiedenethnische homosexuelle Paare mit exotischen Adoptivkindern sowie alleinstehende Migranten aus Afrika und dem Nahen Osten.

Aus dieser globalen Ausrichtung und Verzahnung auf verschiedenen Ebenen ergibt sich die relative Homogenität der kulturmarxistischen Agenda in den westlichen Gesellschaften. Sie lässt sich in folgender Übersicht zusammenstellen:

- Zerschlagung der Nationalstaaten
- ethnische und kulturelle Durchmischung bisher homogen besiedelter Lebensräume
- Auflösung »traditioneller Geschlechterrollen«
- Zerschlagung von Ehe und Familie
- staatliche Erziehung vom Säuglingsalter an
- zentrale Lenkung der öffentlichen Meinung durch Kontrolle der Medien
- Vereinheitlichung aller Religionen hin zu einer Einheitsreligion mit eschatologischer Ausrichtung auf die »bunte, offene Weltgesellschaft«
- Verbreitung einer materialistisch-hedonistischen Weltsicht
- Zersetzung und Auflösung der christlichen Kirchen
- Islam ist scheinbar natürlicher Verbündeter im »Kampf gegen rechts«
- Allgemeines Recht auf Abtreibung, insbesondere unter dem Kriterium ökonomischer Effizienz
- »Sterbehilfe« zum Beispiel für Senioren und Menschen mit Behinderungen
- Förderung multinationaler Großkonzerne bei gleichzeitiger Einschränkung der Freiheiten kleiner, kleinster und mittlerer Betriebe

- Zunehmende staatliche Regulierung aller Lebensbereiche
- Massive Belastung kleiner und mittlerer Einkommen durch Steuern und Abgaben
- Fortschreitender Ausbau des Sozialstaates, der dadurch mitnichten »sozialer« wird, sondern nur zunehmend regulierend in das Privatleben der Menschen eingreift, indem er zum Beispiel dem Recht auf freie Berufswahl Grenzen setzt
- Abschaffung des Bargeldes in Ländern wie Deutschland und Schweden
- Zunehmende Verschuldung der öffentlichen Hand zugunsten der Hochfinanz
- Privatisierung aller dem Bürger dienlichen Betriebe wie Krankenhäuser, Universitäten, Schulen, Energieversorger und Wasserwerke
- Digitalisierung und elektronische Vernetzung mit zunehmenden Überwachungsmöglichkeiten
- Stärkung supranationaler Institutionen wie UN und EU unter Ausschaltung demokratischer Strukturen innerhalb der Nationalstaaten, ohne dass auf supranationaler Ebene vergleichbare Strukturen demokratischer Mitbestimmung entstünden
- Es folgt die Einschränkung der Meinungsfreiheit durch Begriffe wie »Hatespeach« (Hass-Sprache) und »Fake News« (Falschmeldungen) und die Einführung der Narrenkappe »Rechtspopulist« für Kritiker des Kulturmarxismus

Der Sonderweg des westlichen Kommunismus

*»Sklaven müssen gleich sein: ohne Despotismus hat es noch nie …
Gleichheit gegeben, in einer Herde aber muß Gleichheit herrschen …
wir verbreiten Trunksucht, Klatsch, Anzeigerei; wir verbreiten
unerhörte Demoralisation; jedes Genie wird schon in der Kindheit
ausgelöscht. Alles wird auf einen Nenner gebracht,
um der vollständigen Gleichheit willen.«*

Fjodor M. Dostojewski in seinem Roman *Die Dämonen*

Der Kulturmarxismus begann in den 1960er-Jahren seinen Siegeszug und wurde in Westeuropa und Nordamerika seit der Jahrtausendwende zur herrschenden Ideologie. Er bildete in vieler Hinsicht ein spezifisch westliches Pendant zum zentralistisch organisierten Marxismus der Sowjetunion, Chinas, Nordkoreas und vieler anderer Staaten, verzichtete jedoch von Anfang an auf die dort übliche hierarchische Organisationsstruktur.

Seine kleinste Funktionseinheit bildete nicht der Arbeiter, wie im klassischen Kommunismus, sondern der politisch engagierte Student. Dieser fand sich in losen Netzwerken zusammen, um später als Beamter, Lehrer, Hochschuldozent oder Journalist in Verbundenheit mit anderen »Gleichgesinnten« die »gemeinsamen Ziele der Bewegung« umzusetzen und zu verbreiten. Prägend war von Anfang an ein Gefühl der Gemeinschaft, resultierend aus dem kollektiven Traum, eine bessere Welt zu errichten. Aus diesem Gefühl einer informell-freiwilligen Verbundenheit, die den einzelnen Akteur in den Mittelpunkt rückte, entwickelte der Kulturmarxismus seine eigentliche Schlagkraft und sein revolutionäres Potenzial.

Treffend brachte John Lennon dieses Lebensgefühl der jungen Akademikergeneration in seinem Lied »Imagine« zum Ausdruck:

Stell dir vor, es gibt keine Länder mehr,
Das ist nicht so schwer.
Nichts, wofür es sich zu töten oder sterben lohnte
Und auch keine Religion mehr.
Stell dir vor, alle Menschen
lebten ihr Leben in Frieden.
[…]
Ich hoffe, eines Tages wirst du auch einer von uns sein,
Und die ganze Welt wird eins sein.

(Imagine there's no countries
It isn't hard to do
Nothing to kill or die for
And no religion too
Imagine all the people
Living life in peace…
[…]
I hope someday you'll join us
And the world will be as one)[41]

Verbunden mit einer gefühlvollen Melodie wurde hier der politische Traum propagiert, Staaten und Religionen abzuschaffen, um die befriedete »Eine Welt« zu errichten. Dieser Traum war ausdrücklich materialistisch. John Lennon bringt das in seinem Lied gleich in den ersten beiden Zeilen zum Ausdruck:

Stell dir vor, es gibt keinen Himmel,
das ist ganz einfach, wenn du es nur versuchst

(Imagine there's no heaven
It's easy if you try)

Die neue Generation träumte von einem Leben ohne Himmel, ohne Glauben und ohne Religion, ganz dem Hier und Jetzt verhaftet. Es ging um eine alle Menschen vereinigende Bewegung, hin zu einer vereinten Welt, ein Traum, dem sich, so die Hoffnung, alle anschließen würden, dem Traum der scheinbaren Selbstverwirklichung, des Konsums und der ideologischen Gleichschaltung. In dieser neuen Welt zählte nur noch die Teilhabe an der großen Menschheitsfamilie. Die Familie aus Vater, Mutter und Kindern galt als überwunden.

Wie tief diese Ideologie inzwischen gesellschaftlich verankert ist, zeigt ein Ereignis aus dem Jahr 2004. Damals wurde, für viele überraschend, der italienische Universitätsprofessor Rocco Buttiglione bei seiner geplanten Einsetzung als EU-Kommissar für Inneres und Justiz durch das Europaparlament abgelehnt. Schon im Vorfeld war Buttiglione durch die Europaabgeordneten geradezu verhört worden, wie er als Katholik zur Lehre der Katholischen Kirche stünde und wie u.a. seine Meinung zur Familie wäre. Er antwortete, Zweck der Familie sei, »dass Frauen Kinder bekommen können und sich dabei des Schutzes ihres Mannes, der für die Familie sorgt, erfreuen dürfen.«[42]

Dieses »rückständige Familienbild« reichte aus, um ihn als EU-Kommissar unmöglich zu machen. Er wurde nicht nur als EU-Kommissar für Inneres und Justiz abgelehnt, sondern prinzipiell für jeden Posten innerhalb der EU. Es war daher nach dem Fall des Eisernen Vorhangs für viele Menschen aus den ehemaligen kommunistischen Diktaturen geradezu ein Schock, zu sehen: Auch im scheinbar freien Westen existiert das Recht auf Meinungs- und Glaubensfreiheit vielfach nur auf dem Papier. Der ehemalige slowakische Innenminister Vladimír Palko kommentierte die Ablehnung Buttigliones zum EU-Kommissar wie folgt:

»Die Generation unserer Eltern hat Zeiten erlebt, in denen ihnen das Regime Fragen stellte wie: ›Genosse, wie stehst du zur Religion?‹. Wenn sich der Genosse vom Glauben distanzierte oder ihn bei seiner Antwort verleugnete, war alles in Ordnung. Bekannte er sich aber zum Glauben an Jesus Christus, so gefiel dies den Genossen aber ganz und gar nicht. ›Weißt du, Genosse, wenn du keine wissenschaftliche Weltanschauung besitzt, so kannst du diesen Posten nicht übernehmen … Du musst anderswohin gehen. Das ist keine

Diskriminierung, Genosse. Die Diskriminierung von Gläubigen gibt es in unserer sozialistischen Gesellschaft ja nicht. Du willst doch nicht etwa behaupten, dass es sie gibt, Genosse …‹«[43]

Der Kulturmarxismus kann demzufolge zu Recht als das westliche Pendant des Kommunismus, wie er im 19. Jahrhundert seinen Anfang nahm und die Weltgeschichte seither wesentlich prägte, verstanden werden.

Die Frankfurter Schule

Von dem, was man heute an den Universitäten denkt, hängt ab,
was morgen auf den Plätzen und Straßen gelebt wird.

José Ortega y Gasset

Um zu verstehen, wie es zu dieser Entwicklung kommen konnte, müssen wir in die Ära nach dem Ersten Weltkrieg zurückschauen. Die Errichtung verschiedener Räterepubliken in Deutschland machte vielen Hoffnung, kurz vor der Errichtung des Kommunismus im Zentrum Europas zu stehen.[44] Dies wurde jedoch bald enttäuscht. Mit zunehmender Etablierung der Weimarer Republik mussten die Marxisten feststellen, dass sich die russische Revolution nicht so leicht in den westlichen Industrienationen wiederholen ließ.

Die damalige Zielgruppe des Kommunismus, der sogenannte Arbeiter, ließ sich im Westen, zumindest was die große Masse anbelangt, nur eingeschränkt für den »internationalen Klassenkampf« begeistern. Nach der Revolution von 1918/19 verloren die kommunistischen Kräfte sogar zunehmend an Rückhalt in der Bevölkerung. Die kulturelle und soziale Bindung der Menschen an Familie, Heimat und Religion erwies sich stärker als die kommunistische Verheißung eines Paradieses auf Erden, das erst durch eine gewaltsame und blutige Revolution erkämpft werden musste.[45]

Die Möglichkeiten einer revolutionären Mobilisierung der Massen in den westlichen Demokratien schwand überdies mit Bekanntwerden der realen

Situation in der Sowjetunion. Die egalitären Konzepte von Marx und Engels führten unter anderem zu der dramatischen Hungersnot in der Ukraine. Hier sollte die vielfach familiäre, zumeist auf Selbstversorgung angelegte, kleinteilige Landwirtschaft überwunden und in die Solidargemeinschaft der Kolchose überführt werden. Der Privatbesitz an Kühen, Ziegen oder landwirtschaftlichen Nutzflächen galt als reaktionär. Als Folge dieser Kollektivierung verhungerten dort bis in die 1930er-Jahre hinein circa zehn Millionen Menschen. Hungernde Massen durchzogen marodierend die Landschaft auf der Suche nach Essbarem, kleine Kinder brachen tot auf offener Straße zusammen, Leichenberge sammelten sich auf öffentlichen Plätzen.[46]

Hinzu kamen die »Säuberungen« innerhalb des bolschewistischen Systems, dem gerade im Westen populäre kommunistische Größen wie Leo Trotzki, Maxim Gorki oder Nikolaj Bucharin zum Opfer fielen. Trotzki wurde 1928 erst nach Kasachstan verbannt und schließlich 1940 von sowjetischen Agenten in Mexiko ermordet. Der bekannte Schriftsteller Maxim Gorki wurde 1936 in Moskau vergiftet.[47] Der damals bei westlichen Intellektuellen beliebte kommunistische Philosoph Nikolaj Bucharin wurde 1938 in einem Schauprozess zum Tode verurteilt und hingerichtet.

Daneben gab es Tausende zum Teil bekannte Intellektuelle, Künstler und Idealisten, die sich anfänglich für den Sowjetkommunismus begeisterten und aus den westlichen Ländern voller Idealismus in die Sowjetunion auswanderten, um dort den Aufbau eines »Paradieses auf Erden« voranzutreiben. Gerade diese Idealisten und gläubigen Kommunisten verschwanden bevorzugt in den zahlreichen Arbeitslagern.[48] Am Ende kamen durch die »stalinistischen Säuberungen« circa neun Millionen Menschen ums Leben.[49] Insgesamt geht das *Schwarzbuch des Kommunismus* von 100 Millionen Opfern aus.[50]

Als Folge dieser Krise trat 1923 in Deutschland eine Gruppe von marxistischen Soziologen, Philosophen und Psychologen zusammen, die es sich zum Ziel machte, die Fehler der bolschewistischen Strategie zu beseitigen. Die kommunistische Gesellschaft sollte nicht mehr auf dem Wege einer bewaffneten Revolution geschaffen werden, sondern es galt, einen subtileren Weg zu entwickeln, um eine »bessere Welt« zu errichten.

Führende Denker dieser Gruppe waren Max Horkheimer, Herbert Marcuse oder Erich Fromm. Beispielsweise mit den »Studien über Autorität und Familie« nahmen sie nachhaltigen Einfluss auf die 68er-Generation und leiteten das Programm der Destruktion der »traditionellen« Familie aus Vater, Mutter und Kindern programmatisch ein, indem sie diese als Brutstätte autoritärer Strukturen wie den Faschismus diffamierten.

Zusammen mit Fromm, Marcuse und Theodor W. Adorno gründete Horkheimer 1923 in Frankfurt das Institut für Sozialforschung (IfS), das zum Inbegriff »kritischen Denkens« wurde und die Geschichte der USA und Westeuropas nachhaltig prägte. Das Institut wurde 1924 an der Frankfurter Universität eingeweiht, sein Leiter war Lehrkörper der Frankfurter Universität. Direktor des neuen Instituts wurde zunächst der aus Rumänien stammende Carl Grünberg. Er war der erste Marxist, der in Deutschland offiziell an den Lehrstuhl einer Universität berufen wurde.

Grünbergs Verständnis des Marxismus galt als »orthodox«,[51] in seiner Antrittsrede bekannte er: »Auch ich gehöre zu den Gegnern der geschichtlich überkommenen Wirtschafts-, Gesellschafts- und Rechtsordnung [der Weimarer Republik] und zu den Anhängern des Marxismus.«[52]

Finanziert wurde das Institut durch den Millionärssohn Felix Weil, der in Deutschland eine Räterepublik errichten wollte. Er hoffte, mit der »Frankfurter Schule« eine dem Moskauer »Marx-Engels-Institut« vergleichbare dogmatische Instanz mit einem eigenen Stab an Professoren, Assistenten sowie Bibliotheken und Archiven zu schaffen.[53] Alle Mitglieder des Instituts waren entsprechend bis in die 30er-Jahre hinein Mitglieder der Kommunistischen Partei Deutschlands (KPD).

Aufbruch zu neuen Ufern

Viele Mitglieder der Frankfurter Schule arbeiteten in den Zwanzigerjahren daran, den Marxismus »neu zu erfinden« und entschieden sich für eine langfristig angelegte Strategie. Im ersten Stadium sollte sogar auf revolutionäre Akte verzichtet werden, da diese die Gesellschaft verunsicherten. Als alternatives Revolutionsmodell entstand das Projekt der »kulturellen Hegemonie«. Es sollte schrittweise vorgegangen werden, um die zentralen Pfeiler des westlichen Kulturkreises einzureißen und so die kommunistische Revolution innerhalb weniger Generationen zu ermöglichen.

Aus dem klassischen Marxismus entstand so der »Neomarxismus«. Im Zentrum des Interesses stand nicht mehr das von Marx und Engels zum Vorreiter des Kommunismus bestimmte Proletariat, sondern die »progressive Klasse«, sprich Wissenschaftler, Pädagogen; generell Akademiker, aber auch Künstler und Journalisten. Diese sollten in die Lage versetzt werden, durch gezielte Beeinflussung der breiten Bevölkerung, insbesondere der Kinder und Jugendlichen, das »richtige Bewusstsein« zu schaffen um die neue Gesellschaftsordnung zu errichten.

Neben Karl Marx wurde schnell die damals noch junge Psychoanalyse Sigmund Freuds in die Programmatik des Instituts mit einbezogen, obwohl Freud selbst dem Kommunismus ausgesprochen kritisch gegenüberstand. Auf diese Weise wurde eine völlig neue Verbindung aus Marxismus und Psychoanalyse geschaffen, für deren Verbreitung vor allem der Psychologe Erich Fromm und dessen Frau Frieda zuständig waren. Die Lehren Sigmund Freuds wurden hier in einer radikalen Weise umgedeutet, um die Grundlage für die revolutionäre Umgestaltung der Gesellschaft zu bilden.

Der Marxismus wurde adaptiert und der neuen akademischen Zielgruppe angepasst. Unter der Leitung Horkheimers entstand die sogenannte »Kritische Theorie«, die um es überspitzt zu formulieren, anfänglich für viele Vertreter nicht mehr war, als ein Deckmantel für »Marxistische Theorie«.

Hiermit trat der Etikettenschwindel politischer Ideologie in eine neue Runde. Der Marxismus verbarg sich nunmehr hinter Wörtern wie »Befreiung von allen Zwängen«, »Emanzipation«, »Demokratisierung«, »Zerschlagung der alten Ordnung« usw. So gelang es später, politisch eine deutlich einflussreichere Bevölkerungsschicht anzusprechen, denn es ging ja scheinbar nicht um den Marxismus, sondern um die »gute Sache«, den Aufbruch in eine bessere Welt.

Exil in den USA und Siegeszug in Deutschland

Noch konkurrierten in den 1930ern die Nationalsozialisten mit den Kommunisten um die Errichtung der »schönen, neuen Welt«. Als 1933 die Nationalsozialisten in Deutschland für kurze Zeit dieses Ringen gewannen, musste die Frankfurter Schule ihr Institut schließen. Es erhielt in den USA 1934 an der Columbia Universität in New York seinen neuen Sitz. Finanziert wurde es weiterhin durch den Millionärssohn Weil, der die historischen Umstände nutzte, das neomarxistische Gedankengut auch in den USA unter Akademikern zu verbreiten.

Verschiedenen Mitgliedern der Frankfurter Schule wie Marcuse und Löwenthal gelang es überdies, in hohe Staatsstellen der USA im Außenministerium und der Spionageabwehr vorzurücken und dort die Planungen für das Nachkriegsdeutschland, insbesondere das Programm der »Re-Education«, sprich der Umerziehung der Deutschen, mitzugestalten.[54]

Nach dem Zweiten Weltkrieg kehrte das IfS an die Universität Frankfurt zurück. In New York verblieb eine Zweigstelle. Ihm folgten zahlreiche namhafte Vertreter der Frankfurter Schule, die an verschiedenen deutschen Universitäten Lehrstühle erhielten. Ab Mitte der 1950er-Jahre wurden sie zu Leitfiguren der Studenten.

Der große Erfolg ging vor allem auf die Unterstützung der Massenmedien im Nachkriegsdeutschland zurück. Zum Beispiel strahlte der öffentlich-rechtliche Rundfunk Vorträge Horkheimers aus. Ein weiteres Standbein wurde der Suhrkamp Verlag. Zwischen 1963 und 1980 gab dieser über 1000 Bände »Kritische Theorie« heraus. Jürgen Habermas, einer der jüngeren Vertreter der Frankfurter Schule, wurde zum meistzitierten Autor in westdeutschen pädagogischen Fachzeitschriften.[55]

Auf diese Weise gelang es den entsprechenden Vertretern der Frankfurter Schule bereits in den frühen 60er-Jahren, die Diskussion um Kommunismus und Marxismus über den akademischen Diskurs hinaus wieder salonfähig zu machen und breite Teile der Jugend für die Idee einer neuen Gesellschaft zu begeistern.

Innerhalb kürzester Zeit erschien es der jungen Generation wieder erstrebenswert, in Deutschland eine Räterepublik zu errichten, wie sie schon den bolschewistischen Revolutionären der Weimarer Republik vorschwebte. Vorbild war wieder die Pariser Kommune: Legendär wurde 1968 die in Westberlin gegründete Kommune 1. Hier kamen Mitglieder der Münchner Subversiven Aktion und des Berliner SDS wie Rudi Dutschke und Bernd Rabehl zusammen. Folgende Thesen wurden hier diskutiert und aufgestellt:

- Aus der Kleinfamilie entsteht der Faschismus.
  Sie ist die kleinste Zelle des Staates, aus deren unterdrückerischem Charakter sich alle Institutionen ableiten.
- Mann und Frau leben in Abhängigkeit voneinander, sodass keiner von beiden sich frei zum Menschen entwickeln kann.
- Diese Zelle (Kleinfamilie) muss zerschlagen werden.[56]

Schließlich ging die 68er-Generation für die grundständige Neugestaltung der Gesellschaft auf die Barrikaden.

Vom »normalen Bürger« zum »neuen Bewusstsein«

Wesentlicher Aspekt war, die sogenannte »traditionelle Gesellschaftsordnung« als unterdrückerisch und autoritär zu entlarven. Tugend und Moral der »alten« Gesellschaft wurden diskreditiert und zur Ursache von Faschismus und Kapitalismus stilisiert. Selbst Sekundärtugenden wie Ordentlichkeit, Pünktlichkeit oder die Befähigung zur Selbstdisziplinierung bekamen in der Folgezeit ihren bis heute anhaltenden negativen Beigeschmack. Auf der anderen Seite bot man ein neues Gesellschaftsmodell an, in dem alle gleichgestellt werden sollten und der Mensch, von allen Unterschieden befreit, sich selbst verwirklicht und im eigentlichen Sinne erst (wieder) Mensch wird.

Als erster Schritt in diese Richtung galt die Entwicklung eines »neuen Bewusstseins«. Der Einzelne sollte lernen, sich zuerst von allen inneren Zwängen frei zu machen, bevor er anfing, in die Gesellschaft zu gehen und diese zu verändern. Ein populärpsychologischer Diskurs wurde in Umlauf gesetzt, der die Ursache für die Schwierigkeiten des Einzelnen aus gesellschaftlichen Phänomenen zu erklären suchte: Die Gesellschaft und ihre Institutionen würden den Kindern moralische Verbote aufoktroyieren, diese würde das Kind verinnerlichen und als Folge entstünde der »autoritäre Charakter«, gemeinhin als »normaler Bürger« bezeichnet. Diesem »normalen Bürger« ist jegliche Menschlichkeit abhandengekommen, er ist von Psychosen und Vorurteilen geplagt und handelt zwanghaft: Der normale Bürger geht arbeiten, zahlt Steuern und gründet eine Familie mit Kindern, was dazu führt, dass er seine Zwänge und Psychosen an seine Kinder weitergibt, indem er diese autoritär, im Sinne der Tradition erzieht. Diese sich fortsetzende Kette galt es aufzubrechen.

In dem »Kultbuch« der 68er-Generation *Haben oder Sein. Die seelischen Grundlagen einer neuen Gesellschaft* wird die Zerstörung der alten Normalität programmatisch formuliert, indem man den »normalen« Menschen auf einer »tiefenpsychologischen« Ebene Vorurteile unterstellt:

»Andererseits wurden die vom sogenannten gesunden Menschenverstand geprägten Meinungen des normalen, das heißt gesellschaftlich angepaßten Bürgers für rational und keiner tiefenpsychologischen Analyse bedürftig gehalten. Diese Annahme ist jedoch falsch. Unsere bewußten Motivationen, Ideen und Überzeugungen sind eine Mischung aus [...] Vorurteilen [...] und Voreingenommenheit [...]«[57]

Diese Analyse des mit »Vorurteilen« behafteten »normalen Bürgers« war die Anleitung zur Infragestellung der »alten Normalität« mit dem Ziel, neue Normen zu schaffen. Erich Fromms aus verschiedenen Traditionen zusammengeklaubter Ansatz, eine scheinbar neue Ausrichtung des menschlichen Seins über die Existenzform des Habens zu stellen, mündete schon auf den ersten Seiten seines Buchs im Marxismus. Karl Marx wäre im Sowjetkommunismus nur falsch ausgelegt worden. Durch den neuen Kommunismus hingegen werde alles besser werden, denn er fuße auf einem neuen Bewusstsein der Menschen, das diese befähige, nicht mehr roboterartig wie der »normale Bürger« einer »geregelten Existenz« nachzugehen, sondern »selbsttätig« an der eigenen Selbstverwirklichung zu arbeiten:

»Marx' ganze Kritik am Kapitalismus und seine Vision vom Sozialismus wurzeln in der Überzeugung, daß menschliche ›Selbsttätigkeit‹ im kapitalistischen System gelähmt ist und daß das Ziel darin besteht, dem Menschen seine volle Menschlichkeit wiederzugeben [...].«[58]

Die 68er waren die erste Generation, die beinahe vollständig mit dieser Idee eines »neuen Bewusstseins« geimpft wurde. Ihre besondere Empfänglichkeit für dieses Gedankengut resultierte aus der Auseinandersetzung mit der Elterngeneration. Gerade in Deutschland, aber auch im ganzen westlichen Kulturkreis war nach der zivilisatorischen Katastrophe des Zweiten Weltkriegs das Vertrauen der jüngeren Generation in Moral, Glaube und Institutionen der Eltern erschüttert. Es war also fruchtbarer Boden, in den die Frankfurter Schule und andere Vordenker ihr Gedankengut säten. Westdeutschland, Frankreich und die USA wurden die neuen Zentren, in denen junge Akademiker unter Einfluss von Vordenkern wie Erich Fromm oder Herbert Marcuse für die »Abschaffung der gesellschaftlichen Zwänge« in ihre beruflichen Karrieren traten.

Für viele lag es schließlich fühlbar in der Luft. Eine Kulturrevolution stand an, die dem Menschen als kulturell geprägtem Wesen eine neue Psyche, ein neues Denken, neue Rollenmuster, neue Ziele, ein neues Bewusstsein und vor allem eine neue Identität verleihen sollte. Dieses neue Bewusstsein, diese neue Identität des Menschen, so hoffte man, sollte ausgehend von einzelnen Vorkämpfern in Zukunft dergestalt das menschliche Verhalten prägen, dass die Umwälzung der Gesellschaft von selbst erfolgen würde, bis die vollständige Umwandlung der gesamten Menschheit zum neuen Menschen abgeschlossen wäre. In erster Linie bedeutete dies die Zerstörung bzw. vollständige Umgestaltung der bürgerlichen, kapitalistischen[59] und religiösen Institutionen in ihr genaues Gegenteil. Aussagen wie »Familie muss neu gedacht werden«, »die katholische Kirche muss sich endlich öffnen«, »die Gesellschaft hat nichts dazugelernt« weisen auf die Umsetzung des kulturmarxistischen Programmes hin.

Ein Beispiel des »neuen Bewusstseins« mit dem Ziel, die »Normalität« zu überwinden, war die »Emanzipation der Frau«. Dies bedeutete im Jargon der Kritischen Theorie so viel wie Befreiung von allen Zwängen, selbst den biologischen. Indem das Streben der Frauen nach Gleichberechtigung aufgegriffen wurde, konnte dieses berechtigte Verlangen für den eigenen Anti-Familien-Kurs hin zu einer offenen, »sexuell freizügigen« Gesellschaft instrumentalisiert werden. Um die Familie als kleinste Keimzelle der Gesellschaft zu zerschlagen, wurde das Streben der Frauen nach Gleichberechtigung umgeformt in die Vorstellung, eine Frau, die Kinder bekäme und sich um diese als Mutter kümmere, wäre unterdrückt und müsse von ihrem Rollenzwang als »Hausfrau und Mutter« befreit werden.

Mittel hierzu war der bereits genannte, ab den 1960ern zunehmend populäre Begriff der »Selbstverwirklichung«. Frauen wurde das Gefühl vermittelt, unfrei und zurückgeblieben zu sein, wenn sie nicht berufstätig waren und in häufig wechselnden Partnerschaften lebten. Berufstätigkeit und Promiskuität wurden zum Synonym für »Emanzipation und Selbstverwirklichung der Frau«. Letztlich ging auch dies auf Marx und Engels zurück, die forderten, die Frau der Familie zu entreißen, der Arbeiterschaft anzugliedern, ökonomisch zu verwerten und eine »allgemeine Weibergemeinschaft« (allgemeine sexuelle Verfügbarkeit der aus dem Patriarchat befreiten Frau) einzuführen.[60]

Der »lange Marsch« und seine Folgen

Ihr sagt, die gute Sache sei es, die sogar den Krieg heilige?
Ich sage euch: der gute Krieg ist es, der jede Sache heiligt.
Friedrich Nietzsche

Den eigentlichen Begriff des »langen Marsches durch die Institutionen« lieferte Rudi Dutschke, Führer des Sozialistischen Deutschen Studentenbundes (SDS) und Mitbegründer der Partei »Die Grünen«. Er berief sich dabei auf den italienischen Kommunisten Antonio Gramsci.[61] Die Begrifflichkeit sollte an den Langen Marsch von Mao Zedong erinnern, mit dem die Kulturrevolution in China eingeleitet wurde. Um dort die kommunistische Gesellschaft zu errichten und die Verbundenheit der Menschen mit ihrer jahrtausendealten Kultur aufzubrechen, wurden Zigtausende Klöster in China und Tibet zerstört und unwiederbringliches Kulturgut vernichtet. Das chinesische Schriftsystem wurde simplifiziert und im Sinne der Gleichstellung wurden die Menschen gezwungen, einheitliche geschlechts- und standesneutrale »Mao-Anzüge« zu tragen. Wen die Roten Garden mit traditioneller Kleidung erwischten, der hatte mit Bestrafung zu rechnen, Frauen wurde angeraten, die Haare kurz wie die Männer zu tragen.

Rudi Dutschke selbst schwebte eine abgewandelte Form der chinesischen Kulturrevolution vor. Wie die Vertreter der Frankfurter Schule hatte er erkannt, dass der Kommunismus alter Schule gescheitert sei. Die Macht solle nicht mit einem Schlag durch Gewalt erobert, sondern die Errichtung der neuen Gesellschaft durch eine Umerziehung der Menschen vorbereitet werden. Dieser neue Mensch wäre so konditioniert, dass er in einem oder mehreren revolutionären Akten die letzten Reste der »traditionellen« Gesellschaft hinwegfegen würde.[62] Deswegen müsse erst die kulturelle Hegemonie errungen werden, um den Menschen umzuerziehen, dann könnten die westlichen Gesellschaften in den Kommunismus überführt werden.

Aus dieser akademisch-studentischen Bewegung um Rudi Dutschke erwuchs schließlich die »Neue Linke«, anfänglich die wichtigste außerparlamentarische Opposition der jungen Bundesrepublik. Hintergrund war die Abspaltung des Sozialistischen Deutschen Studentenbundes (SDS) von der SPD. Mit dem Wirtschaftswunder in Westdeutschland überwand die SPD in den 1960ern ihre Ideologie des Klassenkampfes und integrierte sich in die Wohlstandsgesellschaft. Damals noch eine Arbeiterpartei im klassischen Sinn, distanzierte sie sich von der radikalisierten akademischen Jugend um Rudi Dutschke und beendete damit den Versuch der Jungkommunisten, die reale Arbeiterbewegung für die eigenen Zwecke zu instrumentalisieren.

Hierdurch erlangte der »lange Marsch« seinen ursprünglichen Antrieb: Wenn die Arbeiter sich nicht der revolutionären Bewegung anschließen wollten, dann musste die studentische Jugend selbst »das neue Subjekt revolutionärer Veränderungen«[63] werden. Das heißt, der Kommunismus westlicher

Prägung spaltete sich bereits zu Beginn des »langen Marsches« in den 1960ern von der Arbeiterbewegung ab und suchte sich neue Bevölkerungsgruppen, die der »Befreiung« durch die »Bewegung« bedurften.

Die jungen Revoluzzer stießen bei der breiten Bevölkerung anfänglich auf wenig Verständnis. Die Vorstellung einer Kulturrevolution war damals den wenigsten nachvollziehbar. Nach der überwundenen Not der Kriegsjahre, der Erfahrung von Hunger, Vertreibung und Elend im Nachkriegsdeutschland, blieben die Studentenunruhen für die Menschen lange Zeit ein Randgruppenphänomen. Man bezeichnete die meist langhaarigen, mit Jeans und Parka bekleideten jungen Männer als »Gammler«.[64] In Zeiten des wachsenden Wohlstands, der zunehmenden Freiheit und Vollbeschäftigung, aber auch nach der Erfahrung des Nationalsozialismus, schien das Bedürfnis nach gesellschaftspolitischen Experimenten gesättigt.

Dies ist eine der Ursachen, weswegen die Studentenunruhen im Hinblick auf ihre heutigen Auswirkungen weitestgehend unterschätzt wurden. Im Bundeskanzleramt beschäftigte man sich allenfalls unter dem Hinweis René Schuberts mit dem wachsenden Protest. Der Leibarzt des Bundespräsidenten Heinrich Lübke sah in den Studentenunruhen »ein nur ›pathologisch‹ zu verstehendes Phänomen.«[65] Dabei war die Neue Linke in allen westlichen Gesellschaften präsent. Es gab sie in den USA und Kanada, in Italien, Frankreich und den anderen europäischen Ländern.[66] In Großbritannien war sie mehr popkulturell geprägt, in den USA stand sie eher unter dem Einfluss von Rassenkonflikten und einer originären Hippie- und Drogenszene, letztendlich ähnelten sich jedoch die Zielvorstellungen. Hinzu kam die beginnende Globalisierung und Vereinheitlichung der Kulturindustrie, was in den westlichen Gesellschaften zunehmend für eine Gleichschaltung der Studentenbewegungen sorgte.

Eine weitere Ursache für die Unterschätzung des Phänomens ist im Ost-West-Konflikt zu suchen. Der eigentliche Feind wurde damals in der Sowjetunion und ihren Verbündeten verortet. Dabei sah man durchaus, dass gerade aus dieser Richtung einiges an Geld floss und zahlreiche Kontakte mobilisiert wurden, um die Studentenproteste in die gewünschte Richtung zu lenken.

»Da wurde vom kleinen Aktionsheftchen bis zur anspruchsvollen Literaturzeitschrift vieles unterstützt. Auch das für die neue Linke wichtigste Periodikum jener Jahre, die [...] Zeitschrift *konkret,* wurde damals diskret von der DDR finanziert. Und die aus der Friedensbewegung hervorgegangene Journalistin Ulrike-Marie Meinhof, deren Kolumnen tatsächlich fast jeden elektrisierten, der sich zur Studentenbewegung zählte, verschmähte heimliche Kontakte mit DDR-Offiziellen keineswegs.«[67]

Hinzu kamen viele gezielt durch die DDR gestreute Falschmeldungen, wie zum Beispiel die Beteiligung des Bundespräsidenten Heinrich Lübke am Bau von Konzentrationslagern. Diese durch den SED-Propagandisten Albert Norden verbreitete Meldung wurde in Medien wie dem *Stern* publiziert und gilt bis heute vielfach als wahr.[68]

Auch verstanden die Akteure den Marsch durch die Institutionen anfänglich eher als eine Art »Anti-Institutionalismus«, was die damaligen Eliten, die um die Macht der Institutionen wussten, nicht wirklich ernst nehmen konnten. Erst im Laufe persönlicher Karrieren in den Medien, den Hochschulen und Schulen, wuchs das Bewusstsein, welche Macht man selbst im Netzwerk der Gleichgesinnten in den Institutionen errungen hatte. Andersdenkende konnten zunehmend ausgegrenzt und aus den Institutionen verdrängt werden, sodass insbesondere durch die Erringung der Meinungshoheit in den Medien die Umsetzung der kulturellen Hegemonie in den Bereich des Machbaren rückte.

Bereits in den 1980er-Jahren waren etliche Kulturrevolutionäre auf ihrem langen Marsch in den Redaktionen der Leitmedien angekommen, so Jürgen Busche:

»Sie bildeten dort keine Mehrheit, aber eine zumeist homogen reagierende und immer auf Erkennbarkeit hin agierende Gruppe, die jederzeit den Ton der Auseinandersetzung bestimmen und auf den Applaus einer konformistischen Claque rechnen konnte.«[69]

Eine weitere wichtige Rolle auf dem Weg zur Macht spielte die Partei »Die Grünen«. Die Phase der außerparlamentarischen Opposition endete 1983 mit dem Einzug in den Bundestag. Mit 28 Abgeordneten gelangte die Neue Linke damit erstmals in die Sphäre der politischen Macht. Dabei war der Umweltschutz als anfängliche Hauptbotschaft der Grünen keine originäre Idee der 68er-Generation, sondern rückblickend nicht mehr als ein Trojanisches Pferd:

»Bei der Umweltpolitik waren es Leute aus dem rechten Spektrum der Bundesrepublik, die den Kern einer neuen Sammelbewegung bildeten, der sich auch bald 68er anschlossen – die keinen Zweifel daran hatten, daß absehbar sie die generelle Tendenz der Veranstaltung bestimmen würden.«[70]

In den 1990er-Jahren gelangte die Machtergreifung dann zunehmend in den Bereich des Möglichen. Vielfach sprach man bereits von einer »grün-linken Medienmacht«. Es galt als allgemein anerkannt,[71] dass der lange Marsch durch die Institutionen, vor allem der medialen Machtergreifung, erfolgreich gewesen war.[72]

Mit der Regierung Schröder kamen die Grünen als kleiner Koalitionspartner der SPD erstmals 1998 an die Macht. Wesentliche Weichen wie die Einführung des Gender Mainstreaming als Leitprinzip deutscher Familienpolitik, wurden damals gestellt.[73] Zwar verkündete Angela Merkel vor ihrem Amtsantritt 2005 noch einmal eine Wende, wie dies bereits Helmut Kohl zumindest den eigenen Verlautbarungen nach versucht hatte. Einer Machtpolitikerin wie Merkel fehlte jedoch das Interesse, dies in Anbetracht der kulturmarxistisch kontrollierten Medien umzusetzen.

Dabei erscheinen die großen Leitmedien seit der Jahrtausendwende gerade in Deutschland zunehmend wie gleichgeschaltet. Unisono wird hier bis auf kleine Nuancen im Sinne der kulturellen Hegemonie eine einheitliche Meinung vertreten. Hintergrund hierfür ist nicht nur die Verdrängung Andersdenkender aus den Redaktionen. Der Prozess der Machtergreifung in den Medien durch die Kulturevolutionäre ist inzwischen so weit gefestigt, dass auch die Ausbildung zukünftiger Journalisten nach der kulturmarxistischen Agenda verläuft.

Damit schafft es die Journalistenzunft in Deutschland und den meisten westeuropäischen Gesellschaften, ein Klima der Angst und Meinungskonformität zu erzeugen, mit welcher die Äußerung kritischer Meinungen von vornherein zur Unmöglichkeit wird. Dies belegen zahlreiche Studien. Könnten in Deutschland nur Journalisten wählen, wären die Grünen laut verschiedener

Umfragen stärkste Partei im Bundestag. Zweitstärkste Kraft wäre die SPD. Zusammen könnten Grüne und SPD die Regierung stellen. Die größte deutsche Volkspartei, die CDU/CSU, käme unter Journalisten gerade einmal auf 7,6 Prozent der Stimmen.[74]

Ein Beispiel hierfür ist Thomas Schmid, der 2006 Chefredakteur des Springerblattes *Die Welt* wurde. Die Zeitung galt noch während der ersten Amtszeit Angela Merkels als rechts und konservativ. Zielgruppe waren CDU- und FDP-Wähler, die damals ebenfalls noch politisch rechts eingeordnet wurden. Thomas Schmid war in den 1980er-Jahren Politiker bei den Grünen gewesen.[75] Er forderte 1975 die »Zerstörung der bürgerlichen Gesellschaft«,[76] die Errichtung einer »Gegenmacht«, um einen »revolutionären Prozess« einzuleiten, der »zersetzend, zerstörend, negativ« zu sein habe.[77]

Heute gibt sich der *Welt*-Autor bürgerlich und geläutert. Sein Werdegang ist dennoch typisch für die großen Massenmedien und verlief analog der Karriere vieler »Alt-68er«. Sie alle sind geschmeidige Zahnräder in einem losen Netzwerk, deren Individuen mehr oder minder bewusst an der Auflösung der westlichen Gesellschaft arbeiten, um eine bunte, entgrenzte Gesellschaft zu errichten. So bezeichnete Thomas Schmid die Debatte über ein mögliches Ende der Flüchtlingspolitik Angela Merkels nach dem islamischen Anschlag vom 19. Dezember 2016 in Berlin als »unanständig«.[78] Ob ihm die Konsequenz seiner Aussage bewusst ist und ob er die Kontinuität zu seinen Aussagen von 1975 begreift, sei dahingestellt.

Somit ist die erste Phase der Kulturrevolution im Sinne der Erringung kultureller Hegemonie etwa seit der Jahrtausendwende abgeschlossen, da alle für den demokratischen Meinungsbildungsprozess wichtigen Medien von kulturmarxistischen Kräften übernommen wurden.

Selbstglorifizierung einer Generation

Die Erringung der kulturellen Hegemonie hatte von Anfang an totalitäre Züge und besaß als Projekt einer kleinen Minderheit keine demokratische

Legitimation. Bereits Herbert Marcuse als Vertreter der Frankfurter Schule spielte programmatisch mit dem Gedanken einer Erziehungsdiktatur, um die unmündigen Massen zu ihrem Glück zu zwingen. Nur durch die

»Herrschaft einer aufgeklärten Minderheit könnten die pseudodemokratischen Massen der westlichen Industriegesellschaften überhaupt erst in die Lage versetzt werden, in mündiger Selbstbestimmung ihre eigenen Interessen wahrzunehmen.«[79]

Zwar häufen sich seit der Jahrtausendwende die Stimmen der Zeitzeugen, die kritisieren, »dass der Achtundsechziger-Bewegung etwas Totalitäres anhaftete«.[80] Es werden »die destruktiven Folgen der Revolte, das Anmaßende und [der] Konformismus im Denken der Linken«[81] beklagt.

Erstaunt berichtet der Historiker Götz Aly in seinem Buch *Unser Kampf 1968 – ein irritierter Blick zurück* darüber, seine nüchtern geschriebene Feststellung hätte ihm einen Boykottaufruf eingebracht:

»Es mag die einst aktiv Beteiligten irritieren, doch knüpfte die linksradikale Studentenbewegung von 1968 in mancher Beziehung an die Erbmasse der rechtsradikalen Studentenbewegung der Jahre 1927 bis 1933 an.«[82]

Auch der 1944 geborene Jürgen Busche analysiert rückblickend kritisch die Studentenbewegung:

»Aus dem geistigen Milieu solcher Erziehungseinflüsse mag auch der ungeheure Hang zum Konformismus herrühren, der den meisten Angehörigen der 68er Generation eigentümlich ist. Ob in Seminarsitzungen oder auf studentischen Vollversammlungen [...], oft wurde ein Klima des Einverständnisses geschaffen, das es dem einzelnen schwermachte, der für die jeweilige Gruppe sakrosankten Ansicht laut zu widersprechen.«[83]

Dabei sind solche, zumindest zum Teil selbstkritische Aussagen nicht die Regel, sondern die Ausnahme. Die 68er-Bewegung wird in der aktuellen Geschichtsschreibung glorifiziert und gilt als Ausgangspunkt für eine bunte Gesellschaft, die sich von der »piefigen Enge« der Adenauerzeit befreit hätte. Viele Forderungen der 68er wären heute Allgemeingut, schreibt die *Süddeutsche*.[84] Von einem Bewusstsein für die problematischen Seiten der heutigen Gesellschaft ist nichts zu spüren. Wie selbstverständlich verklären die Leitmedien Rudi Dutschke und die Terroristin Ulrike Meinhof zu Ikonen.[85]

Dabei ist die grandiose Erfolgsgeschichte des »langen Marsches« nur für diejenigen zu begreifen, die wissen, wie die europäische Gesellschaft vor dem langen Marsch aussah. Erst vor dem Hintergrund, was einmal war, wird die ungeheure Leistung der 68er deutlich: nämlich, beinahe sämtliche Institutionen von ihrer Funktion und Ausrichtung her praktisch auf den Kopf gestellt zu haben. Der »lange Marsch« ist eine der beachtlichsten revolutionären Umgestaltungen des späten 20. und frühen 21. Jahrhunderts und hat den ehemals »freien Westen« als Antipoden zum Sowjetkommunismus in manchen Aspekten schon in sein Gegenteil verkehrt. Dass 1968 selbst Gewerkschaften, Kirchen und Parteien wie die SPD noch authentisch waren und der vereinheitlichenden politischen Ideologie der 68er kritisch gegenüberstanden, ist heute kaum noch fassbar.

So intervenierte der Sozialdemokrat Carlo Schmid wegen der 68er-Bewegung bei Bundeskanzler Kurt Georg Kiesinger und forderte, »dem Staatsverfall Einhalt zu gebieten«.[86] Nicht anders stand Willy Brandt zur Neuen Linken, indem er dazu aufrief, die »eindeutig rechtsbrecherischen Aktivitäten [...] im Keim zu ersticken«.[87]

Helmut Schmidt kommentierte die politischen Visionen der damaligen jungen Generation, eine neue, bessere Gesellschaft zu errichten: »Wer Visionen hat, soll zum Arzt gehen.«[88] Dem kulturmarxistischen Großprojekt, der Schaffung einer multikulturellen Gesellschaft, stand Schmidt entsprechend kritisch gegenüber:

»Mit einer demokratischen Gesellschaft ist das Konzept von Multikulti schwer vereinbar. Vielleicht auf ganz lange Sicht. Aber wenn man fragt, wo denn multikulturelle Gesellschaften bislang funktioniert haben, kommt man sehr schnell zum Ergebnis, daß sie nur dort friedlich funktionieren, wo es einen starken Obrigkeitsstaat gibt. Insofern war es ein Fehler, daß wir zu Beginn der 60er Jahre Gastarbeiter aus fremden Kulturen ins Land holten.«[89]

Konnte der ehemalige Bundeskanzler Helmut Schmidt solche Aussagen noch an die Öffentlichkeit bringen, ohne hierfür parteipolitisch geahndet und gesellschaftlich diskreditiert zu werden, ruft eine solche Äußerung heute schärfste Reaktionen des politisch-medialen Establishments hervor. Der Betroffene wird öffentlich als »rechts« oder »Rechtspopulist« geächtet und in seiner beruflichen und gesellschaftlichen Stellung ausgelöscht. Aus dem Mund eines Sozialdemokraten hat eine solche Kritik am multikulturellen Utopia heute nicht nur ein unverzügliches Parteiausschlussverfahren zur Folge, sondern auch einen »Vernichtungsfeldzug« durch die Leitmedien.

So erging es 2010 dem SPD-Politiker Thilo Sarrazin nach der Veröffentlichung seines Buchs: *Deutschland schafft sich ab. Wie wir unser Land aufs Spiel setzen,*[90] in dem er auf die Problematik muslimischer Masseneinwanderung hinwies. Nicht nur wurde ein Parteiausschlussverfahren gegen ihn eingeleitet. Der Migrationsexperte Klaus Jürgen Bade bezeichnete Sarrazin in der *Welt* als »Brandstifter«,[91] im *Spiegel* gaben Forscher dem SPD-Politiker Sarrazin sogar eine Mitschuld dafür, dass Deutschland für qualifiziertere Einwanderer unattraktiv wäre.[92] Vielmehr wird im *Spiegel* betont, dass »knapp die Hälfte aus der Mehrheitsgesellschaft eine weitere Aufnahme von Flüchtlingen und Asylsuchenden« befürworte und es tue »sich eine Kluft auf zwischen aufgeregten Diskussionen und einer Bevölkerung, die Migration gut informiert und interessengeleitet sieht«.[93]

Der in den Leitmedien veröffentlichten Meinung steht somit die öffentliche Meinung allenfalls noch als »Hassrede« im Internet gegenüber, ansonsten ist die politische Meinungsäußerung durch die Bürger, zu Fragen wie zum Beispiel der Masseneinwanderung, weitestgehend verstummt.

Der lange Marsch durch die Institutionen war somit vermutlich in der langfristigen Perspektive deutlich erfolgreicher als die kommunistischen Revolutionen, bei denen mit der Waffe die Macht erobert wurde. Die kulturmarxistische Ideologie ist heute in den Massenmedien, Justiz, Universitäten und Schulen, Parteien, Kirchen und Gewerkschaften fest verwurzelt und gilt als allgemein akzeptiert. Gesellschaftlich relevante Zentren des Widerstands sind nicht zu erkennen.

Diese zunehmende Verkehrung der einstmals freiheitlich-westlichen Gesellschaften in ihr Gegenteil geschah schleichend auf Basis loser Netzwerke, die sich als »Bewegung« begreifen und für die »gute Sache« engagieren. Diese Netzwerke haben bis heute als kleinstes Zentrum einen sich als individuellen Helden rezipierenden »Rebellen«, der von sich glaubt, »anders« zu sein als die anderen, für sein Anderssein Anerkennung sucht und diese in der Umgestaltung der Gesellschaft in eine »andere Gesellschaft« zu erfahren hofft.

Die Empörung der Jugend Europas und Nordamerikas in den Sechziger- und Siebzigerjahren des 20. Jahrhunderts mündete in ritualisierte und institutionalisierte neue Normen, die sich unter dem Begriff »politische Korrektheit« subsummieren lassen. Was einstmals Parolen der rebellierenden Jugend waren, sind heute gesellschaftliche Glaubenssätze, die allerdings in gewissen Grenzen flexibel bleiben und durch die verschiedenen Lobbygruppen umformuliert werden können. Die wesentliche Figur bei der Durchsetzung der »politischen Korrektheit« ist der neue Held, der neue »Rebell«, der seine Identität aus den Konsumangeboten der Kulturindustrie bezieht.

Konsumrebellen

Nach dem Zweiten Weltkrieg trat die massenhafte Produktion identischer Massengüter in eine neue Phase. Tonaufzeichnungen fanden durch industriell hergestellte Tonträger erstmalig im großen Stil globale Verbreitung. Durch das aufkommende Fernsehen konnten jederzeit Filmaufzeichnungen zum Konsum in die Wohnzimmer gelangen. Anders als noch während des Krieges, mussten populäre Lieder nicht mehr durch Artisten in Bars oder den Studios der Radiosender nachgespielt werden, sondern kamen in identischer Tonqualität millionenfach via Tonbänder, Jukeboxen und Schallplatten zu den Konsumenten.

Die technische Weiterentwicklung revolutionierte die Reproduktionsmöglichkeiten in immer schnellerer Folge. Kino, Fernsehen, Radio, Tonband, Schallplatte, Musikkassette, VHS-Video-Kassette, digitalisierte Aufzeichnungen auf CD beziehungsweise DVD und schließlich freie Datentransfers durch das Internet schufen völlig neue Konsumoptionen jederzeit und überall.

Der Kulturindustrie entstand so die Voraussetzung, in der liberalen Massendemokratie eine globale Machtposition einzunehmen. Ein wesentlicher Aspekt dieser Macht besteht vor allem in der schleichenden Prägung neuer

Rollenmuster. Unterhaltungskünstler und Schauspieler mit dem Nimbus des »Rebellischen« wurden zu Stars, Idolen und Konsumprodukten, während sich mit ihren Schallplatten und Filmen Millionenumsätze erzielen ließen. Beispielhaft sei hierfür der Song »Street Fightin' Man« (»Der Straßenkämpfer«) von den Rolling Stones erwähnt:

Hey! Ich glaube, jetzt ist die richtige Zeit für eine Palastrevolution
Denn dort, wo ich herkomme, gibt es immer nur Kompromisslösungen

(Hey! Think the time is right for a palace revolution
'Cause where I live the game to play is compromise solution)

sang Mick Jagger und weiter hieß es in dem Lied:

Überall höre ich den Klang marschierender, angriffslustiger Schritte, Junge
Denn der Sommer ist da und die Zeit ist reif um auf der Straße zu kämpfen, Junge.

(Everywhere I hear the sound of marching, charging feet, boy
'Cause summer's here and the time is right for fighting in the street, boy)

Dabei hatte man den wenig erfolgreichen Song »Did Everyone Pay Their Dues?« einfach umgeschrieben und mit zeitaktueller Straßenkampfrhetorik neu herausgebracht. Ein geschickter Schachzug dabei war der Besuch Mick Jaggers bei einer Anti-Kriegs-Demonstration 1968 in London. Dort versuchte die Polizei, eine Menge von 25000 gewalttätigen Demonstranten unter Kontrolle zu bringen. Dass er in seinem Song dazu aufrief, den englischen König zu ermorden, war wohl aus Jaggers Perspektive ebenfalls nicht mehr, als ein gezielt lancierter Marketing Gag.[94] Selbstverständlich wurde Jaggers Kampagne auch finanziell honoriert. Der Song blieb immerhin sechs Wochen in den Charts.

Als Folge dieser neuen Konsum-Rebellen-Massenkultur betrat in den 1960ern erstmals die Vorform des heutigen Konsumrebellen die gesellschaftliche Bühne. Junge Menschen brachen aus den als sinnlos propagierten kulturellen Mustern ihrer Eltern und Großeltern aus und orientierten sich an den durch die Kulturindustrie vermittelten neuen Identifikationsangeboten. Durch die Erschütterung des traditionell Heroischen in Folge der Hitler-Tyrannei war im Identitätsfindungsprozess der jungen Generation ein Vakuum entstanden, das die Kulturindustrie auszufüllen verstand. Auch der neue Held war kämpferisch, verstand sich aber als »unbequem« und »oppositionell«, konsumierte »rebellische« Musik und Filme, trug Jeans, nahm Drogen und führte einen scheinbar persönlich-motivierten Kampf gegen die »Unterdrücker« und das »Establishment«.

Dabei zielte der Kampf des neuen »Rebellen« von Anfang an auf eine globale Utopie. Anlässlich des Besuchs des persischen Schahs in Berlin 1967, zeigte sich beispielhaft der Größenwahnsinn des kulturmarxistischen Sendungsbewusstseins in aller Prägnanz. Hannah Arendt hielt anlässlich des Schah-Besuchs einem für die neuen Ideale entflammten jungen Deutschen entgegen:

»Keine Frage, es geht uns an, wenn in Persien, Vietnam und Brasilien ›unwürdige Zustände‹ herrschen, aber es liegt wahrhaftig nicht an uns. Das, scheint mir, ist eine Art umgekehrter Größenwahnsinn. Probieren Sie einmal, Politik in Persien zu machen, und Sie werden rasch davon geheilt sein. [...] Worauf es politisch ankommt, ist limitiert denken lernen.«[95]

Aber genau die Limitation, die Akzeptanz von Grenzen, ist dem Kulturmarxismus fremd. Der neue Held fand im Aufbegehren gegen jegliche Form von Begrenzung seinen Ausdruck. Man spürte frischen Wind, als sich Männer lange Haare wachsen ließen und die Rolling Stones als »böse Buben« inszeniert wurden, denn dies wurde als Grenzüberschreitung empfunden. Theoretische Rückdeckung fand die sich entfaltende Kulturindustrie überdies bei den Berufsrevolutionären der Frankfurter Schule: »Permanenter ästhetischer Umsturz – das ist die Aufgabe der Kunst«[96] ist eine der gern im zeitgenössischen Diskurs zitierten Aussagen von Herbert Marcuse.

Aus einer auf diese Weise konsumtechnisch hochgezüchteten »Wut im Bauch«, die nach gesellschaftlicher Veränderung drängte, entwickelte sich schließlich der heutige »Konsum-Rebell«, wie er uns derzeit in den westlichen Gesellschaften auf Schritt und Tritt begegnet. Er fühlt sich ungeachtet seines Alters »jugendlich«. Er ist »anders«, »geschlechtersensibel und queer«, kann wie sein Prototyp in den 1960ern keine Grenzen akzeptieren und ist jederzeit bereit, in seinem angeblichen Protest gegen die »Mächtigen« die Ladengeschäfte kleiner Einzelunternehmer zu plündern, die Kleinwagen von Rentnern anzuzünden, die Fenster von Kinderzimmern einzuschlagen und wie der G-20-Gipfel in Hamburg 2017 zeigte, eine ganze Stadt in Angst und Schrecken zu versetzen.[97]

Dabei darf sich der Konsumrebell, da er »auf der richtigen Seite steht«, im »Kampf gegen rechts«, nicht nur großzügiger finanzieller Unterstützung durch den Staat[98] erfreuen. Die sich mit ihm im losen kulturmarxistischen Netzwerk solidarisierenden Redakteure und Journalisten der großen Leitmedien leisteten ihm bei seinen Attacken »auf die Mächtigen« sogar noch publizistische Schützenhilfe.

So twitterte der für die *Zeit* tätige Sören Kohlhuber: »Jede Flasche, jeder Stein hat heute seine Berechtigung!« als 2017 in Hamburg die Kleinwagen ganz normaler Bürger brannten. Der Millionenerbe Jakob Augstein *(Spiegel)* schrieb beifällig: »Der Preis muss so in die Höhe getrieben werden, dass niemand eine solche Konferenz ausrichten will«, und der Redaktionsleiter der ARD-Sendung *Panorama*, Volker Steinhoff, versuchte gar, der Polizei die Verantwortung für die Ausschreitungen der Konsumrebellen in die Schuhe zu schieben.[99]

Dies alles wird getragen von einem kollektiven Lebensgefühl: Man fühlt sich jung und oppositionell. Die Idole dieser Grenzüberschreitung sind entsprechend ewig jung und sterben idealerweise auch jung. Nichts gilt als peinlicher, als ein alternder Star. Das Phänomen reichte in den Anfangsjahren von Jimi Hendrix über Janis Joplin zu Sid Vicious (Sex Pistols) oder Kurt Cobain (Nirvana), die alle in jungen Jahren an einer Überdosis Drogen starben. Der Mythos ewiger Jugend, der die Stars der kulturkommerziellen Verwertungskette zu jugendlichen Halbgöttern stilisierte, nahm hier seinen Anfang.

Diese Fixierung auf den Lebensabschnitt der Jugend bedingte die zunehmende Infantilisierung der Gesellschaft mit. Die jugendliche Phase des Grenzüberschreitens, des Aufbegehrens, des Ausprobierens, des Protestierens verlängerte sich bis ins hohe Alter. Sich festzulegen auf einen Partner, Beruf oder Wohnort, gilt inzwischen als verpönt.

»Protest« wurde auf diese Weise integraler Bestandteil des westlichen Lebensgefühls. Selbst gegen die natürlichen Grenzen der Geschlechter wurde von Anfang an protestiert. Als 1995 der Indie-Rock-Song »Queer« der Band Garbage über die damaligen großen Vertriebskanäle wie MTV in die Bestenliste aufstieg, feierte die Musikindustrie ihr Produkt als »Wiegenlied der sexuellen Unangepasstheit«,[100] als die Musik, die »anders« ist, die den »Protest« gegen die »sexuelle Normalität« zum Ausdruck brachte.

Auch der Text des Songs »Queer« lässt Aufschlüsse über das kulturmarxistische Programm zu. (»Queer« ist eine Art Oberbergriff für schwul, lesbisch, bi- und transsexuell):[101]

Lass mich deinen Geist verschmutzen,
Ich reiß dir deine harte Verblendung runter,
Und schau nach, was ich finde,
den Queersten der Queeren [...]

(Let me dirty up your mind
I'll strip away your hard veneer
And see what I can find
The queerest of the queer [...])

Der Song behandelt den Mythos des »angepassten Normalbürgers«, der von seiner äußeren Verblendung befreit werden muss, um zu entdecken, dass er kein spießiger, verklemmter Mann ist, der Frauen anziehend findet, Vater wird, Kinder großzieht und eine Familie ernährt, sondern ein sogenannter Queer. »Queer« bezeichnet eine Art neues Geschlecht, das die herkömmlichen Geschlechtergrenzen auflöst und offen nicht nur für gleichgeschlechtliche Erfahrungen ist, sondern zwangsweise jegliches sexuelle Erleben bejahen muss, um nicht als »Spießer« zu gelten.

Im Kern steht das Ineinandergreifen von Konsumindustrie und neuem Helden. Der Konsumrebell fühlt sich stark und wütend, indem er konsumiert.

Weil er konsumiert, ist er »anders«. Grenzüberschreitung ist alles, was die kulturmarxistisch-kapitalistische Verwertungskette produziert. Dabei ist »Anderssein« und »Protest« dem Konsumenten nur vorgegaukelt, da er in seinem »Anderssein« genau das tut, was alle tun, nämlich konsumieren.

Als Folge des dauerhaften Konsums bedarf es überdies einer immer schnelleren Folge von Grenzüberschreitungen, um überhaupt noch einen »Kick« zu spüren. So bewirbt die auch der Queer-Szene entstammende Künstlerin Lady Gaga geschäftstüchtig in einer deutschen Zeitschrift für junge Mädchen ihre Parfüm-Kreation mit den Worten:

»Der Duft riecht wie eine Edel-Prostituierte. Als wir den Duft kreierten, wollte ich das Gefühl von Blut und Sperma in der Molekular-Struktur einfangen.«[102]

Die ebenfalls der Queer-Szene entstammende Megastar Miley Cyrus[103] spreizt regelmäßig bei einfallsloser Musik ihre Beine, um den Kameras ihr primäres Geschlechtsorgan entgegenzurecken. Auf diese Weise »outet« sich der Superstar angeblich als »pansexuell«, so das Onlinemagazin queer.de: »Ihre Geschlechtsidentität sei außerdem ›neutral‹.«[104]

Ein weiteres, wesentliches Identitätsmuster des Konsumrebellen ist die »Opferrolle«, in der er sich sieht. Nach Abspaltung von der Arbeiterbewegung sind es in der westlichen Gesellschaft privilegierte Gruppen wie Homosexuelle, die zu Opfern stilisiert werden. Es ist die zum Protest zweckentfremdete Sexualität, die zum Opfer vorgeblicher Diskriminierung wird. Insofern müssen die großen Leitmedien, wie der öffentlich-rechtliche Rundfunk in Deutschland, Homosexuelle immer wieder zu Opfern verklären. Beispielsweise besprach der Sender Deutschlandfunk Kultur 2017 ein Zukunftsszenario, in welchem wie bei der Judenverfolgung im Nationalsozialismus, angeblich demnächst Homosexuelle in Frankreich deportiert werden.[105] Gerne wird dabei verschwiegen, dass inzwischen in fast allen westlichen Gesellschaften praktizierte Homosexualität im Rahmen der »Ehe für alle« durch die Steuerzahler finanziell unterstützt wird.

Schlussendlich ist die kulturindustriell behauptete Diskriminierung des Konsumrebellen nicht mehr als ein Vehikel, die kleinste Zelle des Kulturmarxismus zu aktivieren. Die Aufgabe dieser Zelle besteht darin, die Agenda der politischen Korrektheit auf allen gesellschaftlichen und institutionellen Ebenen durchzusetzen, zu verbreiten und gegen Andersdenkende vorzugehen. Hieraus rekurriert sich das nicht abschwellende Heer der willigen Helfer, die zu provozieren glauben, indem sie beispielsweise barbusig während eines Gottesdienstes auf den Altar springen und so das Grundrecht auf ungestörte Religionsausübung mit Füßen treten.[106] In den Medien wurde ein ähnlicher Vorfall mit folgenden Schlagzeilen gefeiert: »Aktivisten machen Abtreibungsgegnern einen Strich durch die Rechnung.«[107]

Dabei trifft der Kampf, den die Konsumrebellen leisten, in der Regel Einzelgänger und Außenseiter der Gesellschaft, allenfalls kleine Gruppierungen, die als »rechts« stigmatisiert werden, weil sie nicht in das elitäre kulturmarxistische Projekt einer neuen Weltordnung unter der Ägide multinationaler Netzwerke passen. Der lange Marsch durch die Institutionen entpuppte sich als Konsumkommunismus, in dem der »Rebell« als »neuer Held« zum willfährigen Exekutor des Systems wurde. Was anfänglich oppositionell zu sein schien, ist heute Mainstream. Ein wichtiger Aspekt dieser beständigen Rebellion war die sexuelle Revolution, die das Ineinandergreifen marxistischer Ideale und kommerzieller Interessen nochmals verdeutlicht.

Vom Klassenkampf zur sexuellen Revolution

Die »sexuelle Revolution« gilt in der offiziellen Geschichtserzählung als Glanzstück der 68er-Revolte.[108] Dabei reichen ihre Wurzeln zurück bis weit in das Fin de Siècle. Sie lassen sich in der Freiturner-Bewegung genauso aufspüren wie im nationalsozialistischen Körperkult. Das erste Mal im eigentlichen Sinne ausgerufen wurde sie 1936 durch den Psychoanalytiker Wilhelm Reich.

Wilhelm Reich war zwischen 1922 und 1928 Schüler Sigmund Freuds. Im Gegensatz zu Freud, der wie schon gesagt dem Kommunismus äußerst kritisch gegenüberstand, arbeitete Wilhelm Reich daran, die (anfänglich) ausschließlich auf die Sexualität fokussierte Trieblehre Freuds in das marxistische

Gedankengebäude zu integrieren. Sie sollte so als »Freudomarxismus« dem Klassenkampf dienstbar gemacht werden.[109]

Wie viele Marxisten zeigte sich auch Wilhelm Reich darüber frustriert, dass die kommunistische Revolution in Deutschland und Westeuropa nach dem Ersten Weltkrieg gescheitert war. Seine Ursachenanalyse fiel jedoch originell aus: Für das Scheitern der kommunistischen Revolution war die angebliche Unterdrückung des Sexualtriebes verantwortlich:

»Was die Masse unfähig zur Freiheit macht, ist die Unterdrückung des genitalen Liebeslebens in Kindern, Heranwachsenden und Erwachsenen [...] Sexuelle Unterdrückung ändert die Struktur des [...] Individuums so, dass es gegen seine Interessen handelt.«[110]

Die sexuelle Befreiung des Einzelnen wurde demnach als Voraussetzung für eine kommunistische Gesellschaft verstanden. Erst mit der »sexuellen Befreiung« wäre der Mensch reif für die kommunistische Revolution. Den »herrschenden Klassen« unterstellte er, mithilfe der Moral die Arbeiter sexuell zu unterdrücken und damit in einer Art Unmündigkeit zu halten. Hiergegen galt es aufzubegehren. Das Konzept der »sexuellen Befreiung« wurde somit erstmalig zum Teil eines revolutionären Programms, während die sexuelle Unterdrückung laut Reich zwangsläufig zum Faschismus führe.[111]

Wilhelm Reich galt unter den 68er-Studenten als Geheimtipp. Insbesondere für die neue antiautoritäre Pädagogik mit Programmpunkten wie Gender Mainstreaming und sexuelle Vielfalt bildete Reichs »Freudomarxismus« die Grundlage. Da das Programm der sexuellen Revolution bei der älteren Generation auf Widerstand stieß, musste die Umsetzung bei den Kindern und Jugendlichen beginnen. Nur hier war laut Wilhelm Reich noch eine entsprechende Formbarkeit vorhanden.

Neben der Kulturindustrie, die mit zahllosen kommerziell erfolgreichen Filmtiteln wie *La Boum – Die Fete – Eltern unerwünscht*[112] bei Jugendlichen eine sexuelle Revolution gegen die Eltern beschwor, wurde vor allem in Schulen und Kindergärten die Umgestaltung der Gesellschaft vorangetrieben. Mit dem Marsch durch die Institutionen waren hierfür bald die Voraussetzungen geschaffen. Nicht nur ein loses Netzwerk gleichgesinnter Lehrer und Erzieher errang die Deutungshoheit in den pädagogischen Einrichtungen. Das

Programm der »sexuellen Befreiung« gelangte Schritt für Schritt über die Kultusminister in die Lehrpläne der Schulen und ist inzwischen in fast allen westlichen Ländern mit Begriffen wie »Gender, Vielfalt und Toleranz« pädagogischer Normalfall.

Auch die großen christlichen Kirchen sind inzwischen auf den Kurs der »sexuellen Befreiung« eingeschwenkt. Im Jahr 1991 forderte die Rednerin Dr. Herrad Schenk auf dem 24. Deutschen Evangelischen Kirchentag:

»Ficken, wann man will und wie man will, ist subversiv und hebelt die bürgerliche Gesellschaft aus den Angeln.«[113]

Heute steht das Programm der »sexuellen Befreiung« auf den Fahnen aller großen Institutionen, auch der Kirchen.

Wie konnte ein derart schneller Sieg errungen werden? Neben einer Art »sexuellen Heilserwartung« war das historische Phänomen des Faschismus erneut zentraler Antrieb für die Umsetzung der sexuellen Revolution. Um diese erstaunliche Tatsache zu verstehen, müssen wir uns die Rezeption Wilhelm Reichs durch die 68er-Generation genauer anschauen.

»Vögeln gegen Faschismus«[114]

Mit seinen auf Reich basierenden, sexualpolitischen Forderungen sorgte im Jahr 1969 der Sozialpädagoge Helmut Kentler für Furore. In der *Zeit* vertrat er erstmalig vor einem großen Publikum die These, die Kultivierung des Sexualtriebes führe zu politischer Unmündigkeit und Faschismus. Durch eine neue Form der Sexualerziehung der Kinder in den staatlichen Schulen und Kindergärten müsse dies überwunden werden, indem den angeblichen sexuellen Bedürfnissen von Kleinkindern Rechnung getragen werde:

»Indem das ursprünglich noch nicht festgelegte und vielgestaltige Sexualverhalten des Kleinkindes eingeengt und reguliert wird, geschieht gleichzeitig ein Training im Verzichten auf eigenwillige Bedürfnisbefriedigung, Disziplinierung eigener Wünsche und Interessen, schließlich Gewöhnung an die allgemein herrschenden gesellschaftlichen Zustände.«[115]

Doch Kentler ging es nicht nur um die sexuelle Befriedigung von Kleinkindern. Nach seinen Forschungen war die Unterdrückung des Sexualtriebs ursächlich für die Entstehung der autoritären Gesellschaft verantwortlich, aus welcher analog zu Reich später die nationalsozialistische Diktatur hervorging. Der Professor an der Universität Hannover sah nämlich in der angeblichen sexuellen Verklemmtheit der Nationalsozialisten eine Ursache für deren aggressives Auftreten:[116]

»Sexualerziehung ist jedoch in einem noch weiteren Zusammenhang politische Erziehung: In der Sexualerziehung wird nämlich auch über die Möglichkeiten einer Erziehung zum Frieden entschieden. Die ohnehin in den Menschen mehr oder weniger stark vorhandene Aggressivität wird durch sexuelle Unterdrückungen und Frustrationen der Triebansprüche vermehrt und verstärkt. Es sollte uns zu denken geben, daß Adolf Eichmann – nach allem, was wir über ihn wissen – in seiner Jugend ganz den Anforderungen entsprach, die unsere Sittengesetze und unser Jugendschutz an die Leistungsfähigkeit junger Menschen zur Askese stellen. Er war ein in sexueller Hinsicht sauberer deutscher Junge.«[117]

In diesem Licht erschien die sexuelle Befreiung der 68er-Generation berechtigterweise eine Art Heilsweg zu sein. Ungehemmte sexuelle Entfaltung wurde als Mittel begriffen, eine bessere und gewaltfreie Welt zu errichten und die Wiederkehr des Nationalsozialismus und des Holocaust zu verhindern: »Make Love, not War« war einer der Slogans, hinter denen der Glaube stand, mittels befreitem Geschlechtsverkehr würde die Menschheit von nun an einer rosigen, konfliktfreien Zukunft entgegensteuern.

»Wer zweimal mit der gleichen pennt, gehört schon zum Establishment« oder »Petting statt Pershing« waren weitere, in diese Richtung weisende Glaubenssätze mit Heilsanspruch: Eine von aller kulturellen Überformung befreite Sexualität werde helfen, den Weltfrieden zu verwirklichen. Damit galt eine Gesellschaft, in der jeder mit jedem pennt, deutlich glücklicher als die »verklemmte« und »autoritäre alte Gesellschaft«, die wegen zu wenig Sex angeblich Kriege führen musste.

Einen weiteren wichtigen Schub erhielt die sexuelle Revolution durch die Entwicklung der Anti-Baby-Pille. Mit diesem hormonellen Verhütungsmittel, das als industrielle Massenware weltweit schnell Verbreitung fand, wurde ab den 1960er-Jahren für breite Schichten endgültig die Sexualität von der Fortpflanzung entkoppelt. Im Zusammenschluss mit der sexuellen Revolution entstand hieraus eine ureigentliche Dynamik, die alles bisher Dagewesene mit sich riss (und so ziemlich alles bewirkte, außer der von Wilhelm Reich versprochenen Befreiung des Proletariats aus seinen Fesseln).

Doch die »Befreiung« der Sexualität zwischen Mann und Frau war nur der Anfang. Insbesondere Begriffe wie »Normalität« gerieten zunehmend in die Kritik und wurden bewusst in ihr Gegenteil verkehrt. Im Fortgang der sexuellen Revolution wurde die Befreiung der »heteronormativen Sexualität« (d.h.: Geschlechtsverkehr zwischen Mann und Frau) schnell zum Nebenschauplatz oder gar verpönt, da sie durch ein »phallozentrisches Geschlechterbild«[118] (d.h.: penisfixierte Vorstellung davon, was Geschlecht ist) bedingt und »abnormal«[119] sei. Vielmehr traten bis dahin tabuisierte oder psychiatrisch behandelte Aspekte der entfesselten Sexualität wie Homosexualität, Transsexualität oder Pädophilie (d.h.: Sex mit Kindern) in den Mittelpunkt des politischen Kampfes.

In seinem Roman aus dem Jahr 1975, *Der große Basar,* beschrieb die Ikone der 68er-Bewegung, Daniel Cohn-Bendit, angebliche sexuelle Erlebnisse, die er 1968 als Erzieher in einem Kindergarten gehabt hatte. Dort gab es zahlreiche sexuelle Funken, die zwischen ihm und den kleinen Mädchen übergesprungen seien.[120] Später bestritt Cohn-Bendit diese Aussagen. Es habe sich bei den beschriebenen Erlebnissen ausschließlich um Fantasien gehandelt, nicht um reale Begebenheiten.

1988 forderte der beliebte Talkshowgast, bekennende Homosexuelle und Bundestagsabgeordnete Volker Beck in dem Sammelband *Der pädosexuelle Komplex* die Entkriminalisierung sexueller Handlungen mit Kindern:

»Eine Entkriminalisierung der Pädosexualität ist angesichts des jetzigen Zustandes ihrer globalen Kriminalisierung dringend erforderlich.«[121]

Dabei darf nicht übersehen werden, dass Forderungen, sexuelle Handlungen mit Kindern zu legalisieren, immer eine gesellschaftspolitische Zielrichtung besaßen. Entsprechend bewegten sich vor allem die sozialistischen Parteien in Europa weg von der Arbeiterschaft, hin zu den sogenannten »Randgruppen« wie sie sexuelle Subkulturen darstellen. Denn mit dem Verschwinden des klassischen Proletariats in den Wohlstandsgesellschaften wurde ein neuer Frontverlauf nötig, um revolutionäres Potenzial zu entfalten. So gelang es im Sinne der klassisch marxistischen Konfliktstrategie trotz steigendem Wohlstand, erneut gesellschaftliche Gruppen gegeneinander aufzuwiegeln.

Plötzlich wurden »Homosexuelle« gegen Familien mit Kindern mobilisiert, »Feministinnen« traten gegen das angebliche »Patriarchat« an, Transvestiten brandmarkten gesellschaftliches Unbehagen als »Unterdrückung«. Entsprechend konstatiert Johannes Rogalla von Bieberstein in seiner Studie *Schwulenkult und feministischer Geschlechterkampf*:

»Inzwischen ist die Klasse durch das Geschlecht ersetzt worden, so daß also beim imaginierten Kampf der Kollektive, der gegenseitigen Aufwiegelung von sozialen und biologischen Großgruppen, die von Karl Marx proklamierte Konfliktstrategie eine Konstante geblieben ist.«[122]

Man blieb demnach der marxistischen Theorie treu, definierte allerdings neue Opfer gesellschaftlicher Unterdrückung und versah diese dann medial und kulturindustriell mit einem eigenen »Selbstbewusstsein«. Eines von zahllosen Beispielen aus dem Jahr 2010 ist eine Sendung des WDR für den Unterricht an Schulen: »Schwul und stolz darauf?« lautet der Titel. In der Kurzbeschreibung des Films heißt es:

»Timo (16) hat große Sorgen. Seit einiger Zeit wird er in seiner Klasse massiv gemobbt. Die Mitschüler attackieren ihn, weil sie Probleme damit haben, dass Timo schwul ist.«[123]

Den Schülern wird in dem Film die Homosexualität als attraktives Identifikationsmuster angeboten, da es durch seinen gesellschaftlichen »Opferstatus« im Sinne des Konsumrebellen für »Anderssein«, »Protest« und »Opposition« steht. Es ist demnach »cool«, schwul zu sein, denn schwul zu sein heißt »anders« und im Sinne des Films, »Opfer« zu sein. Wer jedoch als Jugendlicher »anders« ist, wer »Opfer« ist, dem sind Aufmerksamkeit und Anerkennung der großen Medien sicher. So findet auch Timo in der engagierten Reporterin Noah Sow Unterstützung und Hilfe gegen die »normalen, autoritär und sexualfeindlich« erzogenen Jugendlichen.

Der Kampf für die »Gleichstellung sexueller Minderheiten« ist inzwischen sogar ein eigener, von der Europäischen Union geförderter Wirtschaftszweig.[124] Die von der Europäischen Union akkreditierte und mit erheblichen Mitteln ausgestattete ILGA (Internationale Lesben und Schwulen Vereinigung) ist wesentlich an der Einführung des Gender Mainstreaming beteiligt und somit Hauptmotor, um »traditionelle Rollenmuster«, sprich die bipolare Auffassung, es gäbe genau zwei Geschlechter, männlich und weiblich, in der Bevölkerung auszuradieren.[125]

Die marxistische Konfliktstrategie geht in diesem Sinne voll auf. Es werden Gruppen mobilisiert, die unter realer oder eingebildeter Unterdrückung leiden. Gruppendynamische Prozesse kommen in Gang, mit dem Ziel, die »alte« Ordnung auszulöschen und die Bindung der Menschen an Familie, Nation und Religion aufzulösen. Die Aufmärsche der sogenannten »Gay-Pride-Bewegung« gleichen inzwischen Machtdemonstrationen und sorgen in vielen westlichen Städten wie im südenglischen Brighton regelmäßig für die Lahmlegung des städtischen Verkehrs.[126]

Rigoros ist inzwischen ebenfalls die Vorgehensweise gegen alle, die es wagen, Kritik an der kulturmarxistischen Bevormundung in Familienfragen zu üben. 2014 musste der Mitgründer des Internetunternehmens Mozilla, Brendan Eich, als Vorstandschef zurücktreten, da er eine Initiative für den Schutz von Ehe und Familie in Kalifornien unterstützt hatte.[127] Ähnlich erging es dem Biologieprofessor Ulrich Kutschera. Nachdem er sich kritisch zur Einführung der »Ehe für alle« in einem Onlinemagazin äußerte, forderte der hessische Wissenschaftsminister Boris Rhein (CDU) die Universität Kassel zum Durchgreifen auf.[128]

Aber auch Privatpersonen müssen sich in Acht nehmen. Mittels sogenannter »Antidiskriminierungsgesetze« wird inzwischen die Meinungs- und Gewissensfreiheit dergestalt eingeschränkt, dass es in vielen Ländern unter Konsumrebellen bereits als eine Art Sport gilt, bei kleinen, christlichen Familienkonditoreien »Hochzeitstorten« für eine »Gay-Party« zu bestellen. Weigert sich das Familienunternehmen, eine »Gay-Torte« herzustellen, wird es verklagt und verfolgt, was bis zum wirtschaftlichen Ruin reichen kann.[129] Dies bestätigt von Bieberstein:

»Die Homosexualisierung der Gegenwart erreicht Rekordwerte. Mehr noch: Es scheint ein irritierender Kult um die Schwulen entstanden zu sein, Homosexualität ist zu einer Art Religion geworden.«[130]

Kritik an dieser fast schon kultischen Sonderstellung der Homosexualität ist undenkbar. In fast allen westlichen Ländern installierte Gesetze gegen »Hasssprache« und »Hetze« sorgen für ein Klima des Schweigens in Gesellschaften, die sich einstmals für ihre offene, demokratische Debattenkultur rühmten.

Dabei handelt es sich bei den sogenannten politischen Homosexuellen tatsächlich nur um eine kleine, kulturmarxistisch gut vernetzte Lobbygruppe, die über einen nicht unerheblichen Einfluss in den Medien verfügt. Geht die Lobby von circa zehn Prozent Homosexuellen in der bundesdeutschen Bevölkerung aus, setzen seriöse Studien den Anteil deutlich geringer bei zwei bis 2,5 Prozent an.[131] Hiervon ist wiederum nur ein verschwindend kleiner Teil politisch homosexuell. Die Mehrheit der Homosexuellen wünscht sich ein Leben in Frieden und Respekt, keinesfalls jedoch die Dominanz familienpolitischer und pädagogischer Diskurse durch die Gender-Lobby. Die Konfliktstrategie des Marxismus macht »sexuelle Vielfalt« aber zur Staatsaufgabe und rückt entsprechend schon Kindergartenkindern mit Dildos auf den Leib.[132]

Dies betrifft nicht nur Westeuropa, sondern auch die USA, wo der Kulturmarxismus genauso durch kleine Eliten zur herrschenden Doktrin erhoben wurde. Paul Kengor, Professor am Grove City College, analysiert die Situation nach der Wahlniederlage Obamas wie folgt:

»Obamas Kulturrevolution an der sexuellen Gender-Familien-Front umgibt uns überall. Wir erleben sie bei der Kultur der Angst und Einschüchterung durch die Kräfte der ›Vielfalt‹ und der ›Toleranz‹, die jeden brutal zu denunzieren, zu dämonisieren und zu vernichten versucht, der mit ihrem neuartigen und unverschämten Konzept von Ehe und Familie nicht einverstanden ist […] Wer von diesem neuen, lautstark krakeelenden Menschenschlag abweicht […] wird verklagt, eingesperrt, verunglimpft, boykottiert, schikaniert und ruiniert – und man tut das […] im Namen der ›Toleranz‹ und der ›Vielfalt‹«.[133]

Auf der parteipolitischen Ebene waren es in Deutschland anfänglich vor allem die Grünen, die sich als »der unverzichtbare Motor der Lesben- und Schwulenpolitik verstanden«.[134] Durch deren Talkshow-Star Volker Beck wurde der »schwul-politische Marshallplan« verkündet, um das »schwule U-Boot in den Ehehafen einlaufen«[135] zu lassen. Durch die gezielte Unterwanderung der Parteien sowie die zunehmende kulturelle Hegemonie der 68er, schwenkten zuerst die SPD und dann der »moderne« Flügel der CDU in diesen Kurs ein, bis schließlich 2017 unter Angela Merkel die »Ehe für alle« eingeführt wurde.

Wer glaubt, dass hiermit das Ziel erreicht ist, hat nicht verstanden, was permanente Revolution als kulturindustriell gestiftetes Identifikationsmodell bedeutet. Denn die Kulturrevolution wirft, kaum ist sie zum herrschenden Lebensmodell geworden, immer neue Frontverläufe auf. Denn neben Ehe und Familie stehen seit langem schon weitere wichtige Feinde im Fokus. Einer davon ist der hellhäutige (= »rassistische«), männliche (= »heterosexistische«) Mann. Die lesbisch-feministische 68erin Jill Johnston erklärte ihn zum »biologischen Aggressor«,[136] dem die vorherrschende Stellung in der westlichen Welt genommen werden muss. In diesem Sinn war für Johnston die »schwule revolutionäre Bewegung die erste ernst zu nehmende Bedrohung für die existierenden gesellschaftlichen Strukturen«, nämlich »Heim, Staat und Kirche«.[137] Dabei scheinen viele ihrer Forderungen, zum Beispiel dem »Christentum ein Ende setzen«, in Westeuropa schon weitestgehend verwirklicht zu sein.

Die Macht der Medien

Die übergroße Freiheit schlägt offenbar in nichts anderes um, als in übergroße Knechtschaft, sowohl für den Einzelnen, als auch für die Stadt. Es ist also wahrscheinlich, daß die Tyrannis aus keiner anderen Verfassung hervorgeht, als aus der Demokratie, aus der höchsten Freiheit die größte und härteste Knechtschaft.

Platon

Das Fernsehen verursacht eine Hörigkeit, die ökonomisch und politisch beliebig auszunutzen ist.

Neil Postman

Wenn wir den schnellen Sieg des Kulturmarxismus verstehen wollen, müssen wir uns die Funktionsweise der modernen Massendemokratie genauer anschauen. Ein wesentlicher Punkt dabei ist: Moderne Politik war immer schon eine Medieninszenierung, bei der nicht immer klar ist, ob der Darsteller auf der Bühne ein Schauspieler oder ein Politiker ist. Dies betrifft Leni Riefenstahls grandiose Inszenierungen des Reichsparteitags mit Adolf Hitler in Nürnberg genauso wie Barack Obamas protzige Bühnenshows in Fußballstadien während des US-Wahlkampfs.[138] Um große Menschenmassen für einen Politiker zu begeistern, muss jeder Schritt in Abstimmung mit den Massenmedien geplant und durchgeführt werden. Die Show muss stimmen, nichts darf dem Zufall überlassen werden. Das betrifft selbst die scheinbar spontanen »Yes, we can!«-Rufe des Publikums während der Reden Obamas.[139] Erfolgreiche Politik ist immer eine Frage der Inszenierung. Von der Frisur über die Kleidung bis hin zum »politischen« Statement; nichts geschieht zufällig. Alles ist auf die gewünschte Wirkung abgestimmt.

Eine wichtige Manege für die Politik sind die großen Talkshows im Fernsehen. Hier darf der Konsument Politstars im Bühnenlicht bewundern, während diese unter dem einstudierten Beifall des ausgewählten Publikums einen politischen Schlagabtausch liefern. Dabei sind »spontane Provokationen« sowohl einstudiert, als auch mit der Regie abgesprochen. Denn die Inszenierung politischer Diskussionen ist Bestandteil der gesellschaftlichen Lenkung. Die große Mehrheit der Deutschen, das sind siebzig Prozent, nutzen 2017 Fernsehen und Radio als Hauptinformationsquellen.[140] Für diese Menschen sind Fernseh-Talkshows ausschlaggebend bei der Meinungsbildung.

Anders als viele glauben, sind solche Talkshows niemals offene Diskussionen mit einem offenen Ausgang, berichtet die ehemalige ARD-Nachrichtensprecherin Eva Herman, sondern haben immer eine Zielrichtung.[141] Nehmen wir als Beispiel für diese Lenkung das Studiopublikum. Damit es weiß, wann es zu klatschen hat, gibt es einen sogenannten »Anklatscher« oder »Warm-Upper«. Dieser ist für die Stimmung im Publikum zuständig und hat vorher mit den »Gästen« geübt, berichtet Herman. Die Anklatscher haben wie der Moderator in der Regel einen kleinen Kopfhörer im Ohr, sodass die Regie ihnen Anweisungen geben kann. Sie sollen fast so wichtig sein wie der Moderator selbst. Sobald der Anklatscher Beifall gibt, klatscht das (oft bezahlte) Publikum. Ebenfalls eingeübt sind das Johlen und das Trampeln mit den Füßen. Auf Anweisung wird so bei politisch korrekten Aussagen Stimmung gemacht.

Diese mediale Machtstellung begründet die zunehmende Schwäche der Politik, eigenverantwortliche Entscheidungen zu treffen. Die deutsche Bundeskanzlerin Angela Merkel, Parteivorsitzende einer ehemals christlich-konservativen Partei, verkörpert diesen Politikstil in Reinform. Ihr Auftritt im Wahlkampf 2017 wurde durch die Werbeagentur Jung von Matt auf die Bühne gebracht. Die Agentur betreibt gleichzeitig Kampagnen für Vodafone, Edeka, die Sparkasse und BMW.[142] Sie arrangierte für Merkel in einer politisch prekären Situation den perfekten Auftritt.[143]

Völlig unbemerkt leistete Merkel mit diesem Auftritt jedoch den politischen Offenbarungseid: Nämlich, dass ihr der Amtserhalt wichtiger ist als eine eigene politische Position. Sie setzte während ihrer Kanzlerschaft, wie eine Getriebene, die kulturmarxistische Agenda Schritt für Schritt um, seien es die Einbindung Deutschlands in die Europäische Union, die Energiewende, die neue multikulturelle Gesellschaft oder die Einführung der »Homo-Ehe«. Vor jeder wichtigen Entscheidung sondiert Merkel beziehungsweise ihre Berater, wie die Meinung in den Massenmedien ausfällt, und richtet sich danach. Nüchtern konstatiert der Journalist und Verleger Jakob Augstein:

»Es ist ein bisschen wie bei dem Piraten Jack Sparrow, nur dass Merkel ihre Ziele nicht selber wählt – weil sie außer dem Amtserhalt keine hat. Merkel hat die Maxime begriffen, die Brecht über Ibsens Theater aufgestellt hat: ›Es ist nicht mehr der Mensch, der handelt, sondern das Milieu. Der Mensch reagiert nur‹.«[144]

Dabei können die großen Medien Politiker nicht nur nach oben befördern, sondern durch gezielte Kampagnen auch aus dem Amt katapultieren, wenn sie nicht der kulturmarxistischen Agenda entsprechend handeln. Ein Beispiel hierfür ist, wie manche behaupten, der ehemalige Bundespräsident Christian Wulff. Wulff galt einst als Strahlemann der Fernsehbildschirme, bis er für Außenstehende vollkommen überraschend mit einer Schmutzkampagne überzogen wurde. Aufgrund dieser musste er am 17. Februar 2012 von seinem Amt zurücktreten. Kritiker vermuten, die gezielte Medienkampagne stand im Zusammenhang mit Wulffs Weigerung, den Europäischen Stabilitätsmechanismus (ESM) zu ratifizieren.[145] Mit dem ESM wurde ein weiterer Schritt zur Auflösung der nationalen Souveränität vollzogen und insbesondere der deutsche Steuerzahler zur Bürgschaft für finanziell marode Staaten in der EU verpflichtet.

Nachdem Wulff aus dem Amt war, stellten sich die Vorwürfe gegen Wulff nach Prüfung durch die Staatsanwaltschaft im Wesentlichen als haltlos heraus. Für Wulffs Amtsrücktritt hatte also überhaupt kein Anlass bestanden. Der ehemalige Bundespräsident wurde am 27. Februar 2014 durch das Landgericht Hannover freigesprochen und ihm sogar eine Entschädigung für die erlittenen Durchsuchungen zuerkannt.[146] Seine politische Karriere war aber zu diesem Zeitpunkt durch die Medien bereits ruiniert.

Der britische Soziologe Colin Crouch bezeichnet diesen Zustand der medial inszenierten Demokratie als Postdemokratie. Er versteht darunter ein ehemals demokratisches Gemeinwesen,

»in dem zwar nach wie vor Wahlen abgehalten werden […], in dem allerdings konkurrierende Teams professioneller PR-Experten die öffentliche Debatte während der Wahlkämpfe so stark kontrollieren, daß sie zu einem reinen Spektakel verkommt, bei dem man nur über eine Reihe von Problemen diskutiert, die die Experten zuvor ausgewählt haben.«[147]

In diesem machtpolitischen Vakuum sind es die Medien, die ihre Macht nutzen und die Bevölkerung in Richtung der kulturmarxistischen Ideologie manipulieren. Ein prinzipienloses »Marketingprodukt« wie Bundeskanzlerin Merkel springt in einer solchen Mediendemokratie nur noch auf den fahrenden Zug auf, während die Meinungsmacher längst den Fahrplan vorgegeben haben. Regiert wird daher in Deutschland, extrem gesagt, nicht im Reichstag, der eigentlichen demokratischen Vertretung des Volkes, sondern in den Redaktionsstuben der Massenmedien sowie in den Gremien der dahinterstehenden Finanzgruppen, globalen Netzwerke und elitären »Think Tanks«. Entsprechend bedeutsam ist die vielfach monopolartige Stellung der Massenmedien im Prozess der demokratischen Meinungsbildung. Das Fernsehen nimmt dabei unter den Medien immer noch eine Führungsrolle ein.

»Wir amüsieren uns zu Tode«

Der Deutschen liebste Freizeitbeschäftigung ist fernsehen. Jeden Tag schaut der Durchschnittsdeutsche gut drei Stunden fern.[148] Auf eine durchschnittliche Lebenserwartung[149] hochgerechnet, verbringt er insgesamt zehn Jahre seines Lebens, nonstop ohne Schlaf, vor dem Fernseher.

Interessant ist, dass jegliche Kritik am Fernsehen heute in den Massenmedien als »rechts« gilt. So fragte beispielsweise *Die Zeit* nach Protesten gegen die Zwangsfinanzierung des Fernsehens in Deutschland: »Anti-GEZ-Protest von rechts: ›Junge Freiheit‹ statt ZDF?« und attestierte den Demonstranten eine Nähe zur Neonazi-Szene.[150] Warum ist aber grundsätzliche Kritik am Massenmedium Fernsehen nicht mehr erlaubt? Warum wird behauptet, der seit 2013 verpflichtende Rundfunkbeitrag wäre »unverzichtbar für unsere Demokratie«?

Als 1985 in der Bundesrepublik Neil Postmans[151] kritische Studie *Wir amüsieren uns zu Tode. Urteilsbildung im Zeitalter der Unterhaltungsindustrie* erschien, löste sie eine heftige Diskussion über Wert und Unwert des Fernsehkonsums und die damit verbundene Informationsflut aus. Begriffe wie »Infotainment«, »totales Entertainment«, das heißt sogenannte Berichterstattung, deren eigentliches Anliegen jedoch Zerstreuung ist, prägten die Feuilletons der großen Tageszeitungen. In Schulen und der Öffentlichkeit wurde ein kritischer Umgang mit dem Fernsehen gefordert und insbesondere Eltern angeraten, den Fernsehkonsum ihrer Kinder einzuschränken. Es gab sogar Forderungen, den Einsatz von Fernsehern an Schulen zu verbieten.

Neil Postmans zentrale These war, dass das Fernsehen zunehmend nicht nur bestimmt, »was wir kennenlernen und erleben, welche Erfahrungen wir sammeln, wie wir Wissen ausbilden, sondern auch, was und wie wir denken, was und wie wir empfinden [...].«[152] Gleichzeitig ergibt sich aus der besonderen Struktur des Fernsehens ein rapider Wandel der Gesellschaft:

»An die Stelle der Erkenntnis- und Wahrnehmungsanstrengung tritt das Zerstreuungsgeschäft. Die Folge davon ist ein rapider Verfall der menschlichen Urteilskraft.«[153]

Besonderes Augenmerk ist darauf zu richten, was Postman über das sogenannte »Bildungsfernsehen« schreibt, nach Anspruch der öffentlich-rechtlichen

Sender das eigentliche Ressort, durch das es sich von den privaten Sendern abheben:

»Ich halte auch nicht viel von den Anstrengungen zur qualitativen Verbesserung der Fernsehsendungen. Wie ich schon angedeutet habe, ist das Fernsehen für uns dort am nützlichsten, wo es uns mit ›dummem Zeug‹ unterhält – und am schädlichsten ist es dort, wo es sich ernsthafte Diskursmodi – Nachrichten, Politik, Wissenschaft, Bildung, Wirtschaft, Religion – einverleibt und sie zu Unterhaltungsstrategien bündelt. Wir alle stünden besser da, wenn das Fernsehen schlechter wäre, nicht besser.«[154]

Die Kritik Postmans richtet sich also nur zweitrangig gegen Unterhaltungsfernsehen. Seine Hauptkritik gilt der Vermittlung ernsthafter Diskurse durch das Fernsehen, zum Beispiel mittels sogenannter Nachrichtensendungen wie der *Tagesschau:*

»Der Eindruck, daß die Nachrichtensendung eine kunstvolle schauspielerische Darbietung ist, deren Inhalt so inszeniert wird, daß er unterhaltsam wirkt, wird noch durch mehrere andere Merkmale verstärkt, etwa dadurch, daß die durchschnittliche Dauer eines Berichts bei fünfundvierzig Sekunden liegt. Kürze bedeutet nicht immer Belanglosigkeit, in diesem Falle freilich ganz gewiß. Es ist schlechterdings nicht möglich, etwas Ernsthaftes über ein Ereignis mitzuteilen, dessen tiefere Bedeutung in weniger als einer Minute abgehandelt wird. Und es liegt ja auf der Hand, daß die Fernsehnachrichten gar nicht den Eindruck erwecken wollen, die einzelnen Berichte hätten eine tiefere Bedeutung […] In jedem Falle haben die Zuschauer kaum eine Chance, den nächsten Bericht unbeachtet zu lassen, denn auch er besteht aller Wahrscheinlichkeit nach aus Filmbildern, und für Bilder ist es ein Leichtes, sich gegen Worte durchzusetzen und die Besinnung kurzzuschließen.«[155]

Hierdurch entsteht ein Diskurstypus, »der Logik, Vernunft, Folgerichtigkeit und Widerspruchslosigkeit preisgegeben hat.«[156] Genau dies wurde nun dem Bürger mit Einführung des allgemeinen Rundfunkbeitrags 2013 als »Grundversorgung mit […] Bildung, Kultur und Unterhaltung«[157] verkauft.

Dabei wurde Bildung vor der Jahrtausendwende in Deutschland noch im Sinne von Goethes Wilhelm Meister als Bildung der Persönlichkeit verstanden. Die Werte des 18. Jahrhunderts, dass Leben, Lesen und Lernen in den

Mittelpunkt der freien Entfaltung der Persönlichkeit zu stellen seien, um die autonome Urteilskraft des Individuums auszubilden, wurden noch als Voraussetzung der Mündigkeit des Bürgers begriffen.

Postman warnte entsprechend, dass Aldous Huxleys *Schöne neue Welt,* in der die Menschen anfingen, »ihre Unterdrückung zu lieben und die Technologien anzubeten, die ihre Denkfähigkeit zunichtemachen«,[158] deutlich bedrohlicher wäre als Orwells düstere Visionen:

»Orwell fürchtete diejenigen, die Bücher verbieten. Huxley befürchtete, daß es eines Tages keinen Grund mehr geben könnte, Bücher zu verbieten, weil keiner mehr da ist, der Bücher lesen will. Orwell fürchtete jene, die uns Informationen vorenthalten. Huxley fürchtete jene, die uns mit Informationen so sehr überhäufen, dass wir uns vor ihnen nur in Passivität und Selbstbespiegelung retten können.«[159]

Wie konnte der Umschlag zu einer Entwicklung kommen, in der Fernsehen als »Bildung« propagiert und von allen etablierten Parteien als meritorisches Gut politisch bedingungslos gestützt wird? Wie konnte eine Entwicklung Fernsehen in den Mittelpunkt der Gesellschaft rücken und den Menschen Amüsement als Information, monodirektionale Fernsehberieselung als demokratische Beteiligung, und Infotainment als Bildung verkaufen?

Die Ursachen liegen in der Diskreditierung klassischer Bildung durch den Kulturmarxismus, denn sie könnte der Vision einer schönen, neuen Welt gefährlich werden. Die Kultur kritisch-gebildeter Analyse politischer Zusammenhänge geht folglich in Deutschland immer mehr verloren. Es entwickelt sich ein Zweikastensystem, das sich nach den Kriterien hohes Einkommen und geringes Einkommen bzw. Sozialleistungsempfänger gliedert. Mit dieser Neuordnung der Gesellschaft nach dem Kriterium des Einkommens und nicht mehr der Bildung, hat ein immanent bildungsfeindliches Medium wie Fernsehen einen Freifahrtschein zu unbegrenzter Expansion erhalten.

Ernsthafte Opposition gegen diese Expansion ist in der Gesellschaft nicht mehr zu finden. In einzelnen mehr oder minder versteckten Internetforen lässt »eine Art Wutbürgertum seinen Dampf über die neue Haushaltsabgabe ab«. Eine wirklich kritische Analyse der neuen Regelung hätte jedoch nur aus der breiten Basis kritischer, gebildeter Schichten heraus erwachsen können. Diese

Schichten und die damit verbundenen Diskurse sind allerdings in Deutschland im Schwinden, was bleibt, ist bei vielen »gebildeten« Bürgern eine Art Resignation: die Passivität des medial »zerstreuten« Bürgers. Dies ist der Anfang einer Entwicklung, die ihn in die Unmündigkeit führt und auf nicht ungefährliche Weise die Einflussnahme einer politischen Elite vorbereitet, deren Ziel die Kontrolle der politischen und gesellschaftlichen Diskurse ist. Der Bürger degeneriert dabei immer mehr zum »Verbraucher« und »Konsumenten«.

Wer politisch eine andere Meinung vertritt und entsprechend die Zahlung der Zwangsabgabe für das Fernsehen verweigert, hat im Kontext des Vollstreckungsverfahrens mit einer Gefängnisstrafe[160] von bis zu sechs Monaten zu rechnen. Der öffentlich-rechtliche Rundfunk ist mit dem aus dem Zwangsbeitrag resultierenden Etat von über acht Milliarden Euro zum wichtigsten Faktor kulturmarxistischer »Meinungsbildung« in Deutschland geworden. Dank der pauschalen Haushaltsabgabe hat der Bürger keine rechtliche Handhabe mehr, Kritik an der durch die Sendeanstalten veröffentlichten politischen Meinung zu üben.

Dabei wird die Lenkung der Meinung immer offensichtlicher. Die langjährige WDR-Journalistin Claudia Zimmermann sprach im niederländischen Rundfunk davon, dass es Vorgaben des WDR in der Flüchtlings-Berichterstattung gibt. Im Interview sagte die WDR-Journalistin, sie habe nur ausgesprochen, »was alle wussten«.[161]

Der ehemalige Leiter des ZDF-Studios Bonn, Dr. Wolfgang Herles, legte noch nach:

»Wir haben ja das Problem, dass – jetzt spreche ich wieder überwiegend vom Öffentlich-Rechtlichen – dass wir eine Regierungsnähe haben. Nicht nur dadurch, dass überwiegend so kommentiert wird, wie es der Großen Koalition entspricht, dem Meinungsspektrum, sondern auch dadurch, dass wir vollkommen der Agenda auf den Leim gehen, die die Politik vorgibt. Das heißt, die Themen, über die berichtet wird, werden von der Regierung vorgegeben. Es gibt aber viele Themen, die wären wichtiger als das, was die Regierung – die natürlich auch ablenken will, von dem, was nicht passiert, aber das, was nicht passiert, ist oft wichtiger als das, was passiert – wichtiger als die Symbolpolitik, die betrieben wird.«[162]

Der Journalist Harald Schumann führte weiter aus:

»Das ist in der deutschen Presse gang und gäbe, daß Chefredakteure oder Ressortleiter ihren Untergebenen sagen, wie sie zu denken haben, daß Vorgaben gemacht werden, was sie recherchieren dürfen und was nicht, und daß viele junge Kollegen daran gehindert werden, überhaupt kritische Journalisten zu werden, weil ihre Vorgesetzten das gar nicht wollen.«[163]

Selbst Springer-Chef Mathias Döpfner vergleicht die Absicht der Bundesregierung, Instanzen zu schaffen, die darüber entscheiden sollen, welche Nachrichten als wahr und welche als falsch gelten, mit dem Wahrheitsministerium in George Orwells Roman *1984:*

»Ich habe den Eindruck, dass gerade ein paar Grundprinzipien freiheitlicher Gesellschaftsordnung mit Füßen getreten werden. Viele böse Dinge dieser Welt begannen im Namen der guten Absichten. Die gute Absicht heilt den Bruch eines Prinzips nicht. Was Wahrheit ist, definiert keine Regierung, auch nicht Facebook. Und was den Menschen zuzumuten ist, sollten nicht Zensurbehörden definieren. Der beste Garant für den mündigen Bürger ist die Vielfalt der Informationen, der Meinungen und Wahrheiten unterschiedlicher Verleger, TV- und Radiosender oder Online-Anbieter.«[164]

Dabei erfolgt die Lenkung der Öffentlichkeit mit relativ einfachen Mitteln. Eines davon ist das sogenannte »Rechts-links-Schema«. Dieses dient vordergründig dazu, politische Kräfte in der Gesellschaft entweder in die Kategorie »links« oder »rechts« einzuordnen. Die eigentliche propagandistische Funktion des »Rechts-links-Schemas« ist jedoch die vorzügliche Möglichkeit, festzulegen, welche politischen Argumente »erlaubt« sind und welche nicht.

Mit dem Rechts-links-Schema können unerwünschte, oppositionelle Meinungen sehr leicht als »links- oder rechtsradikal« stigmatisiert und gezielt bestimmte Argumentationsketten aus dem »demokratischen Meinungsbildungsprozess« ausgesondert werden. Ein Beispiel hierfür ist der Umgang mit Kritik an der europäischen Einheitswährung Euro. Wird Kritik am Euro geübt, folgt die Stigmatisierung in den Leitmedien auf dem Fuß. Eurokritik wird beispielsweise in der *ZEIT* als »Nationalismus«[165] angeprangert und steht damit außerhalb des erlaubten politischen Spektrums. Kritik am Euro ist somit im veröffentlichten Diskurs »verboten«, denn niemand möchte sich als »nationalistisch«, oder gar als »rechtsradikal« diffamiert sehen.

Das Rechts-links-Schema

Das Rechts-links-Schema erwies sich im Prozess der Machtergreifung durch die 68er-Generation als äußerst mächtiges Instrument, da hierdurch die Verschiebung des erlaubten politischen Spektrums nach links gelang.

Schon der klassische Marxismus kannte nur einen Feind und bezeichnete damit alle, die nicht Marxisten waren. So wurde das schon seit dem französischen Parlamentarismus existierende »Rechts-links-Schema« nochmals zugespitzt. Als »links« bezeichnete man sich selbst und in Abstufungen allenfalls noch Kräfte, die mit den eigenen Zielen in wesentlichen Punkten konform gingen. Als »rechts« hingegen galt der Feind, der reaktionär die Verwirklichung der schönen neuen Welt aufzuhalten versuchte.

Dieses überspitzte »Rechts-links-Schema« wurde von der 68er-Generation übernommen und bestimmt seither zunehmend den politischen Diskurs. »Rechts« zu sein, ist inzwischen mehr als nur ein Schimpfwort. »Rechts« ist ein politisch-gesellschaftliches Todesurteil. Wer »rechts« ist, gehört nicht mehr zur »Gemeinschaft derer, die die Mitmenschlichkeit verteidigen«.[166] Wer »rechts« ist, wird aus allen kulturmarxistischen Netzwerken ausgeschlossen.

Dabei lassen die Wurzeln im französischen Parlamentarismus durchaus einen größeren Interpretationsspielraum zu. Möchte man dem folgen und im »Rechts-links-Schema« mehr erblicken als ein Mittel zur Lenkung der Massen, dann könnte man beispielsweise »rechts« mit Tendenzen der Bewahrung und links mit Kräften der Veränderung identifizieren.

In der innenpolitisch relativ harmonischen »alten« Bundesrepublik herrschte bis zur Jahrtausendwende das sogenannte Dogma der Mitte. Politische Kräfte, die zu weit nach rechts tendierten, wurden als »rechtsradikal« diffamiert und entsprechend für die Wähler unmöglich gemacht. Kräfte, die zu weit nach links tendierten, wurden mit dem Sowjetkommunismus oder dem RAF-Terrorismus in Verbindung gebracht und hierdurch politisch ins »Linksaußen« gedrängt.

Mit dem Sieg des Kulturmarxismus ist dieses Dogma der Mitte jedoch hinfällig. Nicht nur in Deutschland, sondern auch in den anderen westlichen Gesellschaften wird die Definition dessen, was als »rechtsradikal« gilt, immer weiter in die Mitte verschoben, während Positionen, die ehemals als »linksradikal« angesehen wurden, nun die neue »politische Mitte« bilden.

Beispiele sind Positionen zur Einwanderung, wie sie 2002 noch von der größten deutschen Volkspartei CDU vertreten wurden. Damals lehnte die CDU die Schaffung einer multikulturellen Gesellschaft ab und forderte eine deutliche Begrenzung der Zuwanderung:

»Die Zuwanderung erfolgte also überwiegend nicht in Arbeitsplätze, sondern in die sozialen Sicherungssysteme. [...] Deutschland kann aufgrund seiner historischen, geographischen und gesellschaftlichen Situation aber kein klassisches Einwanderungsland wie etwa Australien oder Kanada werden.«[167]

Knapp 15 Jahre später gilt die Ablehnung einer multikulturellen Gesellschaft bereits als »rechtsradikal«. Gleichzeitig fand eine breite Öffnung gegenüber Positionen statt, die vor 15 Jahren noch »linksradikal« waren. So verkündete Angela Merkel (CDU) im Wahlkampf 2017, bei der Zuwanderung könne es keine Obergrenzen geben. Sie vertrat damit eine ehemals linksradikale Position.[168]

Aus dieser schleichenden Verschiebung, was als »rechts-« bzw. »linksradikal« gilt und entsprechend sanktioniert wird, resultiert die »Rechtsradikalisierung« relativ breiter Bevölkerungsschichten und das Aufkommen des sogenannten »Rechtspopulismus«. Menschen, denen nichts anderes vorzuwerfen ist, als dass sie ihrer Meinung treu geblieben sind, die vor wenigen Jahren noch die politische Mitte bildete, sehen sich nun dem Vorwurf ausgesetzt, »rechts« des politisch erlaubten Spektrums zu stehen.

Damit wächst der Anteil derer, die nicht mehr in den gesellschaftlichen Mainstream passen und deren Meinung im offiziellen Sinn nicht mehr diskursfähig ist. Diese Menschen sind laut *Süddeutscher Zeitung* »nicht wirtschaftlich, sondern kulturell abgehängt« und gelten als »Modernisierungsverlierer«,[169] da sie nicht die künstlich erzeugte Begeisterung für die queere und multikulturelle Gesellschaft teilen möchten.

Wenn allerdings in einer Gesellschaft wichtige Bevölkerungsgruppen nicht mehr dazugehören, wenn die gemeinsame kulturelle Basis zerbrochen ist, müssen Maßnahmen ergriffen werden, nicht konforme Bürger durch »Integrationskurse«, wie es spöttisch hieß, in die neue Ideologie einzugliedern.

In diesem Zusammenhang sei Kanzlerin Angela Merkel zitiert, die auf dem Parteitag der CDU 2016 in Essen sagte: »Zur Wahrheit gehört aber auch, dass manche, die schon immer in Deutschland leben, ebenfalls dringend einen Integrationskurs benötigen.«[170] Die dahinterstehende, polemisch formulierte Vorstellung, man müsse kritische Bürger umerziehen, damit sie in die neue, bunte Gesellschaft passen, steht überraschenderweise unter dem Begriff der Toleranz.

Die neue Toleranz

Toleranz leitet sich ursprünglich vom lateinischen »tolerare« ab und heißt so viel wie »etwas ertragen, erdulden«. Auf eine Demokratie bezogen, bedeutete »Toleranz«, dass die Existenz Andersdenkender zu ertragen und zu erdulden war, auch wenn man deren Meinung nicht teilte.

Das Wort »Toleranz« hat im Kulturmarxismus inzwischen einen ungeheuren Bedeutungswandel vollzogen. Es wird heute entweder mit der Bedeutung von »Akzeptanz« gebraucht, das heißt, der Bürger hat gewisse Entscheidungen der Eliten ohne Diskussion zu akzeptieren, oder aber in dem Sinne, dass eine bestimmte Form der politischen Meinung nicht zu akzeptieren sei. Dem öffentlichen Propagieren der »Toleranz« folgt nunmehr in der Regel ein »Null Toleranz gegen rechts«.

In Oranienburg, einer nördlich von Berlin gelegenen Kreisstadt, waren unter dem Motto »Toleranz auf Rädern« die Busse des öffentlichen Nahverkehrs im Jahr 2014 flächendeckend mit einer Werbekampagne für »Toleranz«, »Buntheit« und »Vielfalt« gepflastert.[171] Man sah auf den Bussen zwei (vermutlich) homosexuelle Fische, die sich küssen und dazu sagten: »Ich bin anders.« Um den Bus herum wanden sich geschätzt 20 weitere Fische, die alle einstimmig riefen: »Ich auch«.

Letztgenannte sollten Ausdruck einer »offenen« und »vielfältigen« Gesellschaft sein. Anhand dieser groß angelegten Werbekampagne kann exemplarisch die Problematik des kulturmarxistischen Toleranzbegriffs verdeutlicht werden. Die Frage ist, beinhaltet das auf den Bussen beschworene Anderssein der Fische wirklich das Recht, anders zu sein?

In der Mengenlehre gilt, dass alle Teile, die ein gemeinsames Merkmal tragen, als Mitglieder der gleichen Menge definiert werden. Vereinfacht ausgedrückt: Alle, die das Merkmal »Ich bin anders« tragen, besitzen das gleiche Merkmal, nämlich »anders« zu sein. Sie sind also alle gleich. Entsprechend rufen alle Fische auf den Bussen: »Ich auch«. Das heißt, in Wahrheit sind die vermeintlich bunten Fische gar keine bunten Fische, sondern Teile einer grauen, gleichgeschalteten Masse.

Die im Kulturmarxismus geübte »Toleranz« beschränkt sich entsprechend auf diese Gruppe der gleichgeschalteten »bunten« Fische. Wer außerhalb dieser Gruppe steht, hat mit »null Toleranz« zu rechnen. Hieraus folgt, dass in einer Gesellschaft, in der das Anderssein zum Dogma erhoben wurde, alle gezwungen sind, im Sinne der Ideologie ein bisschen »anders« zu sein. Hingegen sind echte Unterschiede, also, dass ein Fisch beispielsweise sagen würde, »Ich bin nicht anders« und damit wirklich aus der Reihe fällt, in einer solchen Gesellschaft nicht geduldet.

Das heißt, im Kulturmarxismus dürfen Männer keine Männer sein, Frauen keine Frauen, Christen keine Christen, ohne gleichzeitig offen für schwul, lesbisch oder den Islam zu sein. Wer nicht offen für den Islam oder homosexuelle Erfahrungen ist, macht sich verdächtig. Diese Art der Toleranz ist jedoch keine Toleranz im eigentlichen Sinne. Eine solche Gesellschaft ist tatsächlich gleichgeschaltet, was mit dem Begriff »Gleichstellung« verbrämt wird: ob Mann oder Frau, ob Greis oder Säugling, ob Deutscher oder Einwanderer, ob kinderreiche Familie oder schwules Pärchen. In der neuen Gesellschaft gibt es keine Unterschiede, keine Abstufungen mehr, da alle irgendwie »offen«, »vielfältig« und »tolerant« sein müssen.

Der neue Mensch ist also nicht mehr exklusiv Mann oder Frau, er ist vielmehr beides, ändert sein Geschlecht, wird pansexuell und lebt die neue »Vielfalt«. Indem er aber nicht mehr das sein darf, was er eigentlich ist, wird der Mensch zur beliebigen Nummer, zum formbaren Menschenmaterial, zum Spielball der Globalisierung und damit zum Nichts. Wer hiergegen aufbegehrt und in die Opposition geht, gilt als »rechts«. Und »rechts« im Sinne der kulturmarxistischen Spaßgesellschaft ist »ganz schlechtes Kino«, ganz schlechtes Gefühl. Denn wo »rechts« draufsteht, da steht immer auch »Nazi« oder »Hitler« drauf.

Vor diesem Hintergrund lohnt es sich, diesem ganz schlechten Gefühl, dem »rechten Gefühl«, dem »Nazi-Gefühl«, dem »Hitler-Gefühl« auf die Spur zu kommen.

Das böse Rechts

Im Jahr 2012 trat die CDU-nahe Konrad-Adenauer-Stiftung mit einer Kampagne gegen Rechtsextremismus an die Öffentlichkeit. Als Reaktion darauf twitterte die CDU-Abgeordnete Erika Steinbach: »Adenauer-Stiftung macht eine Aktion gegen Rechtsextremismus. Ist halbherzig. Rechts- und Linksextremismus sind beide demokratiefeindlich.«[172]

Dies löste überraschende Reaktionen aus. Schon allein Rechts- und Linksextremismus miteinander zu vergleichen, erschien vielen als unerhörte Provokation. Ein »Shitstorm« auf das Twitter-Konto der Abgeordneten war die Folge. Es entspann sich eine Debatte darüber, ob die Gegenüberstellung von Links- und Rechtsradikalismus überhaupt zulässig sei, denn die Verbrechen Hitlers wären schließlich ein derartiger Sonderfall, dass sich jeglicher Vergleich zum Beispiel mit Stalin verbiete.

Das griff die Abgeordnete Steinbach auf und wies darauf hin, dass die NSDAP aus der Deutschen Arbeiterpartei hervorging, die sich als direkte Konkurrenz zu den Kommunisten verstand. Die sich hieraus ergebende Diskussion wurde immer schärfer, bis sich schließlich Frau Steinbach zu einer gezielten Provokation entschloss und schrieb: »Die NAZIS waren eine linke Partei. Vergessen? National-SOZIALISTISCHE deutsche ARBEITERPARTEI ...«[173]

Damit war für die Leitmedien der Skandal perfekt. Der Nationalsozialismus sollte links gewesen sein? Sofort bemühte man zahlreiche Experten, um das Gegenteil zu beweisen. Selbstverständlich wären die Nationalsozialisten eine »rechtsextremistische Partei« gewesen, konstatierte beispielsweise der *Spiegel* und zitierte aus einer Publikation des Bundestags.[174] Der Historiker Heinrich August Winkler bescheinigte der NSDAP sogar, sie wäre »die rechteste Partei, die es je gegeben hat«.[175] Die Nationalsozialisten mit dem guten Links in Verbindung zu bringen, wäre ein nie dagewesener Tabubruch und überdies historisch falsch.

Dies lässt sich widerlegen. Denn das, was in den Leitmedien als Unmöglichkeit dargestellt wurde, war Folge eines langen gesellschaftlichen Ringens um die Einordnung der NSDAP in das Rechts-links-Schema der Bundesrepublik. Unter vielen gläubigen Katholiken galt zum Beispiel bis in die 1980er-Jahre hinein der Nationalsozialismus als links, während man sich selbst als »konservativ und rechts« definierte. Wie konnte solch eine Einschätzung bestehen, wenn der Nationalsozialismus tatsächlich so eindeutig rechts war, wie es nur ein Rechts geben kann?

Das Problem ist, der Nationalsozialismus war ideologisch betrachtet ein relativ schillerndes Phänomen, mit Anleihen sowohl aus dem rechten als auch dem linken politischen Spektrum der Weimarer Republik. Wesentlich war ihm vor allem eine ungeheure »taktische Wendigkeit«.[176] Hitler nahm aus allen ideologischen Lagern Themen auf, wenn sie seiner Laufbahn förderlich waren. Es finden sich bei ihm Motive des Sozialdarwinismus, des Antisemitismus, der Traum von Weltherrschaft und Motive einer neuen klassenlosen Gesellschaft. Die Einordnung als »eindeutig rechts« sollte vor dieser Mischung zumindest fragwürdig erscheinen.

Berühmt wurde in diesem Zusammenhang überdies ein Zitat Adolf Hitlers, in dem er bedauerte, den Kampf gegen rechts nicht intensiv genug geführt zu haben. Hintergrund für seine Aussage ist der Anschlag des 20. Juli 1944. In Zusammenarbeit mit vielen hochrangigen Militärs versuchte damals Claus Schenk Graf von Stauffenberg, Hitler bei einer Besprechung in der Wolfsschanze mit einer Sprengladung zu töten. Wäre der Anschlag erfolgreich gewesen, hätten sich wesentliche Teile der Wehrmacht erhoben und das nationalsozialistische Regime abgesetzt.

Es war dies der bedeutendste Umsturzversuch während des Dritten Reichs. Entscheidend ist, die Attentäter des 20. Juli positionierte man im damaligen Rechts-links-Schema (1944) in Bezug auf die Nationalsozialisten als rechts. Denn die Attentäter galten als äußerst konservativ. Das heißt, man müsste sie heute strenggenommen als Rechtsradikale bezeichnen, die noch weiter rechts standen als Hitler. Damit würde man aber den einzigen ernst zu nehmenden Widerstand gegen Hitler diskreditieren, denn »rechtsradikal« bedeutet im heutigen Sprachgebrauch »Nazi«. Die Widerstandskämpfer des 20. Juli waren aber keine Nazis.

Zurück zum Zitat: In den letzten Wochen seines Lebens grübelte Hitler im zerbombten Berlin darüber nach, wer eigentlich an der Niederlage des »Tausendjährigen Reichs« nach nur zwölf Jahren schuld war. Wer trug die Verantwortung dafür, dass die nationalsozialistische Utopie des Goldenen Zeitalters nach so kurzer Zeit scheiterte? Welchen politischen Gegner hätte Adolf Hitler seiner Meinung nach stärker bekämpfen müssen?

In der am 24. Februar 1945 abgehaltenen Tagung der Reichs- und Gauleiter gab er das Ergebnis seiner Grübeleien zu Protokoll:

»Wir haben die linken Klassenkämpfer liquidiert, aber leider haben wir dabei vergessen, auch den Schlag gegen rechts zu führen. Das ist unsere große Unterlassungssünde.«[177]

Das heißt, der Nationalsozialismus war zwar einesteils antibolschewistisch und antimarxistisch, indem er sich gegen die in den 1920ern drohende Errichtung einer Sowjetrepublik auf deutschem Boden richtete. Auf der anderen Seite war die NSDAP genauso von sozialistischen Idealen getragen und auf Auflösung der ständischen Strukturen bedacht wie der Kommunismus. Ein Beispiel ist die Gleichschaltung aller Bürger in der Hitlerjugend (HJ) oder im Reichsarbeitsdienst (RAD). Jeder hatte hier Dienst zu leisten, unabhängig ob Arbeiter, Bürgerlicher oder Adeliger. (Interessant ist in diesem Zusammenhang, dass die sozialistische DDR später kein Problem damit hatte, die Strukturen der Hitlerjugend in die der Freien Deutschen Jugend [FDJ] zu überführen.[178]) Darüber hinaus kämpfte der Nationalsozialismus ebenfalls gegen die rechten, konservativen Kräfte der Weimarer Republik, die vielfach auf eine Restauration der Gesellschaft, wie vor dem Ersten Weltkrieg, hingewirkt hatten.

Die Problematik ist also nicht so eindimensional, wie gerne in den bundesdeutschen Massenmedien behauptet wird. Die Nationalsozialisten waren zwar nach Auffassung des Autors nicht zwingend links, aber auch nicht wirklich rechts, wenn das Rechts-links-Schema überhaupt einen Sinn machen soll. Die simple Einordnung der Nationalsozialisten in das politische Spektrum der Bundesrepublik als »rechts« muss daher als Teil der massenmedialen Lenkung gelten: »links« = »bunt und gut« und »rechts« = »braun und böse«. In solch einer einfach gestrickten Welt wird die freie politische Auseinandersetzung zur Farce.

Politisch übrigens noch weiter links als Hitler positionierte sich Joseph Goebbels im Dezember 1931 in der Berliner Zeitung *Der Angriff*:

»Der Idee der NSDAP entsprechend sind wir die deutsche Linke. Nichts ist uns verhaßter, als der rechtsstehende nationale Besitzbürgerblock.«[179]

So erstaunlich solch eine Aussage erscheinen mag: Alles, was in diesem Zusammenhang gezeigt werden soll, ist, dass die Einordnung der NSDAP im Rechts-links-Schema der Bundesrepublik als »rechtsradikal« aus historischer Perspektive nicht sinnvoll ist. Der Historiker Götz Aly beschrieb die Problematik treffend in der *Frankfurter Rundschau*:

»Nicht wenige Deutsche identifizieren Rechts mit Böse und Links mit Gut. Ihrem geschichtlichen Durchblick hilft das nicht. So belegen zum Beispiel neu entdeckte Foto- und Filmaufnahmen, dass Hitler am 26. Februar 1919 im Trauerzug für den von einem Rechtsradikalen ermordeten bayerischen (zudem jüdischen) Ministerpräsidenten Kurt Eisner mitlief. In den dramatischen Wochen der Münchener Räterepublik war Hitler von der Revolutionsregierung als Wache in den Hauptbahnhof entsandt worden. Seine Kameraden wählten ihn zum stellvertretenden Soldatenrat ihres in die Revolutionsarmee eingegliederten Regiments.«[180]

Was hier der Historiker Götz Aly bestätigt, ist also, dass zum einen der Nationalsozialismus auch im linken, kommunistischen Spektrum der Weimarer Republik wurzelte. Zum anderen, dass seine Einordnung in das aktuelle Rechts-links-Schema wenig zum Verständnis dessen beiträgt, was er eigentlich war. Warum werden aber Kritiker des Kulturmarxismus mit Hitler und dem Nationalsozialismus in Verbindung gebracht?

Die Antwort ergibt sich von selbst. Es geht bei der Zuordnung »gesellschaftskritisch« = »rechts« = »nationalsozialistisch« natürlich nicht darum, ernsthaft Geschichtswissenschaft zu betreiben. Diese Gleichsetzung dient nicht dazu, den Nationalsozialismus in seiner historischen Dimension zu begreifen. Was hier betrieben wird, hat vor allem einen politischen Zweck. Es geht darum, Kritik am Kulturmarxismus unmöglich zu machen.

Trotz dieser offensichtlichen Manipulation hat sich die verkürzte Argumentationskette »Kritiker« = »rechts« = »Nazi« dergestalt in der politischen Debatte festgesetzt, dass gegenwärtig praktisch keine politische Stellungnahme mehr ohne sie auskommt. Seit dem Spätsommer 2015 ist die »Nazikeule« allgegenwärtig und wird ohne Unterlass geschwungen. Wer vom Mainstream abweichende Meinungen zur EU, zur Einwanderung oder der Familienpolitik vertritt, gilt als »rechts«. Und »rechts« = »Nazi«. Und: »Mit Nazis spricht man nicht.«[181]

Hinter diesem »Kampf gegen rechts« stehen umfangreiche staatlich finanzierte Maßnahmen. So titelte die *Zeit* im März 2016: »Regierung verdoppelt Ausgaben gegen rechts«. Zu dieser Überschrift gab es passend das Bild eines wütenden Skinheads, der seinen Mittelfinger in Richtung Kamera reckt. Darunter stand die Nachricht, die Bundesregierung wolle 50 Millionen Euro mehr in den Kampf gegen rechts investieren.[182] Die Frage muss erlaubt sein: Warum wird solch ein großer Aufwand im »Kampf gegen rechts« betrieben?

»Kampf gegen rechts« – die verkürzte Argumentationskette

Wie die utopischen Entwürfe der großen Ideologien vor ihm: Sozialismus, Kommunismus und Nationalsozialismus, ist auch der Kulturmarxismus in der Praxis unweigerlich zum Scheitern verurteilt. Ob es sich um den paradiesischen Traum einer kommunistischen Weltregierung oder das nationalsozialistische »Goldene Zeitalter« eines Tausendjährigen Reichs handelte. Die Erde wird sich niemals durch den Menschen zu einer Oase der Glückseligkeit umgestalten lassen.

Die Hoffnung jedoch, erneut durch kollektive Anstrengung eine schöne neue Welt zu errichten, bildet die Grundlage des Kulturmarxismus. Seine Utopie ist die »Eine Welt«, in der alle Menschen in Liebe und Verständnis aufeinander zugehen, es keine Grenzen mehr gibt und alle Unterschiede aufgehoben sind.

Der Glaube an die Realisierbarkeit dieser Utopie basiert nicht nur auf einer stupenden Selbstverblendung seiner Anhänger. Sie basiert auf einer moralischen Unreife, die inzwischen zu einer Art humanitären Überreizung ausgewachsen ist. Die deutsche Bundeskanzlerin Angela Merkel rechtfertigte die Masseneinwanderung und die daraus resultierenden Vergewaltigungen und Morde[183] mit einer »humanitären Pflicht«.[184] Der Anthropologe Arnold Gehlen bezeichnete in seinem Buch *Moral und Hypermoral* diese emotional-humanitäre Übersteigerung als Humanitarismus.

Parallel mit dem Humanitarismus nimmt »die innersoziale Gereiztheit zu«,[185] so Gehlen. Die humanitaristische Gesellschaft spalte und polarisiere sich infolge der kulturmarxistisch-moralischen Überreizung. Diese Spaltung ist einer der Keime des Scheiterns. Dennoch werden die negativen Auswirkungen der kulturmarxistischen Agenda geleugnet.

Die Aussage, dass der Mensch kein Paradies auf Erden errichten kann, ist für den »gläubigen« Kulturmarxisten eine regelrechte Ketzerei: Das Eingeständnis dieser Tatsache würde dem gläubigen Kulturmarxisten den Boden unter den Füßen wegreißen. Der Glaube an eine bunte, bessere Zukunft ist der Sand, auf den der Kulturmarxist sein Haus erbaut hat. Dieser Glaube ist der Sinn seines Lebens. Nimmt man ihm diesen, stürzt seine ganze schöne neue Welt in sich zusammen. Daher ist dem Kulturmarxisten alles daran gelegen (und die Medien unterstützen ihn), seine Illusion möglichst lange gegen die Realität zu verteidigen.

Die zunehmende gesellschaftliche Spaltung der westlichen Welt lässt sich allerdings nicht mehr leugnen. Dementsprechend muss ein Sündenbock für das Scheitern der kulturmarxistischen Utopie her. Dieser Verantwortliche ist schnell gefunden und heißt, wie wir schon ahnen, »Rechts« bzw. neuerdings »Rechtspopulist«. Dieser »Rechts« ist für die negativen Folgen des Kulturmarxismus verantwortlich und muss daher mit allen Mitteln bekämpft werden.

Der Stempel »rechts« bedeutet »Feind«. Ihn bekommt jeder aufgedrückt, der es wagt, am kitschigen Traum der bunten Vielfalt zu zweifeln. Im Sinne Schopenhauers ist dies der Übergang vom Sachargument zur persönlichen

Diffamierung und Entmenschlichung *(argumentum ad hominem).* Es geht also bei der Bezeichnung »rechts« immer darum, dem Gegner die Menschlichkeit selbst abzustreiten, denn wer rechts ist, ist Rassist und steht damit, so die verkürzte Argumentationskette, in direkter Nachfolge der Nazis.

Die nächste Steigerungsstufe ist das Beschwören, Inszenieren und Herbeireden einer sogenannten Wiederkehr des Nationalsozialismus. Als 2017 die AfD in den Bundestag einzog, wurde diese Partei, die nicht mehr ist als ein Produkt der kulturmarxistischen Spaltung der Gesellschaft, vielfach mit einer Wiederkehr der Nazis gleichgesetzt.[186]

Mit der verkürzten Argumentationskette: Kritik am Kulturmarxismus = »Nazi«, wird überdies die demokratische Meinungsbildung zur Unmöglichkeit. Die Demokratie selbst kommt an ihre Grenzen, denn das Spektrum dessen, was an abweichenden Meinungen erlaubt ist, wird immer enger. Inzwischen entpuppt sich der sogenannte »Kampf gegen rechts« immer mehr als ein probates Mittel, die Meinungsfreiheit einzuschränken und Maßnahmen der Zensur zu rechtfertigen. Ein wichtiger Schritt in diese Richtung war das 2017 beschlossene »Netzwerkdurchsetzungsgesetz« von Heiko Maas (SPD), mit dem unliebsame Meinungsäußerungen im Internet nun ohne großen Aufwand entfernt werden können.

Dabei ist die staatlich forcierte, kollektive Enthemmung gegen den als »rechts« bezeichneten politischen Kontrahenten nicht ungefährlich. Es tritt eine zunehmende Entmenschlichung auf, denn wer als rechts gilt und somit ein Unmensch ist, kann nicht mehr auf Menschlichkeit hoffen. So forderte ein Autor der ZDF-Sendung *Neo Magazin Royale* dazu auf, die hochschwangere damalige AfD-Vorsitzende Frauke Petry niederzuschlagen: »So, ich hoffe, Olivia Jones boxt Frauke Petry jetzt auf der Empfangsparty um.«[187]

Im »Kampf gegen rechts« ist damit selbst der Aufruf zur Gewalt gegen hochschwangere Frauen legitim. Denn dieser Kampf ist in den Augen der Kulturmarxisten mehr als nur ein politischer Schlagabtausch. Es geht um alles: um die Heilserwartung einer schönen, neuen Welt, um eine grandioses Utopia, in dem alle Menschen »Schwestern und Brüder« werden. Somit ist der »Kampf gegen rechts« ein Ringen von Gut gegen Böse, Tag gegen Nacht: Es ist der Kampf des »Lichtbringers« gegen die angebliche Finsternis.

Durch diese Heilserwartung ist es gelungen, die Menschen so zu lenken, als wären die in den Massenmedien propagierten Ziele ihre eigenen. Die Maßnahmen des Staates scheinen inzwischen den Wünschen der Menschen zu entsprechen,[188] denn die Hoffnung auf eine bessere Zukunft ist »unser gemeinsamer Traum«.[189] Der Vergleich mit »klassischen« Diktaturen wie Nationalsozialismus und Kommunismus gerät daher oft in die berechtigte Kritik, dass die Ausübung der kulturmarxistischen »Soft Power« und subtilen Massenlenkung wenig mit den hierarchischen Strukturen totalitärer Systeme zu tun hat.[190]

Entsprechend plädierte der Historiker Peter Graf Kielmann für die Zeit nach 1989 für einen neuen Totalitarismusbegriff, dessen wesentlichen Aspekt er in der extremen Mobilisierung einer Gesellschaft für einen bestimmten Zweck sah.[191] Im Zentrum dieser Entwicklung steht nicht mehr ein straff hierarchisch organisiertes Zentralkomitee oder Führerhauptquartier, sondern lose Netzwerke aus Medienmachern, Politikern, den oberen Etagen der Banken und multinationalen Großkonzernen, den Transnationalen Lobbygruppen und Nichtregierungsorganisationen (NGO) wie der »Open Society Foundations«, die sich im Zweifelsfall immer hinter der Fassade demokratischer Selbstbestimmung der Bevölkerung verstecken können.

Im Hintergrund sind diese Netzwerke jedoch Schritt für Schritt mit der Umsetzung ihrer Agenda beschäftigt, über die zu keinem Zeitpunkt eine demokratische Abstimmung stattgefunden hat. Dabei fällt besonders den Medien die Aufgabe zu, die Bevölkerung, durch das sogenannte »Nudging«[192] in die gewünschte Richtung zu lenken.

»Für viele Journalisten ist Journalismus vor allem eine Frage der Gesinnung, und zwar der richtigen. So wissen sie meist im Voraus, was sie am Ende der Recherche schreiben oder zeigen werden. Sie wissen, welche Stimmen gar nicht und welche nur in geringschätziger Absicht zitiert werden dürfen. [...] Sie wollen Betroffenheit erzeugen; sie wollen Überzeugungsarbeit leisten. Die Nachrichten müssen sich halt danach richten.«[193]

Dabei wird die Art und Weise, wie politische Berichterstattung zu erfolgen hat, in kleinen Zirkeln vorab besprochen und geklärt. Neben den großen

»Think Tanks« wie Atlantikbrücke oder Bilderbergertreffen, bei denen sich Vertreter der Hochfinanz, namhafte Politiker und die leitenden Redakteure der großen Medienkonzerne regelmäßig treffen, um sich, wie es offiziell heißt, in »informellen Gesprächen« auszutauschen, gibt es in Deutschland etwa ein Dutzend kleiner informeller Zirkel, in denen die Politik-Prominenz mit leitenden Redakteuren in vertraulicher Runde zusammenkommt. Auch die amtierende Bundeskanzlerin Angela Merkel macht von solchen intimen Treffen mit Wohnzimmeratmosphäre gerne Gebrauch.[194] Einer der ältesten dieser intimen Zirkel trägt den Namen »Gelbe Karte« und hat eine dezidiert linksliberale Ausrichtung. Für Journalisten, die in diese Zirkel Aufnahme finden, scheint es eine beeindruckende Erfahrung zu sein, »wenn die Kanzlerin auf dem privaten Sofa Platz nimmt«,[195] denn das schmeichelt den Journalisten und verleiht ihnen ein Gefühl der Wichtigkeit.

Wie in diesen Zirkeln gezielt die zu veröffentlichende Meinung abgestimmt wird, bis in sprachliche Details hinein, von der Verklärung der Einwanderer als »Flüchtlinge« oder »geschlechtergerecht« als »Geflüchtete«, beschreibt die ARD-Korrespondentin Dagmar Seitzer:

»Wir handeln geheime Dinge ab. Wir wollen Politik verstehen, und das muss ein Zuschauer oder Leser nicht erfahren. Sondern er muss dann nur verstehen, was wir sagen. […] Was da gemacht wird, ist unser Berufsgeheimnis. Das Gleiche gilt auch für den Lobbyismus. Ein Lobbyist redet ja auch nie offen darüber, mit wem er spricht, welche Papiere er erhält, wo er sie hinschiebt und was daraus wird.«[196]

Die demokratische Volksvertretung in den Parlamenten gerät dabei zunehmend zur Farce und dient, wie Spötter meinen, allenfalls noch der »Stimmungsentladung« für die Bevölkerung. Schließlich hat der Deutsche Bundestag faktisch immer weniger Entscheidungskompetenz. Gut die Hälfte aller Gesetze, die ehemals durch das deutsche Parlament erlassen wurden, sind inzwischen an undurchsichtige Strukturen und Lobbygruppen in Brüssel abgegeben worden.[197] In dieser vielfach nur noch als Inszenierung von Demokratie zu bezeichnenden Volksvertretung hat der Bürger zwar noch das Recht, über die Wahl »rechtspopulistischer« oder nicht systemkonformer »linksradikaler« Parteien den eigenen Unmut zu äußern. Auf den konkreten Fahrplan der Politik hat er mit seiner Stimmabgabe keinen Einfluss mehr. Die Agenda des Kulturmarxismus gilt als alternativlos und wird Schritt für Schritt unweigerlich umgesetzt.

Auch die Parteien erfüllen zunehmend die Funktion einer Kulisse. Die nötige Macht, um der Euro-Krise oder der Masseneinwanderung Herr zu werden, wurde längst abgegeben. Damit entsteht die für den Kulturmarxismus typische »demokratische Sklavenmentalität«.[198] Dies wird durch das immer kleinteiligere Greifen gesellschaftlicher und wirtschaftlicher Normierungen verwirklicht:

»Antidiskriminierung, Genderpolitik, politisch korrekte Sprache, Quotenregelungen und so weiter unterwerfen das öffentliche und private Leben einem regelrechten Tugendterror. Hohe Steuern und Abgaben und politisch forcierter Wertverlust privater Rücklagen nehmen den Bürgern die persönliche Unabhängigkeit und machen sie von den Wohltaten – und dem Wohlwollen! – des Staates abhängig«,[199] so Thorsten Hinz.

Durch diese Normierung des Lebens entsteht eine »unbegrenzte Verfügungsgewalt über die Gesamtheit der Lebenschancen des Einzelnen, über Bildung und Beruf, über die Chancen der Befriedigung materieller Bedürfnisse und den Zugang zu modernen Kommunikationsmitteln«.[200]

Denn gerade in Westeuropa wurden immer ausufernde Sozialstaaten geschaffen, welche die Menschen in einer Art Betäubung halten und daran hindern, die gesellschaftlichen Weichenstellungen kritisch zu hinterfragen. Hinzu kommt das überzuckerte Menschenbild, das die kulturmarxistischen Medien der Bevölkerung predigen. Ein verängstigter, gleichgeschalteter Gender-Mensch, ganz dem Konsum ergeben, ist das weitestgehend umgesetzte Ziel der massenmedialen Erziehung. Die Erziehung zur »Gleichheit aller« ist der Untergang der politischen Streitkultur. Denn wahres Anderssein, Andersdenken sind der Gleichheitssucht des Kulturmarxismus ein Dorn im Auge.

Entsprechend wächst das Denunziantentum gegen Oppositionelle selbst im Fall der biederen AfD. Lehrer, deren Mitgliedschaft in dieser Partei durch beflissene Konsumrebellen »aufgedeckt« wurde, müssen sich in Baden Württemberg vor Kollegen, Schulämtern und Elternvertretern verteidigen, während auf der anderen Seite, wie selbstverständlich, schon Grundschulkinder dazu angeleitet werden, Sexualität als ein Konsumgut zu begreifen, indem man ihnen im Unterricht beibringt, wie man ein Bordell betreibt oder Analverkehr übt.[201]

Zensur und die Verfolgung Andersdenkender haben klaren Einschüchterungscharakter. Die diensteifrigen Kräfte der Konsumrebellen sind im Kampf für das »Gute«, gegen das »Böse« leicht zu mobilisieren. Im Kampf für die grün-linke Gesellschaftsutopie ist jedes Mittel richtig. Vor allem das Signal an die Bevölkerung scheint wichtig: »Kritik ist nicht erwünscht. Wagt ja nicht selbst zu denken, oder gar eure Meinung zu äußern, sonst klingelt bei euch des Morgens die Polizei und durchsucht eure Wohnung.«[202]

Durch die zunehmende Regulierung von Facebook durch die Bundesregierung schafft der Staat eine Art ausgelagerte Zensurbehörde. Deren Regeln willkürlich erscheinen müssen, da der Begriff »Hassrede« schon im Ansatz jegliche Art von Kritik treffen kann.

Der Philosoph Rudolf Burger schrieb allgemein über das Phänomen, Verbrechen im Namen einer »guten Gesinnung« zu begehen:

»Alle großen Verbrechen entspringen großen Idealen, nicht dem bösen Willen, die Täter verfolgen aus ihrer Binnenperspektive immer ›das Gute‹, ihr Antrieb ist stets eine ›Begierde des Rettens‹ (Hegel) und sie sind um Objektivierungen nie verlegen, heißen diese Rasse, Klasse, Volk oder Nation: man kann den Nationalsozialisten oder den Stalinisten vieles nachsagen, aber nicht, daß sie keine ›Wertegemeinschaften‹ gewesen seien – der Kommunismus als Ideal war eine ›Wertegemeinschaft‹, sogar im wörtlichen Sinne. Heute mobilisiert man im Namen der ›Menschlichkeit‹, was den Gegner implizit zum Unmenschen erklärt.«[203]

Mit dieser Mobilisierung weiter Teile der Bevölkerung für die kulturmarxistische Utopie kam der Marsch durch die Institutionen zum Abschluss. Nachdem die kulturelle Hegemonie errungen war, trat die Revolution in ihre zweite Phase. Die Menschen wurden zu willfährigen Mitläufern eines ihnen unbekannten Fahrplans in eine »bessere Zukunft«. Die zweite Phase des langen Marsches konnte beginnen.

Feindbild Familie

Well, I won't back down
No, I won't back down
You can stand me up at the gates of hell
But I won't back down.
Tom Petty

Man stelle sich einmal vor: Ein netter, blonder, deutscher Mann heiratet eine sympathische, intelligente, blauäugige Frau und beide haben drei, vier oder mehr Kinder. Alle diese Kinder sind hellhäutig, blond, mit blauen Augen, ohne »besondere« sexuelle Orientierung und ohne islamische Allüren. Die Söhne werden später einmal Frauen anziehend finden und die Töchter werden Männer heiraten und ebenfalls wieder Kinder bekommen. Man wird eine Ausbildung oder ein Studium absolvieren, arbeiten, heiraten, Steuern zahlen und bürgerliche Parteien wählen. Ganz normale Deutsche also, zumindest in dem Sinne, was man früher einmal unter »normal« verstand. Könnte die Bundesregierung mit solch einer Familie eine landesweite Plakaktion mit dem Titel »Willkommenskultur für Familien« starten?

Es gehört nicht viel Fantasie dazu, sich die Reaktion der Massenmedien auf diese Plakate vorzustellen: »Rückwärtsgewandtes Familienmodell«, »rassistisch«, »heterosexistisch«, »islamophob« und »rechtspopulistisch« dürften noch die harmloseren Bezeichnungen für unsere nette, blonde, deutsche Familie sein. Denn wir können solche Familien heute sogar auf den Titelseiten der Massenmedien als Schandfleck bestaunen: So fand sich im April 2016 auf dem Cover des Magazins der *FAZ* eine blonde, deutsche Familie mit drei Kindern als »rechtspopulistisches« Schreckensbeispiel.[204] Wir sahen dort eine Mutter in Schürze mit einem selbst gebackenen Kuchen, dazu einen männlichen, selbstbewussten Mann als Ehegatten und drei strahlende Kinder. Die Darstellung sollte suggerieren, bei dieser Familie muss sich jedem der Magen umdrehen. Kein Mensch könne es tolerieren, dass solche Familien existieren.

»Aufklärungsarbeit« über solche Familien wurde deutschlandweit auch gegenüber Kunden in Apotheken betrieben. So gab es im Februar 2016 das Blatt *Baby und Familie* in den Apotheken kostenlos zum Mitnehmen. Hier warnte man (ernsthaft) auf mehreren Doppelseiten reich illustriert vor blonden Mädchen und ihren Eltern als Gefahr für die bunte und vielfältige Gesellschaft.[205] Es wurde der Anschein erweckt, als bestünde ein Zusammenhang zwischen langen blonden Zöpfen, sexuell nicht aufreizender Kinderbekleidung und einer »rechten Gesinnung«.

Damit solche Kinder erkannt und ihre Familien entsprechend gesellschaftlich ausgegrenzt werden können, wurde in dem Magazin ein Steckbrief herausgegeben, mit Merkmalen, wie man solche Kinder und ihre Familien aufspürt:

»Gehören die Eltern bestimmten rechten Organisationen an, fallen deren Töchter zum Beispiel durch akkurat geflochtene Zöpfe und lange Röcke auf. Auch die Söhne sehen oft sehr traditionell aus und tragen zum Beispiel keine amerikanischen Schriftzüge auf ihrer Kleidung.«[206]

Dazu gab es passend im Magazin die »Fahndungsfotos« eines Mädchens mit blonden Zöpfen. Weiter heißt es in dem kostenlosen Apothekenmagazin:

»Kinder rechter Eltern sind nicht unbedingt anders als Kinder anderer Eltern. Sie fallen manchmal erst nach längerer Zeit auf, zum Beispiel weil sie sehr still oder sehr gehorsam sind.«[207]

Dies bedeutet im Umkehrschluss, sollte ein Kind hellhäutig und blond sein, lange Zöpfe und Röcke tragen, sich ruhig verhalten und im Kindergartenalter nicht schon sexy gekleidet sein, dann könnte das für die Eltern ernste Konsequenzen haben und zu Ausgrenzung und sozialer Stigmatisierung führen. Die Frage stellt sich: Woher kommt dieser Hass auf deutsche Familien?

Wie schon analysiert, könnte man den Nationalsozialismus als Vater des Kulturmarxismus bezeichnen. Die 68er-Revolution war eine Reaktion auf die Begeisterung der Elterngeneration für den europäischen Faschismus. In der Familienpolitik kommt dies exemplarisch zum Ausdruck. Propagierten die Nationalsozialisten eine »rassische« Überhöhung des »blonden Übermenschen«, hat sich der Kulturmarxismus aus »pubertärem Trotz« genau das Gegenteil auf die Fahnen geschrieben. Aus dem »arischen, neuen Menschen« wurde ein antirassistischer Propagandafeldzug gegen hellhäutige, kinderreiche Familien.

Dieses familienfeindliche Programm verkündet auch die kulturmarxistisch unterwanderte evangelische Kirche in Deutschland. Als 2017 eine Forderung der AfD nach Unterstützung deutscher Familien laut wurde, erklang von dort der Aufschrei, dies entspreche dem kleinen »Arierparagrafen der Nationalsozialisten«, so die ehemalige Ratsvorsitzende Margot Käßmann:[208] »Zwei deutsche Eltern, vier deutsche Großeltern: Da weiß man, woher der braune Wind wirklich weht.«[209]

Entsprechend sieht heute die Familienpolitik für die einheimische Bevölkerung in Deutschland und Westeuropa aus. Es ist eigentlich kaum fassbar: Kinder gelten in den reichen Überflussgesellschaften des Westens als Armutsrisiko.[210] Familien mit mehr als zwei Kindern haben insbesondere in der Bundesrepublik extreme wirtschaftliche und gesellschaftliche Nachteile zu tragen. Nach Abzug aller Steuern und Abgaben können sie bei einem mittleren oder gar kleinen Einkommen ihren Lebensunterhalt kaum noch aus eigener Kraft bestreiten, sie werden bei der Wohnungssuche ganz hinten angestellt und auf der Straße wie exotische Tiere begafft. Aufgrund der steigenden Mieten seit 2015 hat überdies die Zahl derjenigen kinderreichen Familien zugenommen, die faktisch illegal, dauerhaft auf Campingplätzen leben.[211]

Wer glaubt, diese Benachteiligung kinderreicher Familien sei eine normale, selbstverständliche Entwicklung, die nicht absichtsvoll herbeigeführt wurde, täuscht sich. Denn es war nicht immer so, dass Familien mit mehreren Kindern und mittleren bis kleinen Einkommen zu Sozialfällen wurden. In der alten Bundesrepublik konnte zum Beispiel bis in die 1980er hinein eine Familie vier Kinder haben, ohne dass die Mutter arbeiten musste. Die Familie lebte in einem eigenen Haus und bezahlte bar einen Neuwagen. Das Nettoeinkommen eines Arbeitnehmers reichte damals noch aus und es mussten keine ergänzenden Anträge auf Kinderzuschlag oder Hartz IV gestellt werden, wie das heute üblich ist. Dazu erfuhr die Familie eine große gesellschaftliche Wertschätzung, die sie mit Stolz erfüllte, denn sie galt mit ihren Kindern als tragende Säule der Gesellschaft. Kurz gesagt, man behandelte kinderreiche Familien ohne Migrationshintergrund gut, denn sie waren der Garantieschein, dass Deutschland und Europa eine Zukunft hatten.

Diese Zeiten sind vorbei. Mit Erringung der kulturellen Hegemonie stehen Familien mit mehreren Kindern, so die offizielle Politik, am Rande der Gesellschaft. Ihre »Rollenbilder« gelten als rückständig.[212] Forderungen nach ihrer Stärkung werden in den Massenmedien als »rechtspopulistisch«, »homophob« und »postfaktisch« abgetan.

Somit geraten Familien im Kulturmarxismus in die Mühlen der sozialen Umverteilungsmaschinerie und damit unter staatliche Bevormundung. Anstatt jungen Eltern Wahlmöglichkeiten zu lassen, gilt das eiserne Diktat des Staates als des besseren Erziehers. Mit allen Mitteln wird versucht, Mütter im Namen der »Selbstverwirklichung« in die Berufstätigkeit zu drängen, um die Erziehung möglichst vom Säuglingsalter an in staatliche Hände zu bekommen.

Im Extremfall bedeutet dies, dass die Mutter eines Kleinkindes besser bei einem Discounter hinter der Kasse aufgehoben ist, als zu Hause bei ihren Kindern. Die Verstaatlichung der Erziehung lässt sich der Steuerzahler entsprechend einiges kosten. So arbeitet zum Beispiel eine junge Mutter für 800 Euro netto im Monat an der Kasse eines Supermarktes, während ihre Kinder für jeweils bis zu 2500 Euro[213] monatlich auf Kosten des Steuerzahlers in einer Krippe untergebracht sind. Das heißt, die junge Mutter erwirtschaftet nach Abzug aller Steuern und Sozialabgaben netto 9600 Euro im Jahr, während der Steuerzahler für ihre zwei Kleinkinder bis zu 60.000 Euro im Jahr berappen muss, damit diese durch den Staat fremdbetreut werden.

Forderungen danach, Eltern, die ihre Kinder lieber selbst erziehen möchten, eine kleine Unterstützung von 150 Euro im Monat auszuzahlen und somit erheblich Steuern zu sparen, wurden als »Herdprämie« diffamiert und scharf kritisiert, da es »die Mütter von der Berufstätigkeit abhält und damit ein antiquiertes Familienbild fördert«.[214]

Vor diesem Hintergrund erklärt sich auch, warum von dem riesigen Etat von 200,3 Milliarden im Jahr 2010[215] für »ehe- und familienbezogene Leistungen« in Deutschland – das sind umgerechnet über 18.000 Euro pro Kind unter 14 Jahren im Jahr[216] – so gut wie nichts bei Familien mit Kindern ankommt. Ja, diese sogar häufig nach Abzug aller Steuern und Abgaben unterhalb des Existenzminimums leben müssen.

Denn der Druck auf junge Mütter, ihr Kind möglichst bald nach der Geburt in eine Betreuungseinrichtung zu geben, soll weiter steigen. Erklärtes Ziel ist, junge Mütter sollten sich »selbst verwirklichen« und unter keinen Umständen bei ihren Kindern bleiben.

Es wurde, wie wir gesehen haben, neben den Homosexuellen vor allem die Frauenbewegung marxistisch instrumentalisiert, um unter Anwendung der Konfliktstrategie die Gesellschaft zu polarisieren. Dabei spielte der Mythos von der Unterdrückung der Frau eine wesentliche Rolle. Berühmt war die Aussage Margarete Mitscherlichs aus dem Jahr 1987: »Die Frauen wurden kolonialisiert wie andere unterdrückten Völker.«[217] Aus dieser Unterdrückung müsse sich die Frau befreien.

Dabei läuft der Angriff auf die sogenannte »traditionelle Rolle der Frau« seit Jahren auf Hochtouren. Ein prominentes Opfer ist die ehemalige Tagesschau-Sprecherin Eva Herman, die es wagte, sich offen zum Muttersein zu bekennen. Nachdem sie in mehreren Büchern und Publikationen Kritik an der frühkindlichen Krippenbetreuung äußerte und sich sogar öffentlich dazu bekannte, ihr Kind selbst zu stillen, brach ein Sturm gegen sie los, der schließlich zum Ende ihrer Tätigkeit beim öffentlich-rechtlichen Rundfunk führte. Eva Herman kommentierte dies wie folgt:

»Was war damals passiert? Eigentlich nichts, außer der Tatsache, dass ich meine Meinung öffentlich geäußert hatte. Und zwar darüber, dass Babys optimalerweise zu ihren Müttern gehören und nicht, weil es das politische Dogma gerade mal so vorgibt, frühzeitig getrennt werden und in Krippen von irgendwelchen fremden Leuten versorgt werden. Doch dieses Denkverbot durfte offenbar nicht umgestoßen werden, die Erwerbstätigkeit der Frau gehört heute […] zu den ›heiligen Kühen‹, die niemand schlachten darf. Zuvor war ich übrigens einige Male von meinen oberen ARD-Chefs verwarnt worden: Ich dürfe diese Ansicht auf keinen Fall in der Öffentlichkeit vertreten, sonst könne ich dort nicht weiterarbeiten. Verrückt, oder?«[218]

Eine frauenpolitische Sprecherin der CDU unter Angela Merkel sprach schließlich das gesellschaftliche »Todesurteil« über die bekennende, stillende Mutter aus: »Dieses Frauenbild ist für die moderne Gesellschaft inakzeptabel.«[219]

Wer also in Deutschland Kinder bekommt, wird für viel Geld durch die kulturmarxistische »Familienpolitik« abgestraft. Polemisch formulierte das 1977 schon die Publizistin Alice Schwarzer, die sich gerne mit Kanzlerin Merkel zum privaten Essen trifft: »Eine Feministin, die ein Kind bekommt, muß wie jede andere Frau mit 15 bis 20 Jahren Freiheitsentzug rechnen.«[220]

Die Ironie der Geschichte ist, dass die »Befreiung« der Frau von ihrem Muttersein vor allem die Eingliederung der Frauen in den Verwertungsprozess des Arbeitsmarktes brachte und damit mitnichten zu mehr Freiheit führte. Sondern nur zur zunehmenden Besteuerung und Belastung der Arbeitseinkommen mit noch mehr Abgaben und Steuern, um den nun zusätzlich nötig gewordenen Umverteilungsmechanismus zu finanzieren.

Denn wer bezahlt die Krippenplätze, die nötig sind, damit junge Mütter sich hinter der Kasse eines Discounters »selbst verwirklichen«? Woher kommt diese »großzügig« aus Steuermitteln ausgezahlte »Familienförderung«? Nun, die Antwort liegt auf der Hand. Nämlich zum größten Teil aus den Taschen der Familien selbst, die das über ihre Steuern und Sozialabgaben aus ihrem eigenen Einkommen berappen müssen und damit erst in die mehrfache Berufstätigkeit gezwungen werden.[221]

Hinter dieser Entwicklung steht ein Programm. Und zwar die kulturmarxistische Neudefinition des Begriffs »Familie«. »Familie« meint damit in der aktuellen Politik nicht mehr Vater, Mutter, Großeltern und Kinder, sondern ein Konzept sexueller Buntheit, bei dem »vielfältige Lebensformen füreinander Verantwortung übernehmen«.[222]

Dieser Paradigmenwechsel begann in Deutschland mit der Regierung Schröder und wird als Gender Mainstreaming bezeichnet. Gender Mainstreaming bedeutet nicht nur die Auflösung dessen, was man unter Begriffen wie »Mann«, »Frau« oder »Familie« versteht (wie wir noch sehen werden), sondern auch die ökonomische Eingliederung des Menschen in die Leistungs- und Konsumgesellschaft. Alexander Grau analysiert:

»Einer ähnlichen Logik unterliegt die linke Familienpolitik. Im Namen individueller Emanzipation wurde die traditionelle Familie diskreditiert mit dem Ergebnis, das Familienleben – und das Bild gelungener weiblicher Existenz – der Verwertungslogik des Arbeitsmarktes anzupassen.«[223]

Aus diesem Paradigmenwechsel in der Familienpolitik erklärt sich aber teilweise schon die subversive Kraft, die (überraschenderweise) kinderreichen Familien im Kulturmarxismus zukommt. Denn im Kulturmarxismus begehrt nur in der medialen Inszenierung die »sexuelle Vielfalt« gegen die »traditionelle« Familie auf. Mit Erringung der kulturellen Hegemonie sind im wirklichen Leben die Rollen längst vertauscht worden. Es sind heute kinderreiche Familien, die als bunte Blumen durch das sterile Betonpflaster des kulturmarxistischen Spießertums brechen. Oder wie Caspar von Schrenck-Notzing das formulierte: Der »Konservatismus [ist] in einer völligen Umkehrung der Fronten zu einer Bewegungspartei geworden«.[224] Wie konnte es dazu kommen?

Zwar war die sexuelle Revolution in den 1960ern anfänglich tatsächlich eine individuell getragene Bewegung. Sie ist jedoch heute längst zu einer staatlich regulierten Ideologie mutiert, bei der es eher um Gleichschaltung als individuelle Freiheitsrechte geht. Denn immer häufiger bedienen sich die Verantwortlichen staatlicher Zwangsmaßnahmen, um ihr Programm gegen Andersdenkende durchzudrücken. Beispielsweise kennen die meisten Bildungspläne in Deutschland und Westeuropa inzwischen die verordnete Einübung homosexueller und polysexueller Praktiken. Ziel ist, die Rollenmodelle »Mann«, »Frau« und »Familie« zu hinterfragen und mithilfe angeleiteter Sexspiele »zu überwinden«. So wird zehnjährigen Kindern im Rahmen der Schulpflicht unter anderem zwangsweise beigebracht, wie und an welchen Körperteilen sich Lesben mit der Zunge lecken.[225] Eltern, die sich weigern, ihre Kinder an diesem Programm teilnehmen zu lassen, droht die Inobhutnahme der Kinder durch die Polizei.[226] Was somit anfänglich als »offen« und »tolerant« daherkam, gleicht immer mehr einem bunten Karussell des Todes: Irgendwie soll es

»bunt« und »vielfältig« wirken, aber im Hintergrund ist die einstmals vorhandene Hoffnung auf eine »freiere« und »offenere« Gesellschaft längst zu einer grauen Ideologie erstarrt.

Im bunten Todeskarussell

Jede Diktatur wirft ihre Schatten voraus. So auch die Soft-Diktatur des Kulturmarxismus. In einem Handbuch für Lehrer des Bundeslandes Hessen von 1970 schrieb der renommierte, unter anderem an der Universität Oldenburg tätige Professor für Pädagogik, Hans-Jochen Gamm:

»Wir brauchen die sexuelle Stimulierung der Schüler, um die sozialistische Umstrukturierung der Gesellschaft durchzuführen und den Autoritätsgehorsam einschließlich der Kindesliebe zu den Eltern gründlich zu beseitigen.«[227]

Ähnlich wie Wilhelm Reich und viele Vertreter der Frankfurter Schule, sah Gamm in der »traditionellen« Familie mit ihrer angeblich »autoritären Erziehung« den Schuldigen für den Nationalsozialismus. Einen Ausweg erblickte er in einem westlich interpretierten Sozialismus[228] und der von Karl Marx geforderten Auflösung der Familie, hin zu einer Erziehung der Kinder durch die sozialistische Gesellschaft.

Dies führte während der Kulturrevolution sogar dazu, dass die Trennung der Kinder von ihren Eltern in Konzentrationslagern als Bereicherung von Beziehungen bewertet wurde. In einer 1969 durch den »Zentralrat der sozialistischen Kinderläden« in Westberlin herausgegebenen Schrift, untersuchte man den Lebenslauf von sechs Kindern, die im KZ Theresienstadt bis zu zwölf Monate ohne ihre Eltern überleben mussten. Dabei verstanden die Autoren der Westberliner Kinderläden die Leidenswege dieser Kinder als »Versuch einer kollektiven Erziehung« und beantworteten die selbst gestellte Frage: »Ist das kollektive Verhalten der sechs Kinder eine Bereicherung der Beziehungen?« mit einem Ja, da sich durch das Fehlen der Eltern im Konzentrationslager keine Autoritätsstrukturen ausbilden konnten.[229]

Das Beispiel der Berliner Kinderläden mag als extremer Einzelfall erscheinen. Problem ist, dass genau jene Kräfte, die damals derartige Positionen vertraten, heute den Kurs der Familienpolitik vorgeben. Diese bestimmen spätestens seit der Jahrtausendwende nicht nur, wie Familie auszusehen hat, sondern geben vor, was bei der sogenannten Sexualerziehung in Schule, Kindergarten oder Jugendgruppen vor sich geht.

Denn die »sexuelle Befreiung« dient nicht nur dazu, die Entfremdung vom eigenen Elternhaus voranzutreiben. Sie hat vor allem die Funktion, die Kinder zu sogenanntem »vielfältigen« sexuellen Erleben anzuleiten und sie zu ermuntern, queer, homosexuell oder pansexuell zu werden. Auf diese Weise soll verhindert werden, dass Moral, Tradition und Glaube an die nächste Generation weitergegeben wird.

Diese Propaganda der Vielfalt ist inzwischen selbst in der katholischen Kirche in Deutschland angekommen. In der Handreichung *Erste allgemeine Verunsicherung* für die Ausbildung von Gruppenleitern in katholischen Jugendgruppen wird detailliert beschrieben, wie Kinder zu sexuell »vielfältigen« Handlungen angeleitet werden können. So gibt es dort einen Grabbelsack, in den die Kinder hineingreifen und Gegenstände wie Kondom, Dildo, Schnuller, Rasierer oder Handschellen ertasten können.[230] Gleichzeitig bekommen die Kinder sogenannte »Sensikarten« ausgeteilt, mit den Themen: »Sex ohne Liebe? Na klar! « oder: »Die meisten Menschen sind bisexuell.«[231]

Dabei soll das Wort »bisexuell« verdeutlichen, die »traditionelle« Ehe gründe auf einem veralteten Konzept zweier Geschlechter, das es aufzulösen gelte. Dies bestätigte der Chef der regierenden Berliner Grünen 2016 dem *Tagesspiegel* auf die Frage, warum queere Politik sich das Recht auf die Ehe erkämpfen sollte:

»Eigentlich ist auch mir das Fernziel wichtiger als das Nahziel: das Institut der Ehe zu überwinden. Steht es nicht für eine Gesellschaft, die sich nur über zwei Geschlechter definiert, mit all der historisch-religiösen Begleitmusik? Ich bin kein Freund der Ehe [...] Vielleicht leben wir ja eines Tages in einer Gesellschaft, in der es statt der Ehe Familienverträge gibt.«[232]

Es geht also bei der Forderung, Homosexuelle gleichzustellen, um die Schaffung einer neuen Gesellschaft der »Vielfalt«, in der das »Institut der Ehe«

durch Verträge ersetzt wird. Doch ist das, was entstehen soll, wirklich die befreite, vielfältige »Eine Welt«? Ist eine Gesellschaft, die zwischenmenschliche Beziehungen über (Wirtschafts-) Verträge regelt und in der Tugenden wie Treue, Verantwortung und Zusammenhalt »bis dass der Tod euch scheidet«, keine Rolle mehr spielen, wirklich frei?

Durch die Auflösung verlässlicher, außerstaatlicher Bindungen wird der neue sozialistische Staat zum einzig »festen Partner« des neuen Gendermenschen. Für dieses Ziel wird in Deutschland entsprechend im öffentlich-rechtlichen Fernsehen für Sex unter 14-Jährigen geworben oder Kinder zur Homosexualität angeleitet: *Liebe zwischen Jungs: Schwul, und jetzt?*[233] heißt zum Beispiel eine Sendung des Kindersenders Kika. Die »Bedeutung der Regenbogenfahne« wäre: »Liebe ist Vielfalt.«[234] Finanziert wird diese Werbeaktion durch einen Rundfunkbeitrag, der auch von Andersdenkenden und unter Androhung von Gefängnisstrafe eingetrieben wird.[235] Denn das Karussell ist nur äußerlich bunt. In Wahrheit wird trotz der scheinbaren Liberalisierung der Gesellschaft immer härter gegen Kritiker der sexuellen Vielfalt vorgegangen.

Hier sind vor allem die zahlreich dokumentierten Fälle von staatlicher Gewalt gegen Familien aus kleinen evangelischen Bekenntnis-Kirchen anzuführen. Wäre der Kulturmarxismus wirklich so tolerant, bunt und vielfältig, wie er behauptet, dann könnte er tolerieren, dass es kleine evangelische Glaubensbekenntnisse gibt, die Homosexualität oder das Konzept der sexuellen Vielfalt entsprechend ihrer wörtlichen Interpretation der Bibel ablehnen. Diese kleinen Bekenntniskirchen wünschen nicht, dass ihren Kindern Anleitungen zu »Gang-bang«-Praktiken (einer Form nachgespielter Massenvergewaltigung) oder der homosexuellen Praktik des »Fistfuck« gegeben werden.

Spannenderweise kann es der Kulturmarxismus jedoch unter keinen Umständen dulden, dass es Menschen gibt, die keinen »Gang bang« oder »Fistfuck« wünschen und welche die Konfrontation ihrer Kinder mit solchen Praktiken als schwere Belästigung empfinden. In der Realität ist entsprechend von der viel beschworenen Toleranz nichts zu spüren:

Denn bei der Durchsetzung sexueller Vielfalt kennt die kulturmarxistisch okkupierte Staatsmacht kaum noch Grenzen. 2015 statuierte die Landesregierung Nordrhein-Westfalen aus SPD und Grünen ein Exempel und ließ den zehnjährigen Artur P. trotz Fieber und Erbrechen wegen einer Magen-Darm-Grippe von Mitarbeitern des Ordnungsamtes gewaltsam in die Schule schaffen, damit er dort der Erziehung zur sexuellen Vielfalt beiwohnt. Als der Vater des Kindes daraufhin versuchte, die Schuldirektorin zu überreden, sein krankes Kind wieder nach Hause zu lassen, rief die Rektorin die Polizei und drohte mit Verhaftung des Vaters wegen Hausfriedensbruchs.

Publik wurde der Fall durch das Schreiben einer kleinen evangelischen Freikirche:

> Eilige Mitteilung!!!
>
> Liebe Geschwister und Freunde, die Geschwister aus der Gemeinde S[…] teilen uns mit:
>
> am 22.06.2015 um ca. 07.30 Uhr wurde der kranke 10-jährige Artur P[…] von den Mitarbeitern des Ordnungsamtes der Stadt W[…] (NRW) von zu Hause abgeholt und der schulischen Sexualerziehung zwangszugeführt.
>
> Bereits vor etlichen Wochen hat die Klassenlehrerin des Jungen, Frau C[…], angekündigt, in den letzten drei Wochen vor den Ferien Sexualerziehung in der Klasse durchzuführen. Alle Versuche der Eltern, eine Befreiung von diesem Fach für ihren Sohn zu erwirken, scheiterten. Frau C[…] kündigte sogar an, diese Sexualerziehung gerade für Artur durchführen zu wollen, da die anderen Kindern das alles schon wüssten, Artur dagegen unzureichend aufgeklärt sei und im Notfall nicht wissen würde, was man tun solle, um die Entstehung eines Kindes zu verhüten. Da die Sexualerziehung, die die Lehrerin dem Kind vermitteln wollte, geradezu gegensätzlich zu den Wertvorstellungen der Erziehungsberechtigten ist, die die biblische Auffassung vertreten, dass Ausleben der Sexualität nur für die Ehe bestimmt ist und ein jedes, auch »ungeplantes« Menschenleben wertvoll und schützenswert ist, sahen sie sich gezwungen, ihr Kind in der Zeit, in der die »Sexualaufklärung« in der Schule durchgeführt würde, vom Unterricht fernzuhalten. Zwei Wochen

lang besuchte der Junge die Schule nicht, weil das Lehrpersonal es ablehnte, den Eltern den konkreten Stundenplan mitzuteilen.

Bereits in der Nacht von Sonntag auf Montag bekam der Junge erste Anzeichen der aufkommenden Magen-Darm-Grippe, sodass die Mutter sich entschlossen hatte, am Montagmorgen mit ihm einen Arzt aufzusuchen. Aber dazu kam es leider nicht. Bereits um 7.30 Uhr klingelte es an der Haustür. Ahnungslos öffneten die Eltern und standen zwei Mitarbeitern des […] Ordnungsamtes gegenüber, die sofortigen Einlass begehrten. Diese teilten ihnen mit, dass sie den Jungen auf Antrag der Schule dem Sexualunterricht zwangszuführen sollten. Als die Eltern daraufhin erklärten, der Junge sei erkrankt, zeigte einer der Ordnungshüter zuerst Verständnis, der andere wollte aber trotzdem auf der Zwangszuführung beharren. Auch der Anblick des verängstigten Jungen, der mit seiner »Kotzschüssel« dasaß und dessen Kleidung deutliche Spuren der Erkrankung aufwies, änderte seinen Beschluss nicht. Dem kranken Jungen wurde nicht einmal gestattet, sich umzuziehen, sondern man brachte den weinenden und sich wehrenden Artur zu dem Fahrzeug, mit dem er abtransportiert wurde. Als der Junge in der Schule abgeliefert wurde, versuchte der Vater, der mit seinem Auto hinterhergefahren war, der Schulleiterin Frau T[…] den Sachverhalt noch einmal zu schildern; doch auch sie blieb hart und erteilte dem Vater Hausverbot. Als der Vater sich trotzdem weigerte, das Schulgelände zu verlassen, bestellte die Rektorin die Polizei; die in ca. 20 Minuten angekommenen Beamten wiesen Herrn P[…] darauf hin, dass sie ihn im Falle eines Hausfriedensbruchs festnehmen würden. So musste der Vater unverrichteter Dinge die Schule verlassen und seinen kranken Jungen der behördlichen Willkür preisgeben.

Wir bitten alle, die ein Herz dafür haben, die Eltern im Gebet und mit Bittgesuchen zu unterstützen, damit sie ihr natürliches Erziehungsrecht gemäß ihrer Überzeugung und gemäß dem Grundgesetz (Art. 4 und Art. 6) auch in Deutschland ausüben dürfen.«[236]

Aus genau diesen Fällen erwächst eine weitere Sollbruchstelle der kulturmarxistischen Ideologie. Denn gerade bei Familien mit vielen Kindern bestehen inzwischen große Ressentiments gegen den kulturmarxistisch ideologisierten Staat und seine Legitimität. Die zunehmende Ausgrenzung des normalen Familienmodells aus Vater, Mutter und Kindern führt mitnichten zu mehr Toleranz, sondern zu wütenden Parallelgesellschaften, die sich im bunt und vielfältig bemalten Todeskarussell einer überalterten und immer fremder werdenden Gesellschaft nicht mehr wiederfinden. Inwiefern ein Staat und eine Gesellschaft existieren können, aus der sich gerade diejenigen zunehmend verabschieden, die mehrere Kinder großziehen, steht in den Sternen.

Natürlich gibt es in diesem Zusammenhang Anleitungen für Lehrer, wie mit Eltern umzugehen ist, die an diesen »Agit-Prop-Maßnahmen« Kritik üben. So die Broschüre der Lehrer-Gewerkschaft Erziehung und Wissenschaft (GEW) *Für eine Pädagogik der Vielfalt: Argumente gegen ultrakonservative, neurechte und christlich-fundamentalistische Behauptungen.* Dort heißt es, Gegner einer Erziehung zur sexuellen Vielfalt würden ihren Kindern »ein reaktionäres Frauen- und Familienbild« vermitteln,[237] während ganz im Gegenteil ein modernes Familienbild darin bestünde, »herkömmliche Lebensentwürfe« zu hinterfragen um die sexuelle Vielfalt auf allen Ebenen zu verwirklichen.

Die Geburtsstunde des Genderwahns

Hinter all dem steht die Strategie des Gender Mainstreaming. 1997 wurde sie im Amsterdamer Vertrag für alle EU-Mitgliedstaaten zur verbindlichen Richtlinie erklärt.[238] In Deutschland erlangte Gender mit dem Kabinettbeschluss der Bundesregierung vom 23. Juni 1999 gesetzliche Verankerung.[239] Ein Blick auf Fachbuchtitel wie *Gender Mainstreaming im Kindergarten*[240] zeigt, dass die genderpolitische Forderung danach, eine »Geschlechter-Verwirrung anzustiften«[241], inzwischen integraler Bestandteil der Erzieherausbildung ist und von jungen Pädagogen oft unreflektiert in die Praxis übernommen wird, so als wäre das etwas ganz Normales. Hintergrund des Gender Mainstreaming ist die Vorstellung, das menschliche Geschlecht wäre ausschließlich ein soziales Konstrukt, was nichts anderes bedeutet, als dass das Geschlecht des Menschen nach Belieben durch Umerziehung geändert werden kann.

Als zentrales Beweisstück für das Funktionieren der Gender-Theorie galt das Experiment des US-Psychiaters John Money.[242] Im August 1965 wurden im kanadischen Winnipeg zwei eineiige männliche Zwillinge geboren. Bruce und Ryan Reimer. Bei der Beschneidung im siebten Lebensmonat wurde das männliche Glied des Jungen Bruce so stark verbrannt, dass es schwarz wurde und abfiel. Mediziner und Eltern wussten keinen anderen Rat, als sich an den damals populären Psychiater John Money zu wenden, der sich mit Transsexualität und Geschlechtsumwandlungen beschäftigte und behauptete, man könne problemlos aus einem Mann eine Frau und aus einer Frau einen Mann machen.

Money nahm sich dieses Falls dankbar an, denn er hoffte, nun endlich einen Beweis für seine Theorie vorlegen zu können, nachdem ihm 1965 in der *Quaterly Review of Biology* vorgeworfen worden war, bisher habe sich noch kein Beispiel für ein seelisch gesundes Individuum gefunden, das eindeutig männlich geboren wurde und sich zur Frau umformen ließ.

Auf Drängen Moneys hin ließen die Eltern nun Bruce im Alter von 22 Monaten durch einen Chirurgen kastrieren. Dieser versuchte, nach Entfernung der Hoden aus dem Hodensack ein Gebilde zu formen, das wie eine Vagina aussehen sollte. Das Kind bekam den weiblichen Namen Brenda. Den Eltern wurde durch Money eingeschärft, dem Kind die Operation zu verheimlichen und es von nun an wie ein Mädchen zu erziehen, was diese streng befolgten.

In seinem Hauptwerk *Gender Identity* aus dem Jahr 1973 beschrieb Money ausführlich dieses Experiment und sah die Umwandlung von Bruce zu Brenda als Bestätigung seiner Theorie an. Das Mann- oder Frausein des Menschen sei ausschließlich ein soziales Konstrukt und könne beliebig durch Operationen und eine gendergerechte Erziehung des Menschen geändert werden.

Doch schon damals zeigte sich, dass das Experiment gescheitert war, denn Brenda, die nie Hosen tragen durfte, verhielt sich trotz ihrer Erziehung zum

Mädchen wie ein Junge. Sie war mit der Mädchenrolle unzufrieden, raufte gerne, spielte mit Waffen und interessierte sich für Autos, während sie mädchentypische Spiele vollkommen kaltließen.

In der Pubertät interessierte sich Bruce/Brenda trotz starker weiblicher Hormongaben ausschließlich für Mädchen und bekam einen Stimmbruch. Mit 13 Jahren verweigerte Bruce/Brenda jeglichen Kontakt mit Money und lehnte es strikt ab, sich weiteren Operationen an seinen Geschlechtsorganen zu unterziehen. Auf die Frage Moneys »Willst du ein Mädchen sein oder nicht?« antwortete er entschieden mit »Nein«.

Nach diesem Durchbruch klärten die Eltern das vermeintliche Mädchen über sein wahres Geschlecht auf. Für Bruce war dies eine große Erleichterung. Er ließ sich, soweit dies möglich war, sein männliches Glied operativ wiederherstellen, gab sich den Namen David und lebte fortan als Junge. Dennoch waren die seelischen Schäden, die David genommen hatte, zu groß. Er erschoss sich 2004 mit einer Schrotflinte.[243]

Dem Gender-Mainstreaming tat dies keinen Abbruch. Am 26. Juni 2015 wurde unter dem US-Präsidenten Barack Obama das Weiße Haus in den Regenbogenfarben der Gender-Ideologie angestrahlt.[244] Ähnlich spektakulär war der sogenannte »Toiletten-Beschluss« Barack Obamas, in dem angeordnet wurde, öffentliche Schulen hätten ihre Umkleideräume und Toiletten so zu gestalten, dass zum Beispiel Jungen im Teenageralter die Toiletten und Umkleideräume der Mädchen mitbenutzen dürften, wenn sie das Gefühl hätten, sie wären eigentlich ein Mädchen.[245] Einwände von Eltern, die sich wegen der sich hieraus ergebenden Gefahr der sexuellen Belästigung ihrer Töchter sorgten, wurden als fundamentalistisch weggewischt.

Auch in Deutschland leitet die inzwischen in den Bildungsplänen verankerte »Sexualpädagogik der Vielfalt« die Kinder dazu an, das eigene Jungen- oder Mädchensein zu hinterfragen: »Die Jugendlichen *sollen* Heterosexualität als Norm in Frage stellen«,[246] heißt es in einer Unterrichtsanleitung. Das dort beschriebene Schulprojekt trägt den Namen: »Der neue Puff für alle.«[247] Dort werden die Prinzipien der Geschlechter-»Verwirrung« und die »Vereindeutigung« angewendet. Dazu gibt es dann Massagen für Zehnjährige. Das Stichwort lautet »Gänsehaut«. Laut Anweisung genügt bei den Kindern eine dünne Kleidung, »damit der unterschiedliche Druck und die verschiedenen Streichrichtungen auch erspürt werden kann.«[248] Der Erwachsenen-Leitung dieser Veranstaltung wird empfohlen, den Raum von außen nicht einsehbar zu gestalten.[249]

Doch nicht nur in Kindergärten, Schulen und Universitäten wird das Projekt der sexuellen Umpolung vollzogen. Prominentes Beispiel für Gender-Propaganda ist Conchita Wurst, ein schwul-transvestitischer Künstler, dem nach Ansicht von Kritikern gezielt zum Sieg des Eurovision Song Contest 2014 verholfen wurde. So sieht von Bieberstein in dem Künstler das Produkt einer global betriebenen Kampagne mit dem Ziel, das »Mann-Frau-Schema«[250] aufzubrechen. Ingrid Deltenre, Direktorin der Europäischen Rundfunkunion und verantwortlich für den Eurovision Song Contest, gab zu, es wäre darum gegangen, »›Diversität‹ [...] bewußt, absichtlich und rigoros durchzusetzen«.[251]

Welch fundamentale Rolle Gender Mainstreaming inzwischen in den Medien spielt, zeigt auch der Fall des amerikanischen Athleten Bruce Jenner. Dieser litt unter der Vorstellung, er lebe als Frau im Körper eines Mannes. Er unterzog sich verschiedenen Operationen, ließ sich Brustimplantate einsetzen, das Gesicht chirurgisch umgestalten, sich angeblich die männlichen Geschlechtsorgane entfernen und eine der Vagina ähnliche Körperöffnung in den Körper hineinoperieren. Anschließend gab er sich den weiblichen Namen Caitlyn Jenner. Seither wird er durch die Leitmedien als mutiger Vorkämpfer für die sexuelle Befreiung gefeiert. Kritik an dieser Selbstverstümmelung gilt als verklemmt und heterosexistisch.[252]

Doch selbst vor Müttern macht Gender Mainstreaming nicht halt. In einem Gesetzentwurf (2016) zum neuen Mutterschutzgesetz heißt es in § 2 Absatz 1:

»Eine Frau im Sinne des Gesetzes ist jede Person, die schwanger ist oder ein Kind geboren hat oder stillt, unabhängig von dem in ihrem Geburtseintrag angegebenen Geschlecht.«[253]

Daraus ergibt sich die abstruse Vorstellung, auch Männer könnten schwanger werden und Kinder bekommen. Diese Geschlechtsauflösung findet inzwischen sogar bei Tieren Anwendung. So gab das Umweltministerium

Nordrhein-Westfalen für über 27.000 Euro eine Studie über Gender Mainstreaming im »Nationalpark Eifel« in Auftrag. Die Studie kam zu dem Ergebnis, dass die Abbildung von Hirschen bei der Brunft »stereotype Geschlechter-Rollen«[254] verkörpere und deswegen gestrichen werden müsse.

Der Staat als neue Familie

Gibt es in einem Biotop Adler, Bussarde, Mäuse, Hirschkäfer, Weinbergschnecken und Rehe, dann spricht man von Artenvielfalt. Existiert aber in einer Gesellschaft nur noch ein Typus Mensch, dann spricht man keineswegs mehr von Vielfalt, sondern von Gleichschaltung. Der neue »Gendermensch« ist bei Weitem nicht so vielfältig, wie das die Massenmedien propagieren, sondern uniform, geschlechtslos, familienlos, kinderlos, eine Nummer in der globalen Wegwerfgesellschaft, ein Leistungsroboter und Konsument. Seine Sexualität ist keine Teilhabe am Wunder der Schöpfung mehr, sondern Ausdruck der Konsumorientierung und totaler, auf allen Ebenen betriebener Umerziehung.

Diese Gleichschaltung wurzelt in der Auflösung der »traditionellen« Familie. Indem im Kulturmarxismus die Kinder dazu angeleitet werden, »nicht normal« zu sein und den familiären Zusammenhalt abzulehnen, entsteht eine atomisierte Gesellschaft, in der weder Kinder für ihre Eltern, noch Eltern für ihre Kinder Verantwortung übernehmen. Somit reißt im Kulturmarxismus der Staat immer mehr Verantwortung an sich, die einstmals Aufgabe der Familie war. Das betrifft die zunehmende Anzahl an Rentnern, die in Altersheimen verschwinden. Denn für die Erwerbstätigen besteht wirtschaftlich kein Spielraum mehr, sich um die gebrechlichen Eltern zu kümmern. Das betrifft aber auch die propagierte Ganztagsbetreuung für Kinder, mit der gezielt der Zusammenhalt in den Familien unterminiert wird.

So pendelt die berufstätige, geschlechtsneutrale Masse zwischen den Polen Arbeit und Konsum, ohne Kinder und festen Ehepartner, nicht mehr fähig, sich um den eigenen Nachwuchs oder die pflegebedürftigen Eltern zu kümmern. In den Büros globaler Großkonzerne opfern sie dann ihre Lebenszeit einem Gehalt, das weitestgehend über Steuern und Abgaben in den sozialen Sicherungssystemen versickert, um dann anschließend die sogenannte Freizeit in den sozialen Medien oder vor dem Fernseher zu verbringen. Wird der moderne Gendermensch alt, krank und gebrechlich, ist im Gegenzug natürlich niemand da, der sich um ihn kümmert.

Dies ist die Stunde des neuen, kulturmarxistischen Staates, mit seinen Altenverwahranstalten und Sterbehilfeangeboten. Mit dem Verlust des familiären Zusammenhalts entsteht Schritt für Schritt die sogenannte Effizienzgesellschaft, mit der dem Staat und den dahinter stehenden Lobbygruppen immer mehr Spielraum gegeben wird, das Privatleben des Einzelnen zu regulieren und über ihn zu verfügen.

Ein wesentlicher Aspekt dieses neuen Staatsverständnisses ist die ausufernde Maschinerie sozialer Umverteilung. So greift der Staat zunehmend in die individuelle Verantwortung für das Gelingen eines Lebens ein. Er züchtet immer komplexere Absicherungssysteme heran, die jeden Bereich des Lebens steuern und die Gesellschaft in eine bisher unbekannte Konformität lenken. Dies reicht in vielen westlichen Gesellschaften inzwischen von einer allgemeinen Rentenversicherungspflicht, einer Krankenversicherungspflicht bis hin zu einer Rundfunkbeitragspflicht, womit offenkundig nicht nur sichergestellt werden soll, dass jeder Bürger durch die Zahlung von Steuern, Abgaben und deren Umverteilung »rundum sozial abgesichert ist«, sondern auch in diesem Sinne medial indoktriniert wird.

Es wird nicht nur, wie Arnold Gehlen diagnostizierte, »der Staat zum Adressaten der Erfüllungswünsche [...] des Glücks«,[255] sondern es erzeugen überraschenderweise, wie der Sozialrichter Jürgen Borchert bestätigte, ausgerechnet die »Sozialsysteme« Ungerechtigkeit und Not, anstatt davor zu schützen. Das bedeutet:

»Kleine Einkommen werden relativ härter belastet als hohe. Noch schlimmer ist es sogar bei den Sozialversicherungen, deren Umverteilungswirkung von unten nach oben die der Verbrauchersteuern sogar noch übertrifft.«[256]

Mit der Durchsetzung des ausufernden Umverteilungsstaates entsteht daher gerade bei kleinen Einkommen die Situation, dass den Menschen von ihrer Arbeit zunehmend nur noch ein Taschengeld bleibt. Den eigentlichen Lebensunterhalt muss sich der neue Mensch mit Anträgen bei den Sozialstellen erbetteln. Damit wird er vom Wohlwollen staatlicher Einrichtungen abhängig und diesen gegenüber hörig. Der Umverteilungswahn des immer übergriffiger agierenden Sozialstaats ist also nicht Hilfestellung für Berufstätige, die nicht von ihrem Einkommen alleine leben können, sondern Ursache für die zunehmende wirtschaftliche Belastung wachsender Teile der Bevölkerung. Entsprechend erreichte das deutsche Steueraufkommen unter Angela Merkel 2017 einen neuen Höchststand.[257]

Wie weit der Staat inzwischen regulierend in das Leben der Menschen eingreift, zeigte sich zum Beispiel mit Einführung der Krankenversicherungspflicht für Selbstständige in Deutschland im Jahre 2009. Was angeblich dazu dienen sollte, soziale Gerechtigkeit zu schaffen, Spitzenverdiener in die Sozialsysteme einzubinden und kleine, prekäre Selbstständigkeiten im Krankheitsfall abzusichern, mündete in sein Gegenteil.

Kleine Einzelunternehmer erzielen im Durchschnitt ein Jahreseinkommen von 9444 Euro in Deutschland. Wenn hiervon 3520 Euro im Schnitt an die gesetzliche Krankenversicherung gezahlt werden müssen, rutscht der Selbstständige damit automatisch unter das Existenzminimum. Mitunter müssen kleine Selbstständige sogar 58 Prozent ihres Einkommens für die Krankenversicherung aufwenden. Entsprechend können die Krankenversicherungsbeiträge von dieser Gruppe in der Regel nicht bezahlt werden. Daraus resultiert, dass heute praktisch jeder kleinere Selbstständige bei den Krankenversicherungen mit circa 10.000 Euro verschuldet ist.[258]

Mit dem idealtypischen Modell eines neutralen Rechtsstaates hat dieses System totaler Umverteilung nichts mehr zu tun. Die dramatisch wachsende Zahl an Zwangsvollstreckungen gegen Selbstständige wegen nicht bezahlter Krankenversicherungsbeiträge spricht eine eindeutige Sprache. Allein 2011 wurde das Hab und Gut von 1,6 Millionen Bürgern im Auftrag der Krankenversicherungen gepfändet, ihre Wohnungen durch Beamte der Zollämter durchsucht und bei Weigerung ein Haftbefehl erlassen.[259]

Gleichzeitig spiegelt das genannte Beispiel schon die Richtung, in welche die Gesellschaft gelenkt werden soll. Der freiheitliche Lebensentwurf, der mit einer kleinen Selbstständigkeit verbunden ist, wird durch die Verantwortlichen in den Institutionen offenkundig nicht gerne gesehen, da er noch viel zu sehr dem traditionellen Ideal familiärer Autarkie entspricht, wie sie familiäre, zumeist landwirtschaftliche Kleinbetriebe über Jahrtausende hinweg besaßen. Denn idealerweise ist der neue Gendermensch nicht selbstständig und eigenverantwortlich, sondern abhängig beschäftigt und in einen Kreislauf der Umverteilung eingebunden, sodass er bei den Sozialbehörden »Gelder erbetteln«[260] muss, die er überhaupt nicht brauchte, müsste er keine Steuern und Sozialabgaben zahlen.

Dabei wird aber im Gegenzug überraschenderweise der Sozialstaat immer knausriger bei der Austeilung seiner »Wohltaten«. So stehen gesetzlich Versicherte inzwischen vor der Situation, mitunter jahrzehntelang in die Krankenkasse eingezahlt zu haben und anschließend zum Beispiel einen Zahnersatz selbst bezahlen zu müssen. Genau hier tut sich die oben schon genannte Sollbruchstelle des scheiternden Sozialstaats auf. Denn durch die Auflösung der Familie sanken in den reichen, westlichen Industrienationen auch die Geburtenraten ins Bodenlose. Wie wir sehen werden, liefert die bedingungslose Masseneinwanderung aus Afrika und dem muslimischen Kulturraum nicht die nötigen, hochqualifizierten Nettozahler in das Sozialsystem, wie das propagiert wird, sondern belastet es vielmehr zusätzlich. Damit steigen wiederum Steuern und Sozialabgaben und damit direkt und indirekt die Lebenshaltungskosten wie Mieten, Energie und Lebensmittelpreise. Es entsteht eine Sogwirkung, die den Umverteilungsmechanismus immer schneller rotieren lässt, um irgendwann zu kollabieren.

Dabei war gerade die Bundesrepublik einmal bekannt für ihre »Soziale Marktwirtschaft«. Diese galt als Garant für ein freies Wirtschaftssystem, das faire Zukunftschancen für alle Bürger des Landes offenhielt. Heute ist von der ursprünglichen Idee der »Sozialen Markwirtschaft«, die ja entscheidender Faktor für das westdeutsche Wirtschaftswunder nach dem Zweiten Weltkrieg war, so gut wie nichts mehr vorhanden.

Ludwig Erhard, der Entwickler dieses überaus erfolgreichen Konzepts war übrigens, das sollte nicht überraschen, ein ausgesprochener Gegner eines »sozialen Ausgleichs« und der Umverteilung. In dem Buch *Wohlstand für alle* (1957)[261] warnte er, die Entwicklung zum »Versorgungsstaat« sei »schon dann eingeleitet, wenn der staatliche Zwang über den Kreis der Schutzbedürftigen hinausgreift«.

Das heißt, für Erhard war jegliche Form steuer- oder abgabenfinanzierter Umverteilung schon »Flucht vor der Eigenverantwortung«. Ergebnis eines solchen Umverteilungsstaates wäre recht schnell eine Gesellschaft, »in der jeder die Hand in der Tasche des anderen hat«.[262] Im Wesentlichen entspricht dies dem Zustand der heutigen Gesellschaft, in der das Existenzminimum mit Steuern und Abgaben derart belastet wird, dass die Menschen gezwungen sind, sich das fehlende Geld über Antragsverfahren zurückzuholen. Hieraus entsteht, so analysierte Erhard vorausschauend, eine zunehmende Abhängigkeit der Menschen vom Staat. Der Staat wird zu einer Art Familien-Ersatz, indem er den menschlichen Selbsterhaltungstrieb untergräbt, die Autonomie des Menschen schwächt und eine Umverteilungsmaschinerie schafft, die den Einzelnen so sehr zur Kasse bittet, dass immer mehr Menschen zu Leistungsempfängern werden. Ergebnis ist die zunehmende Zerstörung nicht nur der individuellen Freiheit, sondern vor allem der vorstaatlichen Solidarsysteme: allen voran der Familie.

Dies hat enorme Auswirkungen auf den Rechtsstaat. Es gibt im Wesentlichen zwei Gründe, weswegen der »lange Marsch durch die Institutionen« dabei ist, den westlichen, liberalen Rechtsstaat in sein Gegenteil zu verwandeln. Der erste Grund ist die Aufhebung der Familie als soziales Sicherungsnetz und der zweite die Umformung des Staates in eine Art weiche Gesinnungsdiktatur nach den Prinzipien der politischen Korrektheit. Dem ehemals preußischen Ideal, der Staat habe sich neutral zu verhalten, die religiöse und weltanschauliche Freiheit der Bürger sicherzustellen und sich ansonsten aus dem Privatleben der Bürger herauszuhalten,[263] steht das kulturmarxistische Heilsdenken entgegen. Wird in einem Staat Gender Mainstreaming und »Multikulti« zur Doktrin, dann verliert dieser Staat seine weltanschauliche Neutralität und die Bürger ihre Freiheit. Aus einem Rechtsstaat wurde so ein Gesinnungsstaat, in dem nur noch derjenige unbehelligt nach seiner Façon leben darf, der die offiziell genehmigte, durch die Massenmedien abgesegnete Gesinnung teilt. Wer anderer Anschauung ist, darf sich der gesellschaftlichen Stigmatisierung, Ausgrenzung und zunehmenden staatlichen Abstrafung sicher sein.

»Willkommenskultur« als revolutionärer Akt

Ich liebe eure Feste nicht: zu viele Schauspieler fand ich dabei, und auch die Zuschauer gebärdeten sich oft gleich Schauspielern.

Friedrich Nietzsche

Eines der Märchen, das an Schulen verbreitet wird, lautet: Revolutionen sind Volksaufstände, die überraschend in einem funktionierenden Staatssystem einen Machtwechsel herbeiführen.[264] Die Wirklichkeit sieht anders aus. So gut wie keine Revolution ist aus »spontanem Volkswillen« entstanden. Lange bevor eine Revolution ausbricht, arbeiten im Hintergrund revolutionäre Netzwerke an einem Machtwechsel. Neue Eliten übernehmen Teile der Macht und bringen so das bestehende System ins Wanken. Erst im zweiten Schritt wird eine Revolution durch die neuen Eliten ausgelöst, inszeniert oder zumindest umgelenkt, um die bereits errungene Macht auszuweiten.[265] Auf diese Weise entsteht eine Art Zangenbewegung, mit der die Reste des alten Systems hinweggefegt werden.

So war es bei der »Mutter aller modernen Revolutionen«, dem Sturm auf die Bastille, dem glorifizierten Herzstück der französischen Revolution. Schon längst hatte sich in der französischen Nationalversammlung ein revolutionärer Flügel etabliert, der die Ereignisse vorantrieb, plante und durch seine publizistische Tätigkeit befeuerte und steuerte.[266]

Nicht anders geschah es bei der russischen Februarrevolution von 1917, mit der das Zarenreich unterging und die Sowjetunion ihren Anfang nahm. Hier standen Geheimdienste und einflussreiche Geldgeber mit in der Regie, um hinter den Linien das angeschlagene Zarenreich zu Fall zu bringen.[267]

Ähnlich gut organisiert war die revolutionäre Machtergreifung der Nationalsozialisten. Adolf Hitler wurde am 30. Januar 1933 zum Reichskanzler ernannt. Eingeschlossen in eine Koalition mächtiger konservativer Kräfte hoffte man, vielleicht nicht zu Unrecht, Hitler für die eigenen Interessen einspannen zu können. Die Weimarer Republik war zu diesem Zeitpunkt zwar schon schwer angeschlagen, dennoch standen der nationalsozialistischen neuen Gesellschaftsordnung funktionierende Länderregierungen, Medien, Gewerkschaften, Polizei und Kirchen gegenüber. Wer konnte damals ahnen, wie schnell dies alles in sich zusammenstürzen würde?

Doch auch die NSDAP nutzte geschickt die Zangenbewegung moderner Revolutionen. Die eine Seite war die bereits errungene Macht im Staatsapparat. Die andere ein scheinbar spontaner Volkswille, der in den einschüchternden SA-Aufmärschen und Übergriffen auf Andersdenkende seinen Ausdruck fand.

Revolutionen sind also immer von elitären Kräften mitorganisiert und niemals rein spontane Äußerungen »des Mannes von der Straße«. Es gibt immer avantgardistische Kräfte, die bereits Teile der Macht erobert haben, während auf der anderen Seite Menschenmassen stehen, die bereit sind, für die Ziele der zukünftigen Machthaber auf die Straße zu gehen.

Nun ist der Kulturmarxismus mit seinen losen Netzwerken strukturell nicht zwingend mit Jakobinern, Bolschewisten oder Nationalsozialisten zu vergleichen. Auf Basis der Revolutionstheorie muss jedoch die Frage gestellt werden: Handelt es sich bei der im Spätsommer 2015 inszenierten »Willkommenskultur« um einen vergleichbaren Vorgang? War die bedingungslose Grenzöffnung für Millionen Einwanderer aus dem muslimischen Kulturkreis eine vergleichbar organisierte Revolution? Zumindest lässt sich sehr wohl eine Zangenbewegung feststellen, die von »oben« mit einer rechtswidrigen Grenzöffnung begann[268] und dann durch die Zivilgesellschaft mit einer »Refugees-welcome«-Bewegung von »unten« flankiert wurde.

Kaum begannen die ersten Einwanderer die deutsche Grenze zu überschreiten, setzte eine systematische, höchst emotional gefärbte Kampagne auf allen gesellschaftlichen Ebenen ein. Schulen[269], Kirchen und Gewerkschaften zogen an einem Strang. Mit einer Art künstlich erzeugter Euphorie wollte man die Bevölkerung mit sich reißen.

Lehrer schickten Schülerinnen an die Bahnhöfe, um die in Sonderzügen herangekarrten jungen Männer mit Luftballons und Teddys zu empfangen. Ähnlich dem »Sommermärchen« im Jahr 2006, als die Fußballweltmeisterschaft in Deutschland in ein Volksfest mündete, sollte 2015 die Flüchtlingswelle als euphorische Party, als fröhliche Revolution in Szene gesetzt werden.

Auch die beiden großen Volkskirchen, gesellschaftlich längst im Abseits, glaubten sich plötzlich wieder in die Mitte der Gesellschaft gerückt und feierten hysterisch einen »Honeymoon of help«[270] (Flitterwochen der Hilfe), wie dies der EKD-Ratsvorsitzende Heinrich Bedford-Strohm formulierte. Man sah den Aufbruch in eine neue, bessere Welt und die Umwandlung Deutschlands »in eine multikulturelle und multireligiöse Gesellschaft«, so der Kölner Kardinal Woelki.[271] Endlich könne die Kirche zeigen, dass sie noch etwas zu sagen habe, war die Hoffnung der Verantwortlichen.

Gleichzeitig bekamen die Zuschauer der Fernsehsender ARD und ZDF Tag für Tag Bilder zu sehen, wie kleine Kinder an der Seite ihrer Mütter gen Norden wanderten: »schockierende Bilder einer zweitausend Kilometer langen, gefahrvollen Reise.«[272] Später in die Kritik geraten, gab *Tagesschau*-Chefredakteur Kai Gniffke zu: »Wenn Kameraleute Flüchtlinge filmen, suchen sie sich Familien mit kleinen Kindern und großen Kulleraugen aus.« Tatsächlich seien jedoch »80 Prozent der Flüchtlinge junge, kräftig gebaute alleinstehende Männer«[273].

Die von vielen empfundene Gleichschaltung der Medien während der Flüchtlingskrise ließ sich später wissenschaftlich belegen. So in einer Studie der Hamburger Media School aus dem Jahr 2017. Demnach waren von 34000 Presseartikeln, die bis 2015 erschienen, 82 Prozent »positiv konnotiert«. Nur sechs Prozent der Artikel in den großen Medien »hätten die verordnete ›Willkommenskultur‹ auch ›problematisiert‹«.[274]

Natürlich ist nach bisherigem Stand der Kenntnisse nicht endgültig geklärt, in welchem Maße die verfassungswidrige Grenzöffnung (Artikel 16a Absatz 2 GG) des Spätsommers 2015 synchronisiert war, inwieweit also Medien, Regierung und NGOs zusammenarbeiteten. Es bleibt allerdings die Tatsache, dass alle kulturmarxistischen Netzwerke an einem gemeinsamen Zielhorizont arbeiten: die Schaffung der neuen, bunten Gesellschaft. Insofern bedurfte es vermutlich noch nicht einmal einer gut organisierten Lenkung. Man war sich schlichtweg einig, zusammen etwas für die gute Sache zu tun. Auf dieser Basis konnten die Zahnräder wie geschmiert ineinandergreifen und geschlossen gegen kritische Stimmen vorgegangen werden.

Auf dem Katholikentag 2016 wurden Kritiker der Masseneinwanderung mit einem Redeverbot belegt.[275] Man mahnte die skeptischen Teile der Bevölkerung, »keine Angst vor Umbrüchen und [einer] revolutionären Umgestaltungen der Gesellschaft«[276] zu haben. Auch die hauptverantwortliche deutsche Bundeskanzlerin Angela Merkel betonte, Deutschland werde in wenigen Jahren nicht mehr wiederzuerkennen sein.[277]

Dennoch regte sich nicht nur in vielen europäischen Anrainerstaaten, sondern auch in Deutschland selbst ein gewisser Widerstand gegen diese Revolution. Dies läutete die zweite Phase der Revolution ein, den bereits beschriebenen »Kampf gegen rechts«. Mit einer beispiellosen Einmütigkeit starteten alle Leitmedien über die *Bild*, ARD und ZDF, *Süddeutsche*, *Spiegel*, *Stern* und *Zeit* damit, Kritik an der bedingungslosen Grenzöffnung als »Rechtspopulismus« zu diskreditieren. Die in einer Demokratie eigentlich selbstverständliche Meinungsvielfalt sollte als »rechts«, »rassistisch« und »populistisch « unterdrückt werden.

Auf diese Weise gelang es seit dem Spätsommer 2015, das bis dato behäbige, verschlafene Deutschland in einer Weise politisch zu spalten und zu radikalisieren, wie es die Deutschen seit der Zeit der Weimarer Republik nicht mehr erlebt hatten. Eine beispiellose Stigmatisierung Oppositioneller brach sich Bahn. Die Bundesregierung griff zu erheblichen Zensurmaßnahmen im Internet und fand ihre freiwilligen Helfer in allen Bereichen der Gesellschaft. Mit Steuermitteln wurden zahlreiche »Initiativen« finanziert, die sich gegen »Rechtspopulismus« positionierten und Kritiker der Masseneinwanderung »engagiert« an den Pranger stellten.[278]

Das Asylgesetz, ursprünglich einmal dazu geschaffen, Dissidenten, Intellektuellen und Künstlern aus dem ehemaligen Ostblock eine schnelle Integration in den »freien Westen« zu ermöglichen, wurde so zum Türöffner eines revolutionären Bevölkerungsaustauschs. Das dürfte für eine scheinbar demokratische Gesellschaft einmalig sein.

Inszenierungswünsche kannten dabei keine Grenzen. Als 2016 insbesondere Ungarn die sogenannte Balkanroute für geschlossen erklärte, um die Völkerwanderung zumindest etwas einzudämmen, arrangierten Medienvertreter und sogenannte Aktivisten dramatische Bilder, die zeigen sollten, wie unmenschlich dies sei. So wurden Fotos verzweifelter Flüchtlinge lanciert, die bei Idomeni in Griechenland versuchten, einen Fluss zu überqueren. In Wahrheit standen in dem angeblich reißenden Fluss mehr Helfer und Journalisten mit Kameras als Flüchtlinge. Der angebliche Sturm über das gefährliche Gewässer war nicht mehr als ein PR-Gag.[279]

Ähnlich agierten Regierungen und Leitmedien, als es in der Silvesternacht 2015 in Köln zu massiven sexuellen Übergriffen durch Flüchtlinge kam. Hierzu schweigen die großen Medien, um »das Ansehen der Flüchtlingspolitik und der Einwanderer nicht zu schädigen.«[280] Erst nach vier Tagen begannen die offiziellen Stellen zögerlich einzugestehen, dass es tatsächlich zu Übergriffen gekommen war. Die Kölner Staatsanwaltschaft geht inzwischen von 1276 mutmaßlichen Opfern aus.[281]

In der 2016er-Silvesternacht wurde ein vergleichbarer medialer Aufwand betrieben. Als sich erneut zumeist aus Nordafrika stammende Flüchtlinge versammelten, wurde durch die Leitmedien ein wahres Ablenkungsfeuerwerk betrieben, indem der Polizei der Schwarze Peter zugeschoben wurde. Sie hätte in Anbetracht der versammelten Massen junger, männlicher Flüchtlinge pauschal von »Nafris« gesprochen, einer umgangssprachlichen Sammelbezeichnung für Nordafrikaner. Dies hatte die scharfe Kritik von zum Beispiel ZDF-Chefredakteur Claus Kleber zur Folge. Und so war es den Medien gelungen, nicht das Gewaltpotenzial bestimmter Einwanderergruppen zu thematisieren, sondern, politisch korrekt, die Aufmerksamkeit der Medienkonsumenten auf den vermeintlichen Rassismus der deutschen Polizei zu lenken.[282]

Gefühle ohne Grenzen

Wie wir gesehen haben, erfolgt die Lenkung der Massen in modernen Demokratien über die Medien. Weit verbreitet in diesem Zusammenhang ist der Irrtum, die Medien betrieben so etwas wie »Gedankenkontrolle«. Dies ist nicht richtig. Manipulation setzt nicht auf der intellektuellen Ebene an, wie Elias Canetti in *Masse und Macht* betonte.[283] Der entscheidende Hebel sind nicht die Gedanken. Der entscheidende Hebel ist das Gefühl, die emotionale Ebene des Menschen.

Denn auf seine Gefühlsebene, sein »Bauchgefühl«, hat der Mensch nur geringen Einfluss. Genau hier setzen aber die Massenmedien an. Unser »Bauchgefühl« ist lenkbar und im Konsumkommunismus durch die Massenmedien geformt.[284] Dies hat seine Ursache im »Herdentrieb«. Der Mensch verhält sich in vieler Hinsicht tatsächlich wie ein Rudeltier. Gruppenzugehörigkeit wird über Gefühle, die rudimentären menschlichen Restinstinkte, nicht aber über Gedanken geregelt: Steht uns die Gruppe, mit der wir uns identifizieren, wohlwollend gegenüber, haben wir ein gutes Gefühl, kritisiert uns die Gruppe, fühlen wir uns schlecht.[285] Die dazugehörigen Gefühle sind angeboren, der Mensch kann sie nur schwer unter Kontrolle bringen. Umso leichter lässt er sich über diese manipulieren.

Dieses dem Menschen angeborene »Bauchgefühl« ist entsprechend die Schnittstelle zwischen Kulturmarxismus, Konsumorientierung und gezielter Lenkung durch die Medien. Was sich »gut anfühlt«, bestimmt, was »gut ist« und das sowohl im kommerziellen, als auch im politischen Sinn. Auf der anderen Seite wird schlechtes Gefühl dort erzeugt, wo man die Menschen nicht haben möchte. Im Ergebnis »fühlt« es sich dann zum Beispiel für einen Wähler schlecht an, einer Partei seine Stimme zu geben, die sich politisch abseits des Mainstreams positioniert, auch wenn er von den Sachargumenten her durchaus zur Wahl einer solchen Partei tendiert.[286] Wichtig ist: Auch wenn inszenierte Gefühle in Massendemokratien die politische Vernunft dominieren, ist das »Gefühl« der Sache nach niemals wirklich politisch. Es ist ein Instrument der konsumtechnischen und politischen Lenkung, mehr nicht.

Gerade weil aber subtil über die Medien die Massen gelenkt werden, überwiegt im Kulturmarxismus in der Argumentation das »gute Gefühl«. Man ist entsprechend »politisch«, indem man die »gute Sache« unterstützt, ohne zu realisieren, dass dies schon immer Teil der Vermarktungskampagne war. Das zeigt sich deutlich an der 2016 geführten Debatte darüber, ob die sogenannten Maghreb-Staaten (Marokko, Tunesien, Algerien) als sichere Herkunftsländer zu gelten haben. Sichere Herkunftsstaaten sind im Asylrecht Länder, in denen der Bevölkerung durch die Regierung keine Repressalien drohen. Einwanderern aus diesen Ländern wird prinzipiell kein Asyl gewährt.

Gerade aus den Maghreb-Staaten gab es aber in den letzten Jahren eine relativ hohe Einwanderungsquote.[287] Nach der regelmäßigen Ablehnung ihrer Asylverfahren verbleiben diese Einwanderer in Deutschland und beziehen Sozialleistungen. Während der Debatten hierüber wies Innenminister Thomas de Maizière darauf hin, dass im ersten Quartal 2016 nur 0,7 Prozent der Antragsteller aus den Maghreb-Staaten einen Schutzstatus erhalten hätten.[288] Das heißt im Umkehrschluss, 99,3 Prozent aller Asylanträge von Einwanderern aus den Maghreb-Staaten werden nach jahrelangen teuren Verfahren abgelehnt.

Auch eine auffallend hohe Kriminalitätsrate von Einwanderern aus den Maghreb-Staaten sticht ins Auge. Prominent in diesem Zusammenhang sind die genannten Übergriffe der Silvesternacht vor dem Kölner Dom oder das Attentat auf den Berliner Weihnachtsmarkt 2016, bei dem zwölf Menschen ums Leben kamen und 55 verletzt wurden.[289]

Eine Anerkennung der Maghreb-Staaten als sichere Herkunftsstaaten hätte also den Vorteil, dass zumindest die teuren und überflüssigen Asylverfahren entfallen könnten. Aber selbst dieser kleine Bürokratieabbau wurde insbesondere durch die Avantgarde des Kulturmarxismus, die Grünen, torpediert. So gelten für Katrin Göring-Eckardt (Grüne) zum Beispiel bereits Polizeieinsätze, bei denen es zu tätlichen Auseinandersetzungen kommt, als »Menschrechtsverletzungen«.[290]

Indem also alleine die Existenz einer Polizei ausreicht, um die »Menschenrechte« verletzt zu sehen, stehen die Grünen ganz klar auf der Seite der »Guten«. Wer die »Grünen« wählt und ihre Thesen öffentlich propagiert, hat somit ein »gutes Gefühl«. Dieser Rausch des »guten Gefühls« wird von den Massenmedien gezielt verbreitet, sodass die Konsumenten dieser Medien schließlich selbst der gruppendynamischen Spur folgen: Man möchte zu den »Guten« gehören, im Gleichklang mit der Gruppe agieren und sich in dieser Gemeinschaft der »Guten« mit anderen Gleichgesinnten gut fühlen. Dass dieses Gefühl gezielt erzeugt wird, fällt zwar einigen auf. Dennoch gibt es auch in dieser Gruppe noch einen relativ hohen Anteil an Menschen, die tatsächlich glauben, Politiker würden sich von dieser »Gute-Gefühle-Maschinerie« der Medien nicht beeindrucken lassen, sondern Sachpolitik betreiben.

Es geht also um die Vorstellung, das allgemeine »Gutmenschentum« sei nur ein Mediengeplänkel und in Wahrheit würde Verantwortungsbewusstsein die politischen Entscheidungen prägen. Dies ist eine Täuschung. Längst sind nahezu alle Parteien und Institutionen fest im Griff dieser fortschreitenden Gruppendynamik und richten sich nach den verkündeten »guten Gefühlen«.

Somit ist die Verpflichtung zu einer Politik, die sich »gut anfühlt« ohne Rücksicht auf die Folgen längst Allgemeingut. In diesem Zusammenhang steht das Phänomen, dass in der Berichterstattung der Leitmedien Fakten zunehmend nur noch zu stören scheinen, während eine sachliche, um Objektivität bemühte Berichterstattung immer mehr abnimmt. Der »Betroffenheits-Journalismus« gehört heute zum guten Ton. Schweigeminuten für im Mittelmeer ertrunkene Einwanderer ist seit 2015 selbstverständlicher Teil öffentlich-rechtlicher Fernsehunterhaltung. Dabei wird verschwiegen, dass die Politik des »guten Gefühls« erst die Anreize schuf, durch welche die Einwanderer sich verleitet sahen, in unzulänglichen Schlauchbooten das Mittelmeer zu überqueren und dabei unnötigerweise ertranken.

Insofern baut die propagierte »Willkommenskultur« einzig auf Gefühle und nicht auf Rationalität. Sie trifft auf eine Gesellschaft, in der das »Gefühl« zum Maßstab des Handelns geworden ist. Nicht mehr Sachargumente zählen, sondern das gute oder schlechte »Bauchgefühl«. Entsprechend folgt auf Kritik an der »Willkommenskultur« kein sachliches Argumentieren mehr. Allenfalls gibt es »Gegenargumente« die auf »schlechten Gefühlen« basieren. Vom »bösen Nazi-Gefühl« war in diesem Zusammenhang bereits die Rede.

Die deutsche Bundeskanzlerin Angela Merkel brachte die Politik des »guten Gefühls« übrigens auf den Punkt, indem sie meinte, ihr Amtseid verpflichte sie ebenso zur Verantwortung gegenüber Afrika wie gegenüber Deutschland.[291] Das erinnert an Charles Dickens Roman *Bleak House,* in dem eine Mutter ihre Zeit in Komitees zur Rettung der Kinder Afrikas verbringt, während die eigenen Kinder hungern und auf der Straße verwahrlosen. Die Weigerung einer Angela Merkel, für Deutschland Verantwortung zu übernehmen und gleichzeitig in den Medien von der Rettung Afrikas und der Flüchtlinge zu schwärmen, stellt sich nicht sonderlich anders dar.

Eine besondere Rolle bei der Inszenierung des »guten Gefühls« spielte der Krieg in Syrien. Er galt als Hauptargument gegen Kritiker der bedingungslosen Willkommenskultur 2015. Denn niemand könne mit »gutem Gefühl« den »Opfern von Krieg und Verfolgung«[292] ernsthaft das Recht auf Einwanderung verweigern.

Regimewechsel in Syrien

Als beispielhafter Vertreter einer Politik des »guten Gefühls« gilt der ehemalige US-Präsident und Friedensnobelpreisträger Barack Obama. Im Gegensatz zu seinem Nachfolger Donald Trump erfreut sich Obama bis heute großer Beliebtheit, gerade bei den deutschen Massenmedien und ihren Konsumenten. Auf dem Deutschen Evangelischen Kirchentag 2017 wurde er in Berlin von 70000 Klatschern frenetisch gefeiert. Während seines Auftritts wandte er sich engagiert gegen Fremdenhass und Nationalismus und unterstützte die Willkommenskultur Angela Merkels.[293]

Diese emotionale Inszenierung Obamas als Kämpfer für Toleranz und Buntheit ist typisch für den Kulturmarxismus. Während sich die Konsumenten der Massenmedien in inszenierter Betroffenheit und guten Gefühlen wiegen, wird unter dem Deckmäntelchen der neuen, bunten Welt, im Nahen Osten und Afrika, eine ganz andere Politik getrieben. Unter Barack Obamas

Präsidentschaft waren die USA die längste Zeit seit ihrem Bestehen ununterbrochen im Krieg. Anstatt die militärischen Interventionen seiner Vorgänger zu beenden, hatte Obama die kriegerische Beteiligung der USA weltweit von zwei auf acht Schauplätze erhöht. Nach den Kriegen in Afghanistan und dem Irak, die Obama von seinem Vorgänger George W. Bush übernahm, weitete er als oberster Kriegsherr die Einsätze unter anderem auf Syrien, Pakistan, Uganda, Somalia, Jemen und Kamerun aus.[294]

Dabei stand die Politik Obamas regelmäßig unter dem Motto »Regimewechsel«. Ein »böser Diktator« wird scheinbarer Menschenrechtsverletzungen überführt und gibt so den Anlass, »Friedenstruppen« in die jeweiligen Länder zu schicken und »regimekritische Kräfte« zu unterstützen. Durch diese soll das »Regime« abgesetzt werden, um ein »demokratisches« System nach westlichem Vorbild zu installieren. So geschehen auch in Syrien, das den propagandistischen Anlass für die Masseneinwanderung 2015 bot.

Entsprechend war der versuchte Sturz des syrischen Präsidenten Baschar al-Assad und die Destabilisierung des Landes (so lassen bei Wikileaks veröffentlichte Depeschen der US-Botschaft in Damaskus vermuten), durch die USA von langer Hand geplant. Ab 2006 wurde der syrische Staat durch westliche Interventionen zielgerichtet destabilisiert, indem unter anderem die ethnischen Gegensätze in dem multikulturellen Land gewusst angestachelt wurden. (Dabei kam es zum Scheitern der anfangs gefahrenen Strategie der Unterstützung der Rebellen mit Waffenlieferungen aus Libyen und der Türkei. Denn diese Rebellen schlossen sich den extremen Kräften an. Insbesondere die Türkei erwies sich in diesem Zusammenhang als Bundesgenosse der islamischen Gruppen. Sie unterstützte den Islamischen Staat (IS), um die Autonomiebestrebungen der Kurden zu unterbinden.)[295]

Parallel dazu lief in den Massenmedien eine Kampagne gegen das syrische »Assad-Regime«. Sie erfolgte unter anderem mit der Behauptung, Assad hätte Giftgas gegen die eigene Bevölkerung eingesetzt. Die *Bildzeitung* titelte: »Giftgas-Assad. Der schlimmste Vater der Welt« und schrieb weiter:

»Was denkt ein Mann, der Zehntausende Kinder auf dem Gewissen hat, wenn er seinen eigenen Kindern abends über den Kopf streicht? Schämt er sich? Wahrscheinlich nicht.

Baschar al-Assad (51), Augenarzt, seit 2000 Präsident Syriens. Er lispelt, liebt Sushi und die US-Serie *Homeland*. Früher stand er für Reformen, heute steht er für die Hölle auf Erden.«[296]

Professor Günter Meyer von der Universität Mainz hält dies für eine gezielt gestreute Anschuldigung ohne Beweise:

»Nein, diese Meldungen sind Standardanschuldigungen, die ohne überzeugende Belege immer wieder gegen das Assad-Regime erhoben werden, um die Aufmerksamkeit der Weltöffentlichkeit zu erregen. Dagegen gibt es zahlreiche Beweise für den Einsatz von Chlorgas durch den IS und andere djihadistische Milizen. So auch bei den jüngsten Kämpfen um Aleppo, wo es einige Verletzte durch einen Giftgaseinsatz gegeben hat.«[297]

Bei all diesen unbewiesenen Anschuldigungen gegen Assad wird nämlich gerne verschwiegen, dass die USA den IS lange Zeit zumindest duldeten, um einen »Regimewechsel« in Syrien zu beschleunigen.[298] Und als die Gräueltaten des IS immer offensichtlicher wurden, gab dies den USA den willkommenen Anlass, die aufstrebenden Terroristen nun selbst wieder zu bekämpfen. Entsprechend startete Obama einen Luftkrieg im Irak und in Syrien und entsandte neue Bodentruppen in beide Länder. Dass diese Kriegseinsätze ohne UN-Mandat stattfanden und somit völkerrechtlich illegale Angriffskriege waren, interessierte hierbei die Öffentlichkeit allenfalls am Rande.[299]

Unter Barack Obama wurde auch der Drohnenkrieg massiv ausgeweitet. Militärische Drohnen sind unbemannte Kampfflugzeuge, mit denen zum Beispiel unliebsame Personen ohne Gerichtsverfahren aus der Luft getötet werden. Der auf dem evangelischen Kirchentag gefeierte Barack Obama unterschrieb jede Woche eine »Kill List«, eine sogenannte Tötungsliste, nach der Menschen täglich weltweit ferngesteuert hingerichtet wurden.[300]

Ein Beispiel für solch eine Tötungsaktion ist das Mädchen Aisha aus Afghanistan. Am 7. September 2013 griff eine US-Drohne den Pickup von Aishas Familie an, indem gezielt eine sogenannte Hellfire-Rakete abgeschossen wurde. Dabei kamen vierzehn Menschen ums Leben, die meisten davon waren Frauen und Kinder. Die damals vierjährige Aisha überlebte, doch sie verlor bei dem Angriff nicht nur ihre ganze Familie, sondern auch ihr Gesicht, das schwer verbrannte.[301]

Der Einsatz dieser Drohnen geht vielfach von Deutschland aus, und zwar von der Luftwaffenbasis Ramstein im Landkreis Kaiserslautern. Und das, obwohl von deutschem Boden aus laut Grundgesetz (Artikel 26 Abs. 1 GG) kein Angriffskrieg wie in Syrien geführt werden darf.

Der Bundestag und die Merkel-Regierung wissen natürlich von den völkerrechtswidrigen Drohneneinsätzen der USA. 2014 gab es hierzu sogar ein Gutachten, mit dem auf diese Drohneneinsätze hingewiesen wurde. Laut dem Gutachten ist die Beteiligung an den Angriffshandlungen der USA mit Freiheitsstrafe nicht unter zwei Jahren zu ahnden (Geheimstudie des wissenschaftlichen Dienstes des deutschen Bundestages vom 3. März 2014).[302]

Letztlich offenbart sich damit nichts anderes als das typische Doppelspiel kulturmarxistischer Politik. Während Angela Merkel auf der einen Seite der Welt ihr »tolerantes« und »freundliches Gesicht« zeigte, und Millionen Einwanderer ohne Kontrollen nach Deutschland einwandern ließ, war sie gleichzeitig Handlangerin Barack Obamas und half mit, den Nahen Osten und Afrika zu destabilisieren. Für das Leid der Menschen in diesen Regionen trägt sie also genauso Verantwortung wie der Friedensnobelpreisträger und ehemalige US-Präsident.

So wird vordergründig Frieden, Weltoffenheit und Humanität gepredigt, während in Wahrheit brutale Kriege von deutschem Boden aus geführt werden. Die Kreuzigung von Christen durch den IS, die Zerstörung der letzten dort verbliebenen Kirchen, das wird durch die politische Elite nicht nur billigend in Kauf genommen,[303] sondern es wird auch die derzeit stattfindende Masseneinwanderung nach Europa als eine Art zufälliges Ereignis beschrieben, für welches das politische Establishment keine Verantwortung trägt.

Auflösung Europas

Wie beschrieben, strebt der Kulturmarxismus nach einer »bunten und multikulturellen« Gesellschaft. Die Völkerwanderung nach Europa wird als eine Art zufällige »humanitäre Katastrophe« bezeichnet, so als wäre dieses Neuansiedlungsprojekt aus heiterem Himmel über die Europäer hereingebrochen. Was dabei verschwiegen wird: Im losen Netzwerk der Kulturmarxisten gibt es auf nationaler und übernationaler Ebene schon lange Pläne, die multikulturelle Durchmischung Europas voranzutreiben. Dabei führen wirtschaftliche Lobbygruppen zum Beispiel den sogenannten demografischen Wandel an, also die Überalterung Europas, der durch eine gezielte Neuansiedlung von Menschen aus Afrika und dem muslimischen Kulturraum aufgehalten werden soll.

Laut verschiedenen Planspielen zum Beispiel der Vereinten Nationen (UN) aus dem Jahr 1995 könnten nach Deutschland bis 2050 circa 188,5 Millionen Menschen einwandern. Im Jahr 2050 würden demnach 80 Prozent der Einwohner von den Einwanderern seit 1995 abstammen. Die Deutschen wären dann eine kleine Minderheit im eigenen Land.[304] Ähnliche Planspiele existieren für Frankreich, Italien und Großbritannien.[305]

Flankiert werden solche Planspiele auf der EU-Ebene: Frans Timmermans, Vize-Präsident der Europäischen Kommission, fasste dieses Programm während einer Rede im EU-Parlament 2015 prägnant zusammen.[306] Er forderte alle Parlamentarier auf, an der Auflösung monokultureller Nationen mitzuwirken. Jedes Land müsse in den nächsten Jahren das Prinzip der Diversität (Vielfalt) verwirklichen. Es dürfe auf diesem Planeten keinen Ort mehr geben, an dem keine Vielfalt herrsche. Die Zukunft der Menschheit gehöre nicht länger einzelnen Nationen und Kulturen, sondern werde durch eine Art gemischte »Super-Kultur« geprägt sein.[307]

Konservative, die ihre eigenen Traditionen wertschätzten und eine friedliche Zukunft für ihre eigenen Gesellschaften wünschten, würden einer Vergangenheit anhängen, die so niemals existiert hätte. Timmermans erklärte weiter, das europäische Kulturerbe sei nicht mehr als ein soziales Konstrukt. Er betonte, Europa wäre immer schon ein Kontinent der Einwanderung gewesen und die wahre Bedeutung europäischer Werte läge in der Akzeptanz von Vielfalt. Die EU müsse entsprechend ihre Anstrengungen zur Durchsetzung dieser Vielfalt nochmals steigern, oder aber der Frieden in Europa sei gefährdet.[308]

Angela Merkel formulierte das programmatisch 2009 wie folgt: »Sind Nationalstaaten bereit und fähig dazu, Kompetenzen an multilaterale Organisationen abzugeben, koste es, was es wolle?«[309]

Der Bericht *Dialoge Zukunft Vision 2050* des Nachhaltigkeitsrats der Bundesregierung unterstützt diese Planspiele ebenfalls. Im Jahr 2050 wird Deutschland laut der Studie so »bunt« sein, dass im Sprachgebrauch ab 2040 das Wort »Migrationshintergrund« keinen Sinn mehr ergeben wird, da sowieso alle Menschen bis dahin einen Migrationshintergrund haben werden. Programmatisch heißt es im Bericht:

»Der Rückgang der Geburtenrate in einigen Industriestaaten wird nicht als Nachteil gesehen. Im Gegenteil. [...] In der Gesellschaft findet eine Durchmischung der Völker statt. Die Menschheit sieht sich als Weltbürgertum.«[310]

Angela Merkel lobte diesen Bericht ausdrücklich.[311] Zudem sollen der Studie zufolge bis 2050 auch das Bargeld, Ehe und Familie sowie der Nationalstaat abgeschafft sein. Gleichzeitig sollen alle Daten der Menschen zentral gesammelt und gespeichert werden.

In der Studie heißt es wörtlich:

»Wir leben im Jahr 2050 in einer Welt, die keine (Staats-)Grenzen mehr kennt. Das traditionelle Bild der Familie gibt es nicht mehr. Die Menschen werden in großen ›Familiengemeinschaften‹ zusammenleben, ohne unbedingt verwandt zu sein. Kinder werden von mehreren Elternteilen mit unterschiedlichen sexuellen Hintergründen behütet. Die Gleichheit des Liebens, egal von welchem Geschlecht, ist auf allen Ebenen festgeschrieben. Daher wurde die Ehe abgeschafft.«[312]

Auch die Abschaffung der Nationalstaaten als Ort demokratischer Selbstbestimmung wird dort als positive Vision beschrieben:

»Wir verstehen uns jetzt als Europäer, nur noch in manchen Köpfen ist das Wort Deutscher, Engländer oder Franzose verankert. Die Kinder unserer Nationen lernen nur noch, dass sie in einem Staat von Europa leben, welcher Staat das ist, ist irrelevant geworden.«[313]

Ebenfalls soll bis ins Jahr 2040 das Bargeld seine Bedeutung als vorherrschendes Zahlungsmittel verlieren, da die zentrale Speicherung von Daten auf einem Chip, den jeder mit sich tragen kann, abgeschlossen sein wird:

»Die zentrale Speicherung von Informationen (Konten, Identität, Gesundheit, Versicherungsinformationen auf dem Personalausweis) und die Vernetzung aller Lebensbereiche machten Barzahlungen überflüssig.«[314]

Die großen Leitmedien lancieren begleitend zu diesen Planungen gezielt immer wieder Gedankenspiele, einheitlich bewohnte Landstriche in Europa »neu zu besiedeln«. Besonders hohen Stellenwert hat die Ansiedlung von Einwanderern in den ländlichen Regionen Ostdeutschlands und Osteuropas.[315] Beispielsweise kamen im Springerblatt *Die Welt* Stimmen zu Wort, welche die Gründung muslimischer Kolonien in Mecklenburg-Vorpommern vorschlugen.[316] Dazu gab es passend architektonische Entwürfe für muslimische Kleinstädte, mit einer Moschee in der Mitte, Boulevards und Einkaufsstraßen, finanziert durch den Steuerzahler.[317]

So waren ohne demokratische Mitbestimmung der Völker Europas auf übernationaler Ebene die Weichen längst gestellt, als Angela Merkel 2015 die Grenzen Europas öffnete und die Menschen Afrikas und des muslimischen Kulturraums zur Einwanderung nach Europa einlud. Zwar wurde diese Einladung als humanitärer Akt dargestellt und in den Leitmedien emotional gefeiert, dennoch zeigt sich im Konzept der kulturellen Vielfalt jetzt schon eine weitere wichtige Bruchstelle, an welcher der Kulturmarxismus wahrscheinlich scheitern wird.

Islamisten im Ponyhof

Der Kulturmarxismus schreitet unbeirrbar auf den Abgrund zu, ohne sich dies einzugestehen. Entsprechend kennt die Werbung für die Masseneinwanderung keine Grenzen: Flüchtlinge wären hochqualifiziert,[318] Einwanderer werden den Fachkräftemangel beheben,[319] ja, Verantwortliche in den Dax-Unternehmen sprachen sogar von einem zweiten Wirtschaftswunder, das die Flüchtlinge mit sich bringen würden.[320] Auch die demografisch maroden Renten- und Sozialkassen sollten sich durch die Flüchtlinge füllen.[321]

Dabei ließ sich die Absurdität dieser Behauptung leicht belegen. Zwei Drittel der Flüchtlinge seit 2015 sind praktisch Analphabeten. Selbst Syrer mit Schulabschluss können kaum lesen, schreiben oder einfache mathematische Aufgaben lösen.[322] Von knapp einer Million Flüchtlingen im Jahr 2015 fanden nur 54 Personen einen Arbeitsplatz bei DAX-Unternehmen, die meisten davon im Logistikbereich der Deutschen Post.[323]

Völlig abstrus war die anfänglich vorgetragene Behauptung, Europa benötige Zuwanderung, um der fehlenden Facharbeiter willen. Bei 23 Millionen Arbeitslosen, die es derzeit in Europa gibt, unter ihnen unzählige Facharbeiter, ist das eine reichlich unsinnige Unterstellung.[324]

Selbst die damalige Arbeitsministerin Andrea Nahles (SPD) musste 2015 zugeben, nicht einmal jeder zehnte Einwanderer bringe die Voraussetzungen mit, um direkt in eine Arbeit oder Ausbildung vermittelt zu werden.[325] Wie überdies die bisherigen Erfahrungen mit Einwanderern aus den muslimischen und afrikanischen Kulturkreisen zeigen, setzt sich die Nichtintegrierbarkeit in den europäischen Arbeitsmarkt in den nächsten Generationen fort. Es werden auch die Kinder und Kindeskinder der jetzigen Einwanderer auf staatliche Hilfe angewiesen sein.[326]

Vorsichtige Schätzungen gehen inzwischen von 450.000 Euro Kosten pro Flüchtling für die Dauer seines Aufenthalts aus. Allein der Anteil des Bundes für die Masseneinwanderung wird mit jährlich 21 Milliarden Euro berechnet.[327]

Insgesamt ist die Rede von mehr als 765 Milliarden Euro für die erste Einwanderungswelle 2015.[328] Das ist mehr, als Deutschland nach dem Ersten Weltkrieg an Reparationszahlungen konkret zu leisten hatte.[329]

Dabei ist der durchschnittliche Einwanderer seit 2015 jung, männlich, wenig gebildet und bereit, unter Einsatz von Gewalt illegal unzählige europäische Grenzen zu übertreten, um in das Land seiner Träume zu gelangen.[330] Die Majorität der Einwanderer ist muslimischen Glaubens. Sehr oft lassen diese wehrfähigen Männer ihre Frau(en) und Kinder jahrelang in der eigenen Heimat ungeschützt zurück, bis über den Familiennachzug entschieden wird.

Dies sollte nicht weiter überraschen, wenn man bedenkt, welche Bevölkerungsgruppen in der Regel geringe Verantwortung für die eigene Heimat empfinden und entsprechend nicht bereit sind, sich am Wiederaufbau des eigenen Landes zu beteiligen. Denn im »gelobten Land Europa«, in dem »Milch und Honig fließen«, wird auch Menschen ohne berufliche Qualifikation ein stattliches Einkommen aus Sozialleistungen versprochen. Der syrische Arzt ist also eher der Sonderfall, nicht die Regel, wie Arbeitsministerin Nahles konstatierte.[331]

Natürlich hat der Kulturmarxismus hierauf seine Antwort: Die überdurchschnittlich hohe Rate des Schulversagens und des Sozialleistungsbezugs von Muslimen noch in der dritten Generation wird von Medien und Politik auf »institutionelle Diskriminierung« und »Vorurteile der deutschen Bevölkerung« zurückgeführt. Dabei wird geflissentlich ausgeblendet, dass im Gegensatz dazu beispielsweise Vietnamesen schon in der zweiten Generation deutlich bessere Schulabschlüsse erlangen als Deutsche und später entsprechend besser verdienen. Dabei sind Vietnamesen rein äußerlich noch deutlich mehr als Ausländer zu erkennen als manch Muslim. Insofern können die durchschnittlich schlechteren Schulabschlüsse von Muslimen nicht wirklich auf Diskriminierung beruhen.[332]

Man lässt also gesellschaftliche Gruppen einwandern, die niemals in der Lage sein werden, in einem hochdifferenzierten Wirtschaftssystem wie der Bundesrepublik ihren Beitrag zu leisten. Der entsprechende Kollaps der Sozialsysteme, wenn die derzeitigen Einzahler in Rente gehen und keine neue, leistungswillige Generation mehr heranwächst, lässt sich absehen.[333] Die große Erwartungshaltung der Einwanderer stößt dann auf ein demografisch kollabierendes Renten- und Sozialsystem, was für beide Seiten unvorhersehbaren Sprengstoff bergen wird. Denn wer glaubt, die »hungrigen Menschenmassen Afrikas« werden als demütige Bittsteller im Sinne der Politik des guten Gefühls auftreten, dürfte sich getäuscht sehen. Der Überschuss junger, unzufriedener Männer in der Dritten Welt wird automatisch genau jene Aggression freisetzen, die schon immer die entscheidende Bewegkraft war, wenn sich große Eroberungen und Verschiebungen abspielten.

Doch dies steht für die kulturmarxistischen Eliten außerhalb jeglicher Diskussion. 2017 verkündete der SPD-Kanzlerkandidat Martin Schulz: »Was die Flüchtlinge uns bringen, ist wertvoller als Gold.«[334]

Sexuelle Übergriffe

Wie dieses Gold aussieht, zeigt die polizeiliche Kriminalstatistik für 2015. So wurde schon im ersten Jahr der Masseneinwanderung beispielsweise circa ein Drittel aller Vergewaltigungen durch Einwanderer verübt.[335] (Dabei werden Migranten mit deutschem Pass den Deutschen zugerechnet.) In der Statistik für 2015 sind die beiden Haupteinwanderungsländer Afghanistan und Syrien bei den Vergewaltigungen überproportional vertreten.

Natürlich versuchen die Leitmedien, diese Zahlen zu relativieren. Oft zitiert wird der Kriminologe Christian Pfeiffer, welcher die übermäßig hohe Zahl der Vergewaltigungen damit erklärt, dass die Einwanderer eben zumeist jung und männlich sind und traumatische Erfahrungen hinter sich haben.[336] Dabei wird die simple Tatsache ausgeblendet, dass Einwanderer natürlich Kultur und Sitten ihres Heimatlandes mitbringen: Nach Angaben eines Berichts der UN-Frauenorganisation ist fast ein Drittel aller afghanischen Frauen körperlicher und psychischer Gewalt ausgesetzt. Etwa ein Viertel aller Frauen sind Opfer sexueller Gewalt.[337] Weswegen sollten die afghanischen, zumeist männlichen Einwanderer dieses Verhalten ablegen, wenn sie die deutsche Grenze überschreiten?

Ein weiteres neues Phänomen ist die Häufung sexueller Übergriffe auf Musikfestivals und Straßenfesten, wie die Übergriffe auf junge Frauen in Darmstadt im Mai 2016.[338] Im bunten, multikulturellen Schweden kam es als Folge dieser Übergriffe so weit, dass die Polizei in einem Pilotprojekt Frauen anriet, auf Großveranstaltungen weiße Armbinden zu tragen. Dadurch würden sie signalisieren, dass keine Vergewaltigung erwünscht sei.[339] So kämen bei den Einwanderern keine Missverständnisse auf. Denn die Lage in Schweden ist inzwischen ernst. Nach Angaben des New Yorker »Gatestone Institute« haben

»40 Jahre, nachdem das schwedische Parlament einstimmig beschloss, das vormals homogene Schweden in ein multikulturelles Land umzuwandeln, Gewaltverbrechen um 300 Prozent und Vergewaltigungen um 1472 Prozent zugenommen.«[340]

Wer glaubt, diese Straftaten würden in der Rechtsprechung entsprechend geahndet, sieht sich schnell getäuscht. Der kulturmarxistisch okkupierte westliche Rechtsstaat ist im Scheitern begriffen.

Staatsversagen

Ein exemplarisches Beispiel hierfür ist Berlin, das Mekka des Kulturmarxismus. Berlin ist eine Stadt, in der nach Ansicht vieler das Rechtssystem praktisch zusammengebrochen ist. Die Vereinigung der Berliner Staatsanwälte konstatierte, dass ein funktionierendes Rechtssystem in der Hauptstadt nicht mehr vorhanden sei. Berliner Richter bestätigten dies. Wegen personeller Engpässe müssten tatverdächtige Kriminelle aus der Untersuchungshaft entlassen werden. »Eine tat- und schuldangemessene Ahndung von Straftaten ist beim Landgericht nicht mehr zu erwarten«, so die Berliner Staatsanwaltschaft.[341]

Der Autor Rainer Zitelmann führt beispielhaft eine typische Konstellation an:

»Ein Mann aus Tschetschenien überfiel eine 60-Jährige, raubte ihr 50 Euro und ermordete sie. Noch minderjährig, hatte er bereits 2015 mehrere zum Teil behinderte ältere Menschen brutal ausgeraubt und teils schwer verletzt. Im September 2015 war er dafür zu 18 Monaten Haft verurteilt worden. Die Berliner Ausländerbehörde hatte den verurteilten Jugendlichen nur zwei Monate später zudem als ‚Gefahr für die öffentliche Ordnung und Sicherheit´ eingestuft und beschlossen, ihn nach Verbüßung der Haftstrafe umgehend abzuschieben, was jedoch [...] nicht geschah.«[342]

Der Tod der 60-Jährigen, die wegen 50 Euro ihr Leben lassen musste, hätte also leicht verhindert werden können, indem der Straftäter abgeschoben worden wäre. Doch praktisch werden solche Abschiebungen in Deutschland nicht mehr vollzogen. Von circa 520000, sich »irregulär« in Deutschland aufhaltenden Ausländern, sind im März 2016 circa 220000 ausreisepflichtig.[343] Sie werden jedoch in der Regel nicht abgeschoben und erhalten sogar stillschweigend Sozialleistungen. Der Bericht der zuständigen Bund-Länder-Gruppe wurde inzwischen zur Geheimsache erklärt.[344] Zu offensichtlich ist das Staatsversagen und das vollständige Scheitern des Versuchs, geltendes Recht in Deutschland durchzusetzen.

Hingegen wird in Berlin ein Denkmal für Drogendealer gefordert. Denn die überwiegend aus Afrika stammenden Drogenhändler in Berlin sind angeblich einem »Hass auf schwarze Menschen« ausgesetzt und damit »Opfer des weißen Rassismus«.[345] Dabei hat die Berliner Polizei beim Drogenhandel schon längst kapituliert. Passanten werden in Berliner Parks regelmäßig von Gruppen schwarzafrikanischer Drogenhändler angesprochen, über Haschisch, Kokain und Speed ist hier alles ganz offen zu haben.[346] Die Berliner Polizei steht dabei und schaut zu, ohne etwas dagegen zu unternehmen.

Das geht konform mit dem Koalitionsvertrag der rot-rot-grünen Berliner Landesregierung, die gelinde gesagt in Berlin wichtigere Themen findet als Drogenhandel und Bandenkriminalität. Anstelle also Gelder der Justiz zur Verfügung zu stellen, (immerhin hausen Teile der Berliner Staatsanwaltschaft seit über zehn Jahren in Baucontainern,) weiß die Berliner Landesregierung Wichtigeres mit den Steuergeldern anzufangen:[347]

»Zur Unterstützung des Coming-outs und der Belange junger LSBTTIQ* wird die Koalition die queere Jugendarbeit ausbauen und mindestens ein queeres Jugendzentrum mit berlinweitem Auftrag einrichten.«[348]

Da also »queere Jugendarbeit« wichtiger ist als der Schutz der Bevölkerung vor Gewaltverbrechen, können sich Mörder mit Migrationshintergrund, wie der oben genannte Tschetschene, der Milde und Toleranz der Berliner Rechtsprechung erfreuen. Gleichzeitig wird gegen Deutsche, die zum Beispiel ihre Steuern nicht zahlen, mit aller Härte durchgegriffen. So wurde 2016 das Grundstück einer Familie in Sachsen-Anhalt wegen circa 4000 Euro Grundsteuerschuld durch ein 200 Mann starkes Sondereinsatzkommando (SEK) geräumt. Der als »Reichsbürger« diskreditierte Familienvater wurde dabei angeschossen.[349]

Das heißt, in Gesellschaften, in denen die kulturmarxistische Doktrin herrscht, handelt der Staat nicht mehr auf Basis von Regeln, die für alle gleichermaßen gelten. Vielmehr weist der konsumkommunistische Staat die für eine antiautoritäre Erziehung typischen Symptome auf. Die Dinge werden laufen gelassen, bis alles völlig aus dem Ruder läuft. Schließlich eskaliert die Situation und dem »bunten« und »toleranten« Staat bleibt nur noch, sich in ein totalitäres System zu verwandeln, das gnadenlos gegen Kritiker vorgeht.

Der Islam erscheint den Kulturmarxisten dabei als natürlicher Verbündeter und wird als wesentlicher Faktor der neuen »bunten« Soft-Diktatur begriffen. Denn man hofft, Europa werde durch die muslimische Einwanderung so »bunt und vielfältig«, dass Kritik am Kulturmarxismus nicht mehr möglich ist. Dabei wird übersehen, dass der Islam dieser »Buntheit« des Westens sehr kritisch gegenübersteht und die westliche »Buntheit« nur so lange erduldet, bis er selbst in der Lage ist, sein eigenes Rechtssystem in Form der Scharia durchzusetzen.

Islam

Wie das Christentum und der Buddhismus geht der Islam auf einen einzelnen Religionsstifter zurück. Anders als Christus oder Buddha war Mohammed allerdings nicht nur Religionsstifter, sondern auch Kriegsherr und Staatsgründer. Dies prägt den Islam in besonderer Weise und unterscheidet ihn radikal von anderen Religionen.

So konstatiert Hamed Abdel-Samad:

»Mohamed war süchtig nach Macht und Anerkennung. Diese suchte er bei Frauen – und im Krieg. Allein in den letzten acht Jahren seines Lebens führte er über 80 Kriege. Erst im Schatten des Schwertes erfuhr er die Anerkennung, die er immer gesucht hatte. Doch je mächtiger er wurde, desto stärker war er getrieben von seiner Macht. Je mehr Feinde er ausschaltete, desto mehr wuchs seine Paranoia.«[350]

Dies kommt in der »heiligen Schrift« des Islam, dem Koran, zum Ausdruck. Hier wird anders als in der christlichen Tradition davon ausgegangen, dass der Koran wortwörtlich als göttliche diktierte Schrift zu verstehen ist und somit für die Gläubigen absolute Verbindlichkeit besitzt. Weil anders als im Christentum und im Buddhismus der Islam nicht ausschließlich auf eine spirituelle Erlösung des Menschen zielt, besitzt seine ideologisch-politische Dimension eine besondere Brisanz. Entsprechend herrscht in islamisch dominierten Gesellschaften eine Rechtsvorstellung, in der die Religion die Staatsform beinhaltet und den Kampf gegen Ungläubige ausdrücklich verordnet.

Dieses Modell steht in krassem Gegensatz zum westlichen Staats- und Gesellschaftsmodell. Es findet in den wortwörtlich zu verstehenden Suren zur Unterwerfung und Ermordung der Ungläubigen seinen Ausdruck: »Tötet die Heiden, wo ihr sie findet, greift sie, umzingelt sie und lauert ihnen überall auf.« (Koran, Sure 9,5)

Was die etablierten Medien dagegen der Bevölkerung vorgaukeln, ist eine Art Intellektuellen-Islam, der als Religion des Friedens und der Toleranz erscheinen soll. Dass viele hochrangige Muslime aus dem Koran eine Aufforderung zum Heiligen Krieg ableiten, und dies gegenüber Ungläubigen sogar durch Lüge verschleiert werden darf, wird verschwiegen. Ayatholla Chamenei formulierte dies in einer Ansprache an seine Glaubensbrüder 2004:

»Wirf Deine Gebetsschnur fort und kaufe Dir ein Gewehr. Denn Gebetsschnüre halten Dich still, während Gewehre die Feinde des Islam verstummen lassen! Wir kennen keine absoluten Werte außer der totalen Unterwerfung unter den Willen des allmächtigen Allahs. Die Christen und Juden sagen: Du sollst nicht töten! Wir aber sagen, dass das Töten einem Gebet an Bedeutung gleichkommt, wenn es nötig ist. Täuschung, Hinterlist, Verschwörung, Betrug, Stehlen und Töten sind nichts als Mittel für die Sache Allahs!«[351]

Das traditionelle Ressort der Linken, Religionskritik zu üben, fällt dabei unter den Tisch. In Bezug auf den Islam ist die politische Linke in Europa »antirassistisch gehemmt«, wie Houellebecq in seinem Roman *Unterwerfung* schrieb. (»Islam« bedeutet von seinem Wortsinn her »Unterwerfung«.)

Absolut tabuisiert ist somit jeglicher Diskurs darüber, dass der Islam eigene Interessen verfolgt und nicht die Dogmen der »Vielfalt« und »Buntheit« des Kulturmarxismus teilt, denn das wäre »Rassismus«. Weder in den Medien, der Öffentlichkeit, noch nicht einmal an Universitäten ist es zulässig, dies zu thematisieren. So stellt der Historiker Egon Flaig für die Universitäten in Deutschland heraus:

»Es steht wissenschaftlich fest: Erstens verpflichtet die Scharia ihre Gläubigen dazu, den Dschihad zu führen, bis alle nichtmuslimischen Länder erobert sind; zweitens verlangt sie, überall die säkularen Staaten zu stürzen und Theokratien zu errichten – sei es in iranischer Form oder in Form eines allumfassenden Kalifats; drittens werden unter der Scharia alle Nichtmuslime zu Menschen zweiter Klasse. Der Scharia-Islam ist somit der gefährlichste [...] Feind von Demokratie und Menschenrechten. Doch es ist nur an wenigen Flecken der akademischen Landschaft möglich, diesen kulturellen Sachverhalt zu erörtern.«[352]

Kritik am Islam fällt somit unter das Tabu der politischen Korrektheit. Der Islam gilt als scheinbarer Verbündeter im Kampf gegen Systemkritiker. Dabei wird bewusst jegliche öffentliche Diskussion darüber unterdrückt, dass der Scharia-Islam, wie Flaig das formuliert, »der gefährlichste Rechtsradikalismus der Gegenwart«[353] ist.

Dabei rückt sowohl durch die ungehinderte Masseneinwanderung als auch durch den Geburtenrückgang bei den europäischen Völkern inzwischen ein islamisches Europa in den Bereich des Wahrscheinlichen. Die Islamisierung stellt nach der Spaltung der Gesellschaft, dem Scheitern der Sozialsysteme und dem Versagen des Rechtsstaates die vierte Sollbruchstelle dar, an welcher die humanitäre Vision des Kulturmarxismus scheitern wird. Alle 2016 im Bundestag vertretenen Parteien, die großen Amtskirchen, alle Menschenrechtsorganisationen arbeiten aktiv darauf hin, das Utopia einer bunten Weltgesellschaft in Europa zu verwirklichen, die angestammte Bevölkerung im Namen des »Multikulti« auszutauschen. Daher treiben sie mit allen Mitteln die Ansiedelung von Muslimen in Europa voran.

Somit ist die Wahrscheinlichkeit inzwischen recht hoch, dass Westeuropa spätestens um das Jahr 2050 herum mehrheitlich muslimisch sein wird. Denn der Islam ist die mit Abstand am schnellsten wachsende Religion der Erde, was vor allem etwas mit der enormen Geburtenrate unter Muslimen zu tun hat.[354]

Als typisches Beispiel, wie solch eine Entwicklung abläuft, gilt der Libanon. Noch in den 1950er-Jahren lag dort der Anteil der Christen bei fast 60 Prozent. Heute ist er auf 39 Prozent zurückgegangen: »Das heißt, ein einstmals mehrheitlich christliches Land ist innerhalb zweier Generationen zu einem mehrheitlich muslimischen Land geworden.«[355]

Diese Entwicklung vollzieht sich derzeit in zahlreichen Ländern der Erde und setzt neben dem demographischen Faktor immer auch auf Einschüchterung durch exemplarische Gewalt:

In Juleja in Nigeria wurde im Juli 2016 nach dem Freitagsgebet eine katholische Kirche zerstört und der Altar verwüstet. Wachpersonal und die auf dem Kirchengelände lebenden Seminaristen und Kirchenbesucher wurden misshandelt. Im Bundesstaat Niger wurde ab 1999 die Scharia eingeführt.

Sex mit Kindern war jahrhundertelang in Deutschland und Europa gesetzlich geächtet. Nun ist man bereit, diese Errungenschaft wieder zu opfern. Derzeit gibt es circa 1000 Kinderehen laut islamischem Recht in Deutschland, also Fälle regelmäßigen sexuellen Missbrauchs an kleinen Mädchen. Hieran jedoch etwas ändern, hieße den Islam und die Flüchtlingspolitik kritisieren. So stellte die Grünen-Politikerin Katja Keul klar, ein Gesetzentwurf zur Bekämpfung der Kinderehen wäre »populistisch« und ein »Verstoß gegen internationales Recht«.[356]

In Großbritannien und Irland wurde bereits ein Zehntel der Fastfood-Filialen von Subway in »Halal Stores« umgewandelt[357] und in Großstädten richten militante Gruppen sogenannte Scharia-Zonen ein, um die Einhaltung des islamischen Rechts zu gewährleisten. Dagegen steht der absurde Glaube der einheimischen Bevölkerung, die Verkündigung von »Buntheit« und »Vielfalt« würde bei den einwandernden Muslimen mehr auslösen als Verachtung.

Am 14. Juli 2016, dem Nationalfeiertag der Franzosen, steuerte Mohamed Lahouaiej Bouhlel seinen Lkw in eine Menschenmenge auf der Promenade des Anglais in Nizza und tötete so 84 Menschen.

Längst ist das Scharia-Recht überdies in der deutschen Rechtsprechung angekommen. So untersteht eine 15-Jährige, die nach Scharia-Recht verheiratet wurde, selbstverständlich auch in Deutschland ihrem Mann, das Jugendamt ist nicht für sie zuständig.[358] Zu entscheiden, dass nach deutschem Recht 15-Jährige nicht heiraten dürfen, hieße nämlich, sich mit dem Islam anzulegen, und das ist den meisten Richtern zu gefährlich.

Doch gerade, wenn es um die multikulturelle Durchdringung der ehemals relativ homogenen Siedlungsräume Europas geht, scheint es im Hintergrund mächtige Lobbygruppen zu geben, die mit viel Geld über die Massenmedien die offizielle Meinung zu lenken versuchen.

Kulturkampf durch globale Eliten?

Noch nie waren so viele so sehr wenigen ausgeliefert.

Aldous Huxley

In diesem Zusammenhang veröffentlichte im Januar 2016 die Hilfsorganisation Oxfam eine bemerkenswerte Statistik: Die 62 reichsten Menschen dieser Erde verfügen über ein Finanzvermögen von 1,76 Billionen Dollar. Das ist, laut Oxfam, so viel, wie die ganze ärmere Hälfte der Menschheit an Vermögen vorzuweisen hat. Das heißt, 62 Menschen haben mehr an Geldmitteln und materiellen Gütern als 3,6 Milliarden Menschen.[359]

Es soll an dieser Stelle keine sozialrevolutionäre Romantik noch irgendein Sozialneid geschürt werden. Denn das Problem liegt nicht darin, dass manche Menschen unzählige Jachten und Privatjets ihr Eigen nennen. Wenn manche glauben, 23 privat genutzte Villen alleine in der Schweiz wären der Sinn des Lebens, dann ist das ihr Privatvergnügen.

Die Problematik liegt vielmehr darin, so analysiert Harald Schumann, dass seit rund dreißig Jahren eine Konzentration der Vermögen stattfindet, die in dieser Form für die Menschheitsgeschichte einmalig ist. Dies führe zu nie dagewesenen Machtverschiebungen und zur Aushebelung der Demokratie:

»Diese ungeheuerlichen Milliardenvermögen bescheren einer kleinen Elite von Superreichen und den mit ihnen verbundenen Geldkonzernen eine kaum noch kontrollierbare Macht, eine Macht, die sie und ihre Verwalter, also die Top-Manager von Banken und Fonds, rücksichtlos dazu nutzen, ihre Interessen zu schützen, und zwar um jeden Preis. Und in der Folge verkommt alles Regieren, sogar in den stärksten Demokratien, zu einem bloßen Schauspiel der Ohnmacht.«[360]

Der in Brüssel entstehende EU-Zentralstaat, der zunehmend die einzelnen europäischen Demokratien ersetzen soll, ist ebenfalls von der Lobbypower der Hochfinanz durchdrungen:

»Allein in Brüssel beschäftigt die Finanzindustrie an die 1700 Lobbyisten. Das sind vier für jeden EU-Beamten, der irgendwie mit diesen Themen beschäftigt ist. Das lässt sich die Finanzindustrie rund 120 Mio. Euro im Jahr kosten [...].«[361]

Vor diesem Hintergrund konstatiert Schumann:

»Meine Hypothese lautet, aber ich lasse mich da gerne eines Besseren belehren: Die gesamte politische Klasse in Europa [...] hat im Grunde kapituliert. Sie wissen, dass es die Konzerne, Banken und Superreichen sind, die mit ihren Investitionen über das Wohl und Wehe ihrer Staaten, Bundesländer und Kommunen entscheiden. Sie haben erfahren, dass es eben die Vermögenden und deren Sachwalter an den Schaltstellen der großen Unternehmen sind, die ganz wesentlich die öffentliche Meinung beeinflussen können. Denn sie verfügen nicht nur über die Investitionen, sie verfügen auch über die Mittel, sich dafür das richtige gesellschaftliche Klima zu schaffen.«[362]

Schon 1928 verzeichnete Edward Bernays (ein Neffe Sigmund Freuds) in seinem Werk *Propaganda,* das heute noch als Grundlagenwerk für PR-Kampagnen gilt, folgende Beobachtung:

»Die bewusste und zielgerichtete Manipulation der Verhaltensweisen und Einstellungen der Massen ist ein wesentlicher Bestandteil demokratischer Gesellschaften. Organisationen, die im Verborgenen arbeiten, lenken die gesellschaftlichen Abläufe. Sie sind die eigentlichen Regierungen in unserem Land. Wir werden von Personen regiert, deren Namen wir noch nie gehört haben. Sie beeinflussen unsere Meinungen, unseren Geschmack, unsere Gedanken.«[363]

Dabei sind die Netzwerke der Superreichen weltumspannend organisiert, und zumindest vordergründig vielfach von kulturmarxistischem Idealismus getragen. Ein Beispiel hierfür sind die »Open Society Foundations« des Multimilliardärs George Soros, der mit seinen Netzwerken weltweit aktiv den »gesellschaftlichen Wandel« und den Regierungswechsel entsprechend seiner Agenda vorantreibt. Ziele der Organisation George Soros sind die »Eine-Welt«, die multikulturelle Durchmischung der Völker und die Durchsetzung der sexuellen Vielfalt.[364] Dies bedeutet im Wesentlichen offene Grenzen und freie Märkte, Abbau kultureller Traditionen und religiöser Bindungen, Durchsetzung weltweit einheitlicher »ethischer« Standards der politischen Korrektheit, die Auflösung der Vorstellung, es gäbe zwei Geschlechter, und die multiethnische Durchmischung bislang homogen besiedelter Lebensräume.[365] Sollten Regierungen gegen dieses Programm Widerstand leisten, gilt es, die Opposition zu stärken, um einen Regierungswechsel herbeizuführen.

Als der ungarische Ministerpräsident Viktor Orbán den Multimilliardär George Soros beschuldigte, als »Mastermind« hinter der Flüchtlingskrise in Europa zu stehen,[366] hatte dies ernsthafte Konsequenzen für Wirtschaft und Reputation Ungarns in der Welt: So gibt die US-amerikanische NGO »Freedom House« regelmäßig ein sogenanntes Demokratieranking heraus. Dort rutschte Ungarn plötzlich sehr stark ab und verlor seinen Status als »konsolidierte Demokratie«.[367] Dazu hieß es in der österreichischen Tageszeitung *Der Standard* (7. April 2017) unter dem Titel: »Ungarn, das unfreieste Land in der EU«:

»Im Ranking der amerikanischen NGO [Freedom House] hat Österreichs Nachbar einen abenteuerlichen Absturz hingelegt. Ungarn gilt nur noch als ›semi-konsolidierte Demokratie‹. Das sollten auch Investoren endlich zur Kenntnis nehmen, heißt es in deutschen Medien.«[368]

Denn da offenkundig besonders deutsche Unternehmen in Ungarn investieren, war in Deutschland das Medienecho auf den »Freedom House«-Report besonders groß. Schließlich wurde durch eine objektiv und unabhängig wirkende, »zivilgesellschaftliche Organisation« wie »Freedom House« festgestellt, dass in Ungarn unter Viktor Orbán eigentlich schon keine demokratischen Zustände mehr herrschen. Die besonders dort tätigen deutschen Unternehmen sollten entsprechend ihre Investitionen unter »ethischen Gesichtspunkten« prüfen. Thorsten Benner schrieb in der *Wirtschaftswoche,* Ungarn wäre ein »illiberaler Staat« und »Deutsche Unternehmen müssen dem Spiel ein Ende bereiten«, indem sie nicht mehr in Ungarn investierten.[369] Besonders stellte *Die Zeit* heraus, dass deutsche Unternehmen die ungarische Wirtschaft anschieben würden.[370]

Wenn man jedoch einmal vorsichtig die Frage stellt, wer eigentlich »Freedom House« finanziert, stößt man auf einen alten Bekannten: den Hedgefonds-Gründer George Soros, der diese angeblich »basisdemokratische« Institution zu Teilen mitfinanziert und unterstützt.[371]

In einem Interview mit der *Süddeutschen Zeitung* brachte George Soros seine vordergründigen Motive für solch ein Engagement auf den Punkt:

»Viele Menschen träumen zwar davon, die Welt zu verbessern, aber ich bin in der glücklichen Lage, es zu tun.«[372]

Es gilt übrigens unter Kritikern als ein offenes Geheimnis, dass gerade George Soros mit seinen Netzwerken einen immensen Einfluss auf das europäische Parlament und den EU-Verwaltungsapparat ausübt.[373] Hintergrund für diese Annahme ist unter anderem ein an die Öffentlichkeit gelangtes, laut Kritikern authentisches Dokument, in dem sondiert wird, welche Mitglieder des europäischen Parlaments als Unterstützer der Agenda George Soros infrage kommen und auf welche Weise die Lobbyisten ansetzen können.[374] Von den 751 Abgeordneten wird dort knapp ein Drittel angeführt, alle mit einer Kurzvita unter Angabe potenzieller Einsatzmöglichkeiten.

Aus Deutschland tauchen in erster Linie Politiker der Linken, der Grünen, der FDP und der Sozialdemokraten auf. Unter diesen befindet sich auch Martin Schulz, dessen mögliche Einsatzgebiete unter anderem im »Kampf gegen rechts« liegen.

Wie dieser »Kampf« im großen Stil arrangiert wird, verdeutlicht die mediale Inszenierung der russischen Band Pussy Riot (Fotzen Aufruhr). Am 21. Februar 2012 drang die bis dahin unbekannte Musikgruppe in die Christ-Erlöser-Kathedrale in Moskau ein. Dort schändeten die Musikerinnen vor den Augen weinender Nonnen das Allerheiligste (Ambo) der russisch-orthodoxen Kirche durch eine Art satanistisches Sexritual.[375]

Dieser schwere Hausfriedensbruch wurde in den westlichen Massenmedien nicht nur als »Punk Gebet«[376] gefeiert, sondern als ein »oppositioneller« Ausdruck »westlichen Lebensstils« bewertet. Dabei wurde gegenüber dem Publikum der Eindruck erweckt, die jungen Musikerinnen wären wegen einer harmlosen Meinungsäußerung direkt in einem Gulag gelandet. So hieß es in einer Anmoderation des Fernsehsenders ZDF:

»Erlöse uns von Putin! Das Gebet der russischen Punkband Pussy Riot brachte die Sängerinnen direkt ins Straflager. [...] Politisch aktive Bürger sind der Führung suspekt.«[377]

Auch die musikalische Avantgarde des Kulturmarxismus ließ sich vor den Karren spannen. So die Popsängerin Madonna, die ihren Auftritt in Moskau nutzte, um in einer zehnminütigen Rede den Mut der Musikerinnen bei der Kirchenschändung zu loben. Selbstverständlich fühlten sich ebenfalls Vertreter der Evangelischen Kirche dem »Fotzen Aufruhr« nahe. Entsprechend forderte Auslandsbischof Martin Schindehütte »einen Freispruch« für das »Punk-Gebet«.[378]

Dabei hätten sich, so André F. Lichtschlag, die Musikerinnen auch in Deutschland (und anderen westlichen Ländern) strafbar gemacht:

»Sie haben das Eigentum des Hausherrn, also der russisch-orthodoxen Kirche, mutwillig missachtet und wohl mindestens Hausfriedensbruch nach Paragraph 123 im Strafgesetzbuch begangen. Strafmaß dafür wäre hierzulande bis zu einem Jahr Freiheitsentzug. Womöglich griffe aber auch Paragraph 124 bezüglich schwerem Hausfriedensbruch, da der ›Auftritt‹ von Musikerinnen, Tänzerinnen und Kameraleuten aus einer Gruppe von mehr als zehn Personen heraus geplant und begangen wurde. Dann betrüge das Strafmaß womöglich bis zu zwei Jahren. In Deutschland.«[379]

Somit stellt sich die Frage, ob es sich bei der großen Begleitaktion der Massenmedien zur Kirchenschändung wirklich um die Durchsetzung von Meinungsfreiheit und Rechtstaatlichkeit in Russland ging. Vielmehr fragte der Publizist André F. Lichtschlag nach, ob es bei der konzertierten Medienaktion nicht eher »um Begleitschutz in einem internationalen Kulturkampf als Nebenkriegsschauplatz von allerlei politischen und ökonomischen Gefechten«[380] handelte.

Interessant ist in diesem Zusammenhang: Die Mitglieder der Band Pussy Riot finanzieren ihren Lebensunterhalt weder aus Plattenverkäufen noch öffentlichen Auftritten. Wer finanziert also Pussy Riot? Darüber gibt es selbstverständlich nur Spekulationen. Auffällig ist in diesem Zusammenhang, dass nicht nur zahlreiche Kritiker[381] einen Bezug zwischen den »Open Society Foundations« und der Aktivistengruppe Pussy Riot sehen möchten.[382] Besonders scharf wurde durch westliche Medien die Erklärung der russischen Staatsanwaltschaft kritisiert, die Nichtregierungsorganisationen »Open Society Foundations (OSI)« und die »OSI Assistance Foundation« des Milliardärs George Soros seien in Russland als unerwünscht eingestuft worden.[383] Die Sprecherin der russischen Generalstaatsanwaltschaft begründete dies damit, »dass deren Tätigkeiten die Grundlagen der verfassungsmäßigen Ordnung Russlands und die Sicherheit des Staates gefährden« würden..[384]

Es müssen daher zwei Fragen gestellt werden: Eroberte der Kulturmarxismus neben Medien und Politik auch die dritte Sphäre der Macht, nämlich diejenige der multinationalen Wirtschafts- und Finanzakteure? Wird er deswegen dort so massiv propagiert oder ist die kulturmarxistische Agenda nur ein Vehikel, den konsumorientierten westlichen Lebensstil weltweit durchzusetzen und damit die Sphäre der Macht der weltweiten Finanzeliten weiter auszuweiten?

Peter Scholl-Latour konterkarierte die »Weltverbesserungsmanie« der westlichen Netzwerke im *Münchener Merkur:*

»Ich bin es leid, dauernd diese Reden von Menschenrechten und Demokratie zu hören, die ja nur dann gültig sind, wenn die betroffenen Länder wirtschaftlich oder strategisch in das westliche Konzept passen.«[385]

Wenn in diesem Zusammenhang vieles Spekulation bleiben muss, da nur wenigen gegeben ist, hinter die Kulissen der (Finanz-)Macht zu schauen, bleibt die Tatsache, dass derartige Manipulationen nicht mehr viel mit Demokratie zu tun haben. Denn inzwischen gilt schon ein Nachfragen, wie es hier betrieben wird, in den Massenmedien als Witznummer: Wer geheime Machenschaften im Kulturkampf vermutet, wird als »Verschwörungstheoretiker« abgestempelt.

Es trafen sich zum Beispiel bei dem sogenannten Bilderbergertreffen 2016 in Dresden gewählte Volksvertreter wie Angela Merkel und Walter Steinmeier hinter verschlossenen Türen mit namhaften Finanzakteuren, Vertretern multinationaler Wirtschaftskonzerne, der Notenbanken und den ranghohen Redakteuren großer Massenmedien.[386] Parallel dazu witzelten die Massenmedien, so zum Beispiel die *ZEIT*, sogenannte »Verschwörungstheoretiker« würden hinter diesen Treffen eine »geheime Weltregierung«[387] vermuten.

Doch anstelle Kritiker solch elitärer Treffen lächerlich zu machen, sollten diese Zusammenkünfte hinter verschlossenen Türen eigentlich Anlass zu großer Besorgnis sein. Denn was machen die »Reichen, Schönen und Mächtigen« zusammen mit ranghohen Medienvertretern unter Ausschluss der Öffentlichkeit? Worüber beraten sie? Was für Entscheidungen werden dort unter Ausschluss der Öffentlichkeit getroffen? Teilnehmer der Bilderberger- und ähnlicher Treffen verpflichten sich zu Stillschweigen.

Kulturmarxistische Finanzeliten?[388]

Auffallend bleibt die zunehmende Vermischung ehemals linker, sozialistischer und kommunistischer Positionen mit wirtschaftsstrategischen Interessen. Die Auflösung traditioneller Bindungen und Solidargemeinschaften, von der Familie bis zum Volk, ist mehr als ein Programmpunkt auf der kulturmarxistischen Agenda. Mit Auflösung dieser Bindungen entsteht nämlich keine Freiheit, wie die Massenmedien propagieren, sondern eine neue Form der Tyrannei. Menschen, die sich weder einer Familie, einer Religion, noch einer Nation mehr zugehörig fühlen, sind der neuen Ideologie gänzlich verfügbar. Ihr neues Weltbild ist rein materiell und egoistisch auf eine Art Nutzen-Kosten-Rechnung fokussiert.

So entsteht mit dem neuen, bindungslosen Menschen eine ökonomisch durchrationalisierte, globale Effizienzgesellschaft. In dieser schönen neuen Welt wird der Einzelne zum atomisierten, urbanen Konsumenten. Er wird, wie wir gesehen haben (außer in Spitzenjobs) zunehmend von sozialen Transferleistungen abhängig und damit zum Spielball staatlicher und nichtstaatlicher Institutionen. Sein materialistisch-konsumorientiertes Weltbild zieht er aus den großen Massenmedien. Seine »Freundschaften« schließt er in den betreuten und kontrollierten sozialen Netzwerken des Internets. Seine »Identität« wird zentral auf einem Chip, zum Beispiel im neuen Personalausweis gespeichert, dort finden sich dann sein Bankkonto, seine Bonität, seine

Vorstrafen und seine Kontakte wieder. Der neue Mensch wird damit zur ID-Nummer im Spiel multinationaler Organisationen: Austauschbar, ausnutzbar, wegrationalisierbar.

Hierbei werden die individuellen Freiheitsrechte zunehmend ausgehebelt und im Sog der politischen Korrektheit wird das für die Demokratie so wichtige Recht auf freie Meinungsäußerung beschränkt. Soziale Netzwerke im Internet verkommen immer mehr zu sozialen Kontrollwerken. Oder wie Edward Bernays das programmatisch formulierte:

»Wenn wir den Mechanismus und die Motive des Gruppendenkens verstehen, wird es möglich sein, die Massen, ohne deren Wissen, nach unserem Willen zu kontrollieren und zu steuern.«[389]

Daher ist der familienfreie, geschlechtsflexible Gendermensch für multinational agierende Interessengruppen besonders interessant, denn er wird seine Zeit nicht mehr »ineffizient« zum Beispiel der Pflege und Erziehung der eigenen Kinder widmen. Er wird, wenn er überhaupt noch Kinder hat, diese in staatlich organisierte Verwahranstalten bringen, um sein Soll in der Konsum- und Leistungsgesellschaft zu erfüllen. Alexander Grau analysiert zu Recht:

»Im Zuge der erfolgreichen Befreiung des Individuums aus tradierten sozialen Mustern machte sich die Linke zum willfährigen Erfüllungsgehilfen einer durchökonomisierten Gesellschaft und lieferte den intellektuellen Überbau für die Zerschlagung bürgerlicher Institutionen und Traditionen.«[390]

Die Schnittmenge mit dem Kommunismus liegt auf der Hand. Ganz entgegen seiner offiziell propagierten Befreiung des Menschen war der Kommunismus immer schon elitär.[391] Denn um die klassenlose Gesellschaft zu errichten und die Menschen entsprechend zu erziehen, bedurfte es einer »wissenden« Minderheit, welche die Führung der Revolution in die Hand nahm. Im traditionellen Marxismus waren dies die durch das Politbüro instruierten Parteifunktionäre. Einer gleichgeschalteten Masse stand im orthodoxen Kommunismus als auch im Konsum- und Kulturmarxismus, immer eine kleine »wissende« Elite gegenüber, welche die Macht in Händen hielt und die Geschicke der Masse lenkte.

In diesem Zusammenhang rückt der Parteikommunismus Chinas als mögliches Modell für die westliche Welt in den Fokus. Aufgrund der Wahlerfolge sogenannter rechtspopulistischer Parteien scheint China für westliche Eliten ein gelungenes Beispiel dafür zu sein, wie sich westlicher Lebensstil und freie Märkte für Großkonzerne mit einem autoritären Regierungsmodell verbinden lassen.

Denn wie in jeder klassischen Diktatur gibt es in den westlichen Softdiktaturen das Problem, dass die Menschen natürlich jede Möglichkeit nutzen, ihre Meinung zu äußern. Dies führt gerade im Internet dazu, dass eine Gegenöffentlichkeit entstanden ist, die der kulturmarxistischen Agenda sehr kritisch gegenübersteht und die Nutzung der Massenmedien zunehmend verweigert. Diese wachsende Bevölkerungsgruppe scheint für die Eliten zum Problem zu werden. Die Frage stellt sich also auch im Westen für die Eliten: Wie können die Medien und das Internet so kontrolliert und gesteuert werden, dass die dort stattfindende Meinungsbildung in die gewünschte Richtung läuft?

Entsprechend nannte der für die ARD tätige Ranga Yogeshwar die Diktatur in China als mögliches Vorbild für die Kontrolle der Meinungsbildung in Europa:

»Europa muss bei den Massenmedien eine gewisse Souveränität behalten. Es gibt Staaten, die da schon weiter sind. Auch wenn das manchen verblüffen dürfte, will ich hier ausdrücklich China nennen. Dort gibt es mit WeChat ein eigenes Pendant zu WhatsApp. China behält eine gewisse Kontrolle darüber, welche Nachrichten ihr Land penetrieren. Das brauchen auch wir, um sicherzustellen, dass nicht das Betriebssystem unseres Landes gestört wird. Und Medien sind ein zentraler Teil des Betriebssystems von Staaten. Wenn wir von immer mehr Fake-News überschwemmt werden und keinerlei Möglichkeit haben, Dinge zu sanktionieren und zu unterbinden, wird das für unsere Demokratie gefährlich.«[392]

Das Recht auf freie Meinungsäußerung stellt demnach bei der Ausübung zunehmender Kontrolle ein Problem dar. Dies gilt insbesondere in Gesellschaften, in denen regelmäßig noch Wahlen stattfinden und kritische oder Protest-Parteien mitunter das gesamte Gefüge in Gefahr bringen. Da hilft dann auch das in den Medien zur Gewohnheit gewordene »Populisten-Bashing« nicht weiter.

Es müssen also schärfere Mittel ergriffen werden, um weiterhin die öffentliche Meinung zu lenken. Eine wichtige Rolle spielt in Deutschland der milliardenschwere öffentlich-rechtliche Rundfunk mit seinen beiden Hauptsendern ARD und ZDF. Mit ihm hat sich praktisch ein Staat im Staate herausgebildet, der ohne Gerichtsverfahren vollstreckbare Bescheide ausstellen kann, die notfalls mit Erzwingungshaft durchgesetzt werden können.[393]

Gleichzeitig gilt die im öffentlich-rechtlichen Rundfunk verbreitete Meinung als Bollwerk politisch-korrekter Gesinnung und damit als wesentlicher Motor der Durchsetzung der kulturellen Hegemonie in Deutschland:

»Für viele Journalisten ist Journalismus vor allem eine Frage der Gesinnung, und zwar der richtigen. So wissen sie meist im Voraus, was sie am Ende der Recherche schreiben oder zeigen werden. Sie wissen, welche Stimmen gar nicht und welche nur in geringschätziger Absicht zitiert werden dürfen. [...] Sie wollen Betroffenheit erzeugen; sie wollen Überzeugungsarbeit leisten. Die Nachrichten müssen sich halt danach richten.«[394]

Begleitend wird das Recht auf freie Meinungsäußerung zunehmend eingeschränkt. In Deutschland wurde hierzu am 30. Juni 2017 ein wichtiger Schritt unternommen. Während die Massen durch die euphorisch inszenierte »Ehe für alle« abgelenkt waren, wurde stillschweigend das sogenannte Netzwerkdurchsetzungsgesetz (NetzDG) von Heiko Maas verabschiedet, mit dem zukünftig unliebsame Meinungen im Internet innerhalb von 24 Stunden unter Strafandrohung von 50 Millionen Euro zensiert werden können.[395] Freie Meinungsäußerung wird so zur »Hasskriminalität«, wenn sie nicht ins politisch korrekte Schema passt.

Zusätzlich soll eine Digitalagentur der Bundesregierung entstehen, mit der in die Algorithmen von Google, Facebook und anderen Internetportalen eingegriffen werden kann. Heiko Maas begründete dies mit einer »Must-be-Found«-Pflicht. Das heißt, sich politisch auf Linie befindende Sender wie der öffentlich-rechtliche Rundfunk müssen vorrangig im Internet angezeigt werden. »Gesellschaftlich relevante Inhalte« von ARD und ZDF sollen Vorurteile in der Bevölkerung zum Beispiel gegen die multikulturelle Gesellschaft abbauen. Laut Heiko Maas wäre dieses Gesetzesvorhaben »der Garant dafür, um Diskriminierungen zu verhindern und Selbstbestimmung zu sichern.«[396]

Auch Angela Merkel betonte im Bundestag, dass dieser Schritt nötig sei, um die Stabilität Deutschlands »in einem völlig anderen medialen Umfeld« zu sichern, denn es gäbe im Internet immer mehr Seiten, die (aus Sicht Merkels) die Meinungsbildung verfälschen.[397] Dabei gehören die halbstaatlich-öffentlich-rechtlichen Sender ARD und ZDF schon jetzt zu den mächtigsten Medienkonzernen in Deutschland und der Welt.[398]

Somit gliedert sich der Kulturmarxismus, ähnlich dem klassischen Kommunismus, in eine »wissende« Minderheit, die gezielt über die Medien Meldungen lanciert, um die »unwissende« Masse in die gewünschte Richtung zu lenken. Auf diese Weise schwingen sich die Eliten, die Medien und die ihnen folgsamen Massen immer mehr auf einen gemeinsamen Kurs ein, der ein großes Ziel zu kennen scheint. Wie in einem großen Orchester langsam alle Instrumente auf die gleiche Tonlage eingestimmt werden, nimmt das Projekt »Weltstaat« als großer, gleichgeschalteter Ameisenhaufen zunehmend Kontur an.

Der Weltstaat

Die Forderung nach einer »Open Society«, einer »offenen Gesellschaft«, wird dabei zunehmend global durchgesetzt, ohne dass dies demokratisch in irgendeiner Weise legitimiert wäre. In jeder Gesellschaft, jeder Nation, jedem Land haben im Sinne dieses großen »Einschwingens« die gleichen »ethischen« Standards der sexuellen Vielfalt und des Multikulti zu gelten. Die Vereinheitlichung und Normierung der Welt schreitet unaufhörlich voran.

Auf dieser Ebene stellt sich die Frage, ob und wie diese Gleichschaltung tatsächlich stattfindet und inwieweit zum Beispiel die propagierten Ziele des Multimilliardärs George Soros und seiner »Open Society Foundations« mit diesem »Einschwingen« uniform gehen?

Auch hier zeigt sich eine erstaunliche Konformität. Im Sinne der 68er müsste man von einer »gemeinsamen Wellenlänge« der Akteure sprechen. Denn sowohl was die Argumentationsmuster anbelangt, die Wortwahl, als auch die beschriebenen Ziele: »Sie argumentieren konform mit dem Washingtoner Konsensus und den ideologischen Zielen des IWF, der Weltbank und Wallstreet«[399] und schwingen in Harmonie mit großen Nichtregierungsorganisationen und den Medien. Anscheinende Konflikte zwischen den einzelnen Interessengruppen sind nicht mehr als Inszenierungen mit Unterhaltungswert. Denn all diese Organisationen haben eines gemeinsam: Sie sind nicht demokratisch legitimiert. Trotz aller offenkundigen Macht gab und gibt es keine Möglichkeit, über Volksentscheide diese Organisationen wieder auszuhebeln.

Ganz im Gegenteil dient die beispielsweise von George Soros beschriebene »Open Society« dazu, bestehende, funktionierende Gesellschaften und Regierungen durch neue Systeme zu ersetzen, wenn diese nicht in die westliche Vision einer schönen neuen Welt passen. Im Konsumkommunismus entscheiden nicht mehr die Völker selbst über ihre Geschicke, sondern die Welt wird über die Netzwerke übernationaler Organisationen regiert. Völker und Nationen sollen im Rahmen dieses Programms Teile ihrer Souveränität abgeben,[400] so Angela Merkel auf der Konferenz »Falling Walls« am 9. November 2009:

»Das heißt, eine der spannendsten Fragen, Mauern zu überwinden, wird sein: Sind Nationalstaaten bereit und fähig dazu, Kompetenzen an multilaterale Organisationen abzugeben, koste es, was es wolle.«[401]

Diese Abgabe demokratischer Selbstbestimmung an multinationale Organisationen wird interessanterweise wieder mit jenen blumigen Worten der Menschheit schmackhaft gemacht, die wir schon hinlänglich aus den vorangegangenen Kapiteln kennen. Es geht natürlich wieder um Solidarität, Frieden und Vielfalt. So soll laut der Selbstbeschreibung der »Open Society Foundations« die »Gerechtigkeit und Gleichheit« gefördert werden. Für Kritiker stellt sich diese globale Einflussnahme auf das politische Geschehen jedoch anders dar:

»Daher unterstützen sie alle Arten von oppositionellen Bewegungen weltweit. [...] Dumm nur, wenn dadurch demokratisch legitimierte Regierungen destabilisiert werden und Chaos entsteht, oder wenn demokratisch entstandene Richtungsentscheidungen eines Staates durch supra-nationale Organisationen oder Bewegungen blockiert werden. George Soros hat in den letzten Jahren selbst erkannt und zugegeben, dass er mit der Zeit erleben musste, wie Oppositionsbewegungen nicht immer die bessere Gesellschaft hervorbringen, sondern manchmal auch im Chaos enden. Doch geändert hat sich seine globalistische Ideologie nicht.«[402]

Dabei laufen die (möglicherweise) durch George Soros mitinitiierten Revolutionen immer nach dem gleichen Schema ab.[403] Im Westen ausgebildete junge Akademiker und Studenten starten, ähnlich der »Pussy-Riot«-Aktion in Moskau, mit Unterstützung westlicher Medien sogenannte »Protestaktionen«. Diese werden dann im Westen professionell vermarktet und verbreitet, was wieder Rückwirkungen auf die jeweilige Gesellschaft hat. Denn dort werden natürlich ebenfalls westliche Medien konsumiert. So kommt es in den jeweiligen Ländern, in denen ein Regierungswechsel geplant ist, zu einer wachsenden Oppositionsbewegung, was wiederum zu einem Regierungsumsturz führen kann.

Im Allgemeinen wird diese Art eines durch multinationale Organisationen herbeigeführten Regierungswechsels als sogenannte »Farbenrevolution« bezeichnet.[404] Beispiele hierfür sind: Rosenrevolution in Georgien (2003), Orange Revolution in der Ukraine (2004), Zedernrevolution im Libanon (2005), Tulpenrevolution in Kirgisien (2005), Safranrevolution in Myanmar (2007) oder die Jasminrevolution in Tunesien (2010–2011). Ähnliche Ursachen hatten vermutlich auch die Proteste in Marokko 2016.[405]

Auf diese Weise soll überall auf der Welt eine einheitliche Ordnung hergestellt werden. 2011 gab Angela Merkel bekannt:

»Wenn man eine wirkliche Weltordnung haben will, eine globale politische Ordnung, dann wird man nicht umhinkommen, an einigen Stellen auch Souveränität, Rechte an andere abzugeben. Das heißt, dass andere internationale Organisationen uns dann bestrafen können, wenn wir irgendetwas nicht einhalten. Und davor schrecken viele Länder noch zurück. Das ist aus meiner Sicht ein wirklich interkultureller Prozess, den wir durchlaufen müssen.«

Die wirtschaftsstrategischen Interessen hinter diesem Programm brachte der ehemalige kanadische Premierminister Stephen Harper im Jahr 2009 auf dem G-20-Gipfel in Pittsburgh auf den Punkt:

»Wir werden die Form einer globalen Regierung haben, die notwendig ist, um die Stabilität und Transparenz der Märkte sicherzustellen, in der Form, die uns die Vorteile einer globalisierten Marktwirtschaft beschert, ohne die enormen Risiken.«[406]

Das heißt, ganz gleich ob wir es mit dem selbstverliebten Vokabular der Kulturmarxisten zu tun haben oder mit den Zielen der Weltbank, IWF, UNO oder der EU, in allen diesen Fällen handelt es sich um »Ideen und Pläne, die ein globalistisch orientiertes Establishment in den Hinterzimmern von Politik und Wirtschaft seit Jahren ausbrütet und verfolgt«.[407]

Dabei geht es natürlich nicht nur um die Durchsetzung einheitlicher »ethischer« Standards, wie das mit schönen Worten verkündet wird, sondern um die bessere Kontrolle der Finanzmärkte und Kapitalflüsse, um Investitionssicherheit und den Zugriff auf Bodenschätze. Es geht um Macht, um Kontrolle darüber, was in der Welt geschieht. Denn die globalen Netzwerke als neue Machtzentren handeln nicht altruistisch, wie das die großen Massenmedien propagieren. Es geht ihnen selbstverständlich vor allem um Profit und Macht.

Ein wesentlicher Ansatzpunkt ist, wie wir gesehen haben, die Identität des Menschen kulturell neu zu definieren. Noch immer bilden sich Menschen über Herkommen, Kultur, Glaube und Familie ihre Identität und entziehen sich damit bewusst oder unbewusst dem Zugriff der globalen Netzwerke, deren neues Identitätsmuster eines konsumorientierten, sexuell vielfältigen Weltbürgers noch nicht überall Anklang gefunden hat.

Genau deswegen wird aber unter Benutzung des Kulturmarxismus den verschiedenen Kulturen, nationalen Identitäten und Religionen der Kampf angesagt. Denn diese erschweren den Globalisierungsprozess, indem sie ihre Eigenständigkeit bewahren wollen und im Rahmen demokratischer Entscheidungsprozesse sogenannten »Protestparteien« zu wachsenden Stimmanteilen verhelfen. Dem gilt es über zunehmende Kontrolle entgegenzusteuern.

Somit wird das Vorhaben eines Martin Schulz verständlich, einen europäischen Zentralstaat zu schaffen[408] oder die Macht der Massenmedien weiter auszubauen. Hieraus erklärt sich die Forderung nach Bargeldabschaffung und die zentrale Speicherung aller Daten, von der Krankenversicherung über Bonität, Identität und Bankdaten auf einem Chip.

Denn für die kleine Elite der Superreichen bedeutet das: mehr Kontrolle über demokratische Entscheidungsprozesse und damit mehr Sicherheit für zukünftige Investitionen. Nur in einer globalisierten Welt ist der freie Austausch von Waren, Dienstleistungen, Technologien, Bodenschätzen, Arbeitskräften und Finanzmittel gesichert. Damit dies gelingen kann, sollen überall auf der Erde, wie es so schön heißt, gleiche Chancen und Lebensbedingungen für alle Menschen herrschen.

Nicht gewünscht sind kulturelle Eigenheiten, sprachliche Vielfalt, familiäre Bindungen, nationale Verbundenheit und die Religion. Die Beseitigung störender »Regime« wie in Syrien, Irak oder Libyen gehören ebenso zum Programm wie das Freihandelsabkommen TTIP zur Durchsetzung von Globalisierung. In diesen Zusammenhang stehen überdies die europäische Haftungsunion für marode Staatshaushalte sowie Pleitebanken und die Förderung der Masseneinwanderung nach Europa.

Denn die derzeitige Massenzuwanderung hat mehrfach positive Effekte im Sinne der Globalisierer. Hierzu gehören, wie Lutz Meyer ausführt:

»Das allgemeine Lohnniveau wird sinken, der Konsum minderwertiger, billig produzierter Waren wird anwachsen. Vor allem aber wird das Identitätsgefühl der Völker Europas beschädigt. Die Eliten profitieren so durch einen Zuwachs an Macht und Reichtum.«[409]

Spannend ist die zurzeit noch weitestgehend unterschätzte Entwicklung der »Industrie 4.0«[410]. Industrie 4.0 bedeutet die Ersetzung menschlicher Arbeitskräfte durch künstliche Intelligenz und Roboter. In Japan in ersten Firmen bereits eingesetzt, können dort angeblich in manchen Bereichen schon über 50 Prozent der Arbeitsplätze eingespart werden. So wurde dort die komplette Abteilung für Schadensregulierung in einem Versicherungsunternehmen entlassen – als Resultat der ersten Anwendung der künstlichen Intelligenz »Watson«.[411] Laut einer im *Spiegel* vorgestellten Studie der Unternehmensberatung McKinsey könnten so auf dem deutschen Arbeitsmarkt bis 2030 rund zwölf Millionen Jobs wegfallen. Dies entspräche etwa einem Drittel aller Arbeitsplätze in Deutschland.[412]

Industrie 4.0 wird daher eine der größten sozialen Revolutionen mit sich bringen, welche die westliche Welt bisher erlebt hat. Sehr weite Teile der arbeitsfähigen Bevölkerung werden in Zukunft nicht mehr am Arbeitsmarkt benötigt werden.

In den transnationalen »Think Tanks« gibt es schon längst angedachte Zukunftsszenarien, wie sich die absehbaren sozialen Unruhen vermeiden lassen. Dies betrifft insbesondere das Phänomen des »Rechtspopulismus«. Unter Rechtspopulismus wird dort das Phänomen verstanden, dass die Völker des Westens anfangen, sich der Globalisierung, dem »Eine-Welt-Projekt« zu widersetzen und Parteien wählen, die sich der Massenzuwanderung, der Auflösung der Familie, der Diskreditierung der Religion oder den Freihandelsabkommen entgegenstellen.

Ein erster Schritt zur Vermeidung solcher Unruhen soll die Einführung eines bedingungslosen Grundeinkommens sein, das anders, als derzeit dargestellt, kein »linkes Außenseiterprojekt« ist, sondern auch von vielen Verantwortlichen in der Wirtschaft gefordert wird.[413] So wird die Masse der Menschen in Zukunft zu reinen Konsumenten degradiert, die nicht mehr in der Lage sein werden, autark und verantwortlich aus eigener Kraft zu leben.

Ein weiterer Schritt ist die Einschränkung der Demokratie und die Hinführung zu einer Technokratie, da die Bevölkerung nach Einschätzung der Eliten nicht mehr den »nötigen Wissensstand« besitzt, bei Wahlen ihre Stimmen im Sinne der Eliten den richtigen Parteien zu geben. Der Brexit, die Wahl Donald Trumps, sowie die wachsenden Stimmanteile für »Populisten« gelten als Beispiel dafür. Autoritäre Systeme wie Singapur oder China sind Vorbild.[414]

Der zum Weltwirtschaftsforum in Davos geladene Philosoph Daniel A. Bell verkündete:

»Ich glaube nicht länger daran, dass Demokratie in der Form ›Eine Person – eine Stimme‹ der beste Weg ist, um ein politisches System zu organisieren.«[415]

Was konkret heißt, in Zukunft solle der »Wissensstand« eines Menschen darüber entscheiden, inwieweit er wählen darf. Bell wurde inzwischen ein breites Publikum gesichert und seine Thesen nicht nur in Massenmedien wie der *Financial Times,* im *Guardian* oder der *Huffington Post* verbreitet. Selbstverständlich darf Daniel A. Bell auch bei der populären Jahrestagung des Instituts für Neues Ökonomisches Denken auftreten, einem Think Tank, finanziert durch Multimilliardär George Soros.[416]

Bei all dem sollte klar werden, es geht bei den derzeit ablaufenden Globalisierungsprozessen nicht um eine Art natürliches Zusammenwachsen der Völker. Vielmehr handelt es sich um einen designten Vorgang, nicht nur zuungunsten der demokratischen Selbstbestimmung der Völker. Es scheint die sinnentleerte Plastikwelt westlicher Konsumorientierung und »Antidiskriminierung« zunehmend auf eine globale Weltordnung hinauszulaufen. Selbstverständlich gibt es unterschiedliche Interpretationen und Schwerpunktsetzungen. Die Diskussionen hierüber ist jedoch ein Diskurs der elitären Zirkel. Die Öffentlichkeit, die betroffenen Völker sind von diesem Diskurs ausgeschlossen.[417]

Dabei ist die Vorstellung eines Weltstaates als totales Konsumparadies auf Erden die einzige Vision, die dem westlichen Materialismus noch geblieben ist. Was ergibt sich daraus für das Verhältnis des Einzelnen zur Gesellschaft, zu den multinationalen Großkonzernen, zum Staat im Besonderen?

In der Schrift *Der Wert des Staates und die Bedeutung des Einzelnen* zeichnete Carl Schmitt auf, welche Eigenschaften ein funktionierender Staat idealerweise hat und welchen Sinn es für das Individuum macht, sich einem solchen gegenüber loyal zu zeigen.[418] Demnach ist es primäre Aufgabe eines funktionierenden Staates, Recht zu setzen und zu verwirklichen, damit klare Spielregeln für alle gelten und sich nicht der Stärkere gegen den Schwächeren durchsetzt. Dies kann nur in einer territorialen Begrenzung gelingen, indem definiert und durchgesetzt wird, in welchem Raum dieses Recht gilt und in welchem nicht. Die Idee eines Weltstaates ist hingegen ein Konstrukt, das den Staat aufhebt und damit die Welt zum rechtsfreien Raum werden lässt.[419]

In seinem Briefwechsel mit dem Philosophen Leo Strauss betonte er überdies, der Weltstaat fördere die Tendenz des Menschen, in eine Art Verblendung und Selbstvergötterung einzutreten, indem er ein Paradies auf Erden zu errichten suche. Auch Strauss sah in der Vision eines Weltstaates Nietzsches »letzten Menschen« heraufziehen.[420] Eine Welt als reine Konsum- und Produktionsgemeinschaft, in der es keine Unterschiede mehr zwischen Völkern und Nationen gebe, wäre ein Ort der Despotie. Alle sozialen und politischen

Schranken würden in solch einer »heilen Welt« offiziell fallen müssen, um das Monstrum eines einzigen, totalen Staates zu rechtfertigen.

»Wer Menschheit sagt, will betrügen«[421] ist ein viel zitierter Satz Carl Schmitts im Zusammenhang dieser humanitaristischen Weltstaatspropaganda. In einer globalen, »aufgeklärten« Gesellschaft, deren Sinn einzig in Konsum und Produktion bestehen kann, wird der Mensch automatisch zum Sklaven global agierender Konzerne. Schmitt sah den »Eine-Welt«-Gedanken aus der Aufklärung hervorgehen und insbesondere in den Vereinigten Staaten verwirklicht, deren militärische Macht bis heute dafür verwendet wird, im Namen der Menschlichkeit unzählige Kriege über den ganzen Erdball verstreut zu führen. Schmitt kritisierte insbesondere den Völkerbund als Vorgängerinstitution der heutigen UNO, die als eine Art Vorstufe zu einer Weltregierung gesehen wurde.

Auch im Vatikan stieß die »Eine-Welt«-Ideologie im frühen 20. Jahrhundert noch auf Kritik. In der Schrift Papst Benedikts XV (1920) *Bonum sane* wird dargelegt, dass die Errichtung der »Einen Welt« mit einer »noch nie dagewesenen Schreckensherrschaft verbunden« sein wird. So warnte der damalige Papst vor dem Aufkommen »einer universellen Republik, die auf der absoluten Gleichheit der Menschen […] basiert«[422] und in der die Unterschiede der Nationalität verloren gegangen sind. Denn sind die Massen erst einmal entwurzelt, hat die Stunde des totalitären Staates geschlagen. Eine Gesellschaft ohne Moral, ohne Tugenden, ohne Identität, die nicht mehr selbst für ein friedliches Zusammenleben sorgen kann, braucht die Diktatur, um alle Lebensäußerungen der Bürger zu überwachen und zu sanktionieren.

Mit der Auflösung kulturell gewachsener Strukturen wie Familie und Nation, wächst auf der anderen Seite das immer übergriffiger agierende konsumkommunistische System. Dabei erleben wir das alte, freiheitliche Europa zunehmend nur noch als etwas, das in Erinnerungen und Träumen fortbesteht, in Büchern und einigen Bauwerken, wie Martin Lichtmesz ausführt.[423] Die Leitmedien selbst sind Ausdruck dieser untergehenden Gesellschaft: Ihre Shows, ihre Berichterstattung, die Verachtung der Familie, die Verweiblichung der Männer und die Entweiblichung der Frauen.[424] Zentral ist die Gleichgültigkeit gegenüber der Zukunft der eigenen Kinder und die Lust daran, den Verfall des eigenen Gemeinwesens zu feiern.

Das Resultat ist inzwischen überall sichtbar: die Verhässlichung und Vermüllung Europas. Zwischen verschmutzten und zersiedelten Landschaften entsteht die neue Plastikwelt. Gleichzeitig wird die in Europa öffentlich zur Schau gestellte Kunst, also die offizielle Kunst, immer leerer. Sie gleicht dem Programm der staatlich subventionierten Berliner Volksbühne, bei der die Schauspieler dem Publikum auf die Kleider kotzen.[425] Diese innere Leere der Kunst, die von einer scheinbaren Provokation zur nächsten hechelt, ist mehr als nur ein Symptom. Dahinter verbirgt sich der Verlust des Transzendenten in der europäischen Kultur. Nur notdürftig ist es gelungen, durch die kulturmarxistische Ideologie der »Vielfalt und Antidiskriminierung« den offensichtlichen Sinnverlust zu verdecken, wie Lichtmesz schreibt:

»Da aber die Ideologie der ›Antidiskriminierung‹ auf Verleugnung der Wirklichkeit und in Folge auf *Lügen* beruht, hat sie die Lüge zum Überbau und zum Fundament einer ganzen Gesellschaft gemacht. Sie muss das geistige Vakuum verbergen, das durch die Totalherrschaft des Marktes geschaffen wurde.«[426]

Gerade weil ihm die innere, sinnstiftende Kraft fehlt, wird der Konsumkommunismus Episode bleiben. Der totale, kulturmarxistische Staat ist nicht das wahrscheinlichste Szenario, auf das Europa zusteuert. Vielmehr scheint mit der Auflösung der kulturellen Identität Europas ein Vakuum zu entstehen, in das noch ganz andere Kräfte drängen. Vielleicht war der Kulturmarxismus nur ein Wegbereiter oder sogar nur das Krankheitssymptom eines sterbenden Kontinents. Die Ausbreitung islamischer Parallelgesellschaften von Schweden bis nach Südfrankreich könnte hierbei der Anfang sein.

Hilfreich ist in dieser Hinsicht, einmal aufmerksam eine U-Bahnfahrt durch die westeuropäischen Großstädte zu unternehmen und genau hinzuschauen, wem man dort in erster Linie begegnet. Oder einmal eine städtische Schulklasse zu besuchen. Wer bildet in diesen Klassen die Mehrheit? Aufschlussreich ist auch der Besuch des Wartezimmers eines großstädtischen Sozialamtes. Überall erscheint schon die neue Macht, die den Kulturmarxismus möglicherweise schneller ablösen wird als gedacht: Der Islam.

Dieser neuen, vitalen, islamischen Kraft steht der Besuch eines Gottesdienstes einer der beiden großen christlichen Kirchen in Deutschland gegenüber: Das Christentum, einstmals das Herzstück europäischer Kultur, hat in Europa nicht mehr viel zu bieten. Der wesentliche Teil der Gottesdienstbesucher hat schlohweißes Haar (wenn es nicht gefärbt ist) und wird die nächsten 15 Jahre aus Altersgründen wohl nicht mehr erleben.

Grün-linke Gesinnungspolizei in leeren Kirchen

Kommunismus ist Atheismus.

Wladimir Iljitsch Lenin

Kirchenmitglieder in Deutschland müssen Kirchensteuern zahlen. Ulrich Motte formulierte hierzu treffend:

»Ob ich Kirchensteuer zahle oder mein Geld gleich der SPD oder den Grünen zuwende, macht im Ergebnis praktisch keinen Unterschied.«[427]

Motte ist mit dieser Einschätzung kein Einzelfall. Denn die Botschaft der beiden Großkirchen in Deutschland ist vor allem politisch und im Wesentlichen deckungsgleich mit dem kulturmarxistischen Programm. Was die Kirche im dritten Jahrtausend nach Christi verkündet, ist nichts anderes als die deprimierende Agenda einer politisch korrekten, gleichgeschalteten Gesellschaft, wie sie allerorten den Menschen auch im Fernsehen wohlfeil hinterhergeworfen wird. Kirche ist heute, wie Spötter sagen, eine Veranstaltung für politisch angepasste Mitläufer, und ihre Verkündigung gleicht der hinlänglich bekannten Vision eines bunten, offenen und vielfältigen Paradieses auf Erden, in dem alle Menschen »Schwestern und Brüder« werden.

Was manche vielleicht überraschen wird: Kirche war früher einmal etwas ganz anderes. Kirche war politisch nicht korrekt, wie seinerzeit in der DDR. Kirche war Avantgarde und was entscheidend ist, Kirche war spirituell, voller Glaube, Hoffnung und Liebe. Kirche war ein Abenteuer für Gottessucher, ein Ort des Ringens und Streitens um den rechten Glauben. Sie war Inspiration und tragende Säule der europäischen Kultur.

Die Kirche war entsprechend von der Aufgabe durchdrungen, den Menschen das Reich Gottes zu verkündigen. Der christliche Glaube war keine »politisch korrekte Verordnung«, sondern ist in seiner eschatologischen Tiefe für den heutigen Menschen eigentlich kaum noch fassbar. Denn Erlösung versprachen weder die Konsumtempel der global agierenden Konzerne, noch die politische Agenda des Kulturmarxismus. Erlösung war ein spiritueller, mitunter durch Fasten, Beten und Meditation errungener asketischer Weg, den der Einzelne in der Kirche gehen konnte.

Dabei sollte man das alte Europa selbstverständlich nicht verklären. Aber entscheidend ist, sich zu vergegenwärtigen, der Verlust der kulturellen Seele Europas ist unabdingbar mit dem Niedergang des christlichen Glaubens seit spätestens den 1960ern verbunden. Das Christentum, wie es damals noch in vielen Teilen der katholischen und der evangelischen Kirche verkündet wurde, war eine Erlösungsreligion. So großartig das Leben sein mag, wie wunderbar und mächtig wir uns als Menschen mitunter fühlen mögen – am Ende wird jeder Mensch krank, erfährt Niederlagen und Ungerechtigkeit, verliert Angehörige und stirbt einen jämmerlichen Tod. Aus dem Leiden in dieser Welt versprach der Glaube an Jesus Christus hingegen Hoffnung: »Die ihr mühselig und beladen seid, kommt zu mir, ich will euch erquicken.« (Matthäus 11, 28)

Christ sein war somit kein politischer Kampf für ein buntes Paradies auf Erden, sondern der Glaube an eine persönliche Erlösung im Jenseits, einem geistlichen Reich Gottes, von dem Jesus gegenüber dem römischen Stadthalter Pontius Pilatus äußerte, »Mein Reich ist nicht von dieser Welt.« (Johannes 18, 36). Dieses »nicht von dieser Welt sein« heißt vor allem, das Reich Gottes besitzt keine politische Dimension, es steht über der menschlichen Politisierung und Schematisierung in rechte und linke Lager. Kirchenzugehörigkeit war somit vor 60 Jahren noch keine Frage der linientreuen kulturmarxistischen Gesinnung, sondern des Glaubens an Jesus Christus.

Der Soziologe Helmut Schelsky brachte diesen Wandlungsprozess der Kirche in den letzten Jahrzehnten auf den Punkt. Laut seiner Analyse verläuft die Entwicklung in Kirche und Gesellschaft »vom Seelenheil zum Sozialheil«. Das heißt, der europäische Kulturraum war einmal christlich geprägt und damit von einer tiefen Spiritualität durchdrungen. Was das bedeutet, können wir heute allenfalls noch beim Besuch der Kathedrale Notre-Dame, einer Kantate von Bach, einem Roman von Dostojewski oder einem Gemälde von Tizian erahnen. Das Leben der Europäer war auf eine jenseitige Erlösung ausgerichtet. Auf diese Erlösung hin dachten und handelten die Menschen – oder setzten sich zumindest damit auseinander. Entsprechend kann es ohne Verständnis für den christlichen Glauben auch kein Verständnis für Europa als Kulturraum geben.

Doch spätestens seit dem Marsch durch die Institutionen wurde zielgerichtet der christliche Glaube durch eine konsumorientierte »Sozialreligion« ersetzt. Schelsky schildert den Unterschied zwischen beiden Glaubensformen wie folgt:

»Das Christentum versprach die Erlösung von den Leiden und Ängsten der Welt in einem ›Endzustande‹ des Friedens und der Glückseligkeit im Jenseits, heute verspricht die Sozialreligion einen Endzustand der ›Gesellschaft‹, in dem Furcht und Leiden, Gewalt und Schicksalsschläge, Erniedrigung und Beleidigung, Armut und Krankheit, Beherrschung und Ausbeutung nicht mehr vorhanden sind oder stattfinden.«[428]

Das heißt, der christliche Glaube war eine auf den Einzelnen bezogene Erlösungshoffnung, nicht jedoch der Glaube an einen sozialen Event in der Zukunft, der einen kollektiv-glücklichen Endzustand der Menschheit verspricht. Zu diesem erhofften Zustand schreibt Schelsky:

»Selbstverständlich meint [die Sozialreligion] Zustände, die vielleicht die gegenwärtige Generation nicht mehr erleben wird, aber sie werden, wenn sich diese Generation diesen Vorstellungen und Zielsetzungen unterwirft, für zukünftige Generationen in dieser Welt verheißen.«[429]

Das bunte und vielfältige Konsum-Paradies auf Erden ist demnach eine Verheißung, die niemals Realität wird. Vielmehr wird sie wie die Möhre vor dem Maul des Esels, ewig vor den Augen der Menschheit baumeln, ohne jemals in Erfüllung zu gehen.

Der 68er-»Kult«-Theologe Helmut Gollwitzer erklärte sogar, »Christen müssen Sozialisten sein«, mit dem Ziel, »eine sozialistische Weltrevolution«[430] anzuzetteln und war damit in Deutschland einer der Wegbereiter der neuen

Sozialreligion. So erhoffte Gollwitzer, eine Art sozialistisch uminterpretiertes Christentum zu schaffen, das ein menschengemachtes »Reich« auf Erden verwirkliche.

Entsprechend war die Eroberung der Kirchen wichtiges Ziel auf dem langen Marsch durch die Institutionen. Es galt nicht nur, die Kirchen zu unterwandern und ihre moralische und gesellschaftliche Autorität zu nutzen, sondern vor allem den christlichen Widerstand gegen den Marxismus zu brechen. Dies ist heute, speziell in Deutschland, bei den beiden großen Kirchen (fast) durchgehend gelungen.

Das komplette Umkrempeln der Kirche, von der Verkündigung des Evangeliums hin zu einem kulturmarxistischen Politklub, ließ sich zuerst in der evangelischen Kirche verwirklichen. So urteilt Alexander Kissler im *Cicero:* »Wo EKD draufsteht, ist Politik drin«. Inzwischen wäre so viel von Flüchtlingshilfe und Geschlechtergerechtigkeit die Rede, dass bei den »Stichwörtern Erlösung, Auferstehung und Endgericht« die Pastoren und Bischöfe »schmallippig werden«.[431]

Etwas mehr Resilienz gegen den kulturmarxistischen Eroberungsfeldzug zeigte lange Zeit die katholische Kirche, bis 2013 Papst Benedikt XVI überraschend sein Amt verließ. Nun brach mit Gewalt hervor, was sich seit den 1960ern dort untergründig angesammelt hatte. Innerhalb weniger Jahre tat es nun die katholische Kirche, gerade in Deutschland, der evangelischen nach und versucht, bei Themen wie Masseneinwanderung und Durchsetzung sexueller Vielfalt es der evangelischen Kirche gleichzutun. Nicht umsonst wird der Nachfolger Benedikts XVI, Papst Franziskus, in den romanischen Ländern spöttisch als »Papa Comunista«[432] bezeichnet: Papst Franziskus gilt dort für viele als erster kommunistischer Papst.

Ein weiterer wichtiger Ansatzpunkt der Kulturrevolutionäre war, die Heilsbotschaft des Christentums »im Zeichen des interreligiösen Dialogs« zu relativieren und innerhalb der Kirche dem Islam zunehmend Raum zu geben.[433] In diesem Zusammenhang wird immer häufiger, besonders an Hochfesten wie Weihnachten, in den Gottesdiensten aus dem Koran gelesen.[434]

New Age Islam

Um das Christentum für die neue Sozialreligion kompatibel zu machen, spielten »Vordenker« wie der Theologe Hans Küng eine entscheidende Rolle. Grundidee war, das Christentum zum Beispiel gegenüber dem Islam zu öffnen, um eine Art künstliche »Über-Religion« zu schaffen, mit der dann weltweit die gleichen kulturmarxistischen Standards des Zusammenlebens durchgesetzt werden können.

Selbst eine einst als »antimarxistisch« verschriene Institution wie die Katholische Kirche feiert heute diese »bunte« Gleichstellungsagenda. So fordert Hans Küng in seiner Stiftung unter der Überschrift: »Keine neue Weltordnung ohne Weltethos« die Durchsetzung »verbindender Normen« für alle Menschen. Das sogenannte »Weltethos«, wird als eine Art überreligiöse, überkulturelle und überstaatliche Einheitsdoktrin verstanden.[435]

Ein großer Störfaktor bei dieser Auflösung des Christentums bildet Jesus Christus. Dieser kann in der neuen »Über-Religion« allenfalls, wie Hans Küng hervorhebt, noch als Vertrauter und Freund Gottes gelten.[436] Sozusagen als ein besonderer Mensch, der neben anderen besonderen Menschen wie Gandhi, Buddha oder Charlie Chaplin entsprechend seiner Verdienste für die neue Weltordnung seinen Platz hat. Das entspricht nicht dem, was er für Europa einst war: der Heiland und Erlöser, der Sohn Gottes, Teil der göttlichen Dreifaltigkeit, Mensch und Gott zugleich, aber eben nicht irgendein besonderer Mensch, wie andere besondere Menschen, sondern derjenige, der von sich sagen konnte: »Niemand kommt zum Vater, außer durch mich.«

Entsprechend galt derjenige, der dies nicht erkannte, im alten Europa als Ungläubiger oder Heide, denn »das Licht leuchtet in der Finsternis und die Finsternis hat es nicht erfaßt« (Johannes 1, 5). Im Sinne der neuen kulturmarxistischen Sozialreligion gilt diese Exklusivität jedoch als diskriminierend und ausgrenzend gegenüber denjenigen, die nicht an Christus glauben. So lehnte der Bamberger Erzbischof Ludwig Schick die Bevorzugung christlicher Flüchtlinge alleine wegen ihrer Religion ab.[437]

Doch während sich die großen Kirchen nicht mehr getrauen, zwischen Christen und Nichtchristen zu unterscheiden und entsprechend ihres biblischen

Auftrags Christen zuerst zu helfen (Galater 6, 10), ist im Islam das Gegenteil selbstverständlich: Christen werden von Muslimen selbstverständlich als Ungläubige bezeichnet und natürlich gilt die Solidarität eines Muslims an erster Stelle dem muslimischen Bruder. Aus dieser gruppenbezogenen Solidarität erwächst unter anderem die große Schlagkraft des wachsenden Islams in Europa.

Die Kirchen reagieren auf die Entwicklung immer unterwürfiger. Inzwischen heißt es zum Beispiel in Bezug auf den Islam in den beiden großen Kirchen immer häufiger, »wir glauben an den gleichen Gott«.[438] Da Muslime jedoch nicht an Jesus Christus glauben, stellt sich die Frage, wie kann das sein? Letztlich doch nur in dem Sinne, dass die entsprechenden Verantwortlichen entweder aufgehört haben, an Jesus Christus als alleinigen Herrn und Erlöser zu glauben, oder sich nicht mehr getrauen, in Anbetracht des Islam das Evangelium zu verkünden.

Mit dem Ende der Verkündigung haben die großen Volkskirchen in Deutschland ausgedient. Ihre Gebäude stehen zum Verkauf, werden zu Kinosälen, Kulturveranstaltungsräumen und Moscheen umgewidmet. Was man sich noch erhofft, ist die gleichgeschaltete, keinen mehr störende »Weltreligion«. Wie diese aber aller Wahrscheinlichkeit heißen wird? Es ist der Islam, der das geistig-kulturelle Vakuum, welches das Christentum mit seinem Abtreten hinterlässt, gerne füllt.

Auch hier spielt erneut die evangelische Kirche eine Vorreiterrolle. »Solus Christus« (Christus allein) war eine der Kernthesen der Reformation. Man grenzte sich von den Katholiken zum Beispiel mit ihrer Marienverehrung ab, indem man Jesus zum ausschließlichen Mittelpunkt des christlichen Glaubens erklärte. Im Rahmen der Auflösung des christlichen Glaubens hin zu einer kulturmarxistischen Einheitsreligion hat sich die evangelische Kirche nach 500 Jahren hiervon wieder verabschiedet. Das »solus Christus« gilt nicht mehr, da in der Auseinandersetzung mit dem Islam sonst der Eindruck entstehen könnte, man würde Muslime diskriminieren:

»In ähnlicher Weise stellt sich auch im Blick auf das *solus Christus* die Frage, wie die darin zum Ausdruck gebrachte Exklusivität Jesu Christi in einer religiös pluralen Gesellschaft so bekannt werden kann.«[439]

Der Kulturmarxismus schafft also Gesellschaften, in der das Eigene nicht mehr zählt, die eigene Identität zerfällt und die Menschen zu Spielbällen der jeweils auftretenden Mächte werden. Eine ähnliche Scheu, den Glauben an Christus zu bekennen, zeigten die beiden ranghöchsten deutschen Bischöfe, Bedford-Strohm und Kardinal Marx bei einem Besuch 2016 in Jerusalem. Beide legten dort ihre Bischofskreuze ab, um nicht gegenüber den Muslimen anzuecken.[440]

Genau dieses Ablegen der Kreuze bedeutet, den ursprünglich christlichen Missionsauftrag zu leugnen (Matthäus 28, 19–20). In Deutschland lehnen die beiden großen Kirchen den Missionsgedanken als zu aggressiv ab, mitunter betrachten sie ihn sogar als Rassismus und Affront gegen die Einwanderer.[441] Denn im Kulturmarxismus sind Treibhausgase und Gendermainstreaming wichtiger als Jesus Christus mit seiner Botschaft einer Erlösung »nicht von dieser Welt«.

Ein wesentlicher Irrtum ist die Vorstellung, es werde in Zukunft für die Kirchen so etwas wie einen neutralen Boden geben. Jede Kirche, die aufgegeben wird, schafft nicht etwa neutralen Raum, sie macht entweder einem Konsumtempel Platz oder wird in eine Moschee umgewandelt.[442] Wo eine alte Leitkultur verschwindet, nehmen neue Leitkulturen diesen Platz ein. Unweigerlich. Und es wird sich in Zukunft vermutlich als unmöglich erweisen, diese verlorenen Orte, diese verlorenen Kirchen für das Christentum zurückzugewinnen. Die Folgen für die Glaubensfreiheit in Europa sind heute nicht abzusehen.

2017 verurteilten die beiden großen Kirchen in Deutschland sogar Kritiker, die der Islamisierung mit Kreuzen entgegentraten. Im geschlossenen Verbund aller großen Institutionen wie des öffentlich-rechtlichen Senders MDR, wurde die Aufstellung eines Kreuzes auf dem Bauplatz einer Moschee in Erfurt als die Tat »Rechtsextremer und Neonazis« verurteilt.[443]

Dabei war die Perspektive zum Beispiel eines Martin Luthers auf den Islam noch eine deutlich andere. Luther würde heute, wegen seiner Aussagen zur Übersetzung des Korans ins Deutsche, wahrscheinlich wegen »Hate Speech« oder Volksverhetzung angeklagt werden. Zwar warb auch Luther für eine Übersetzung und Verbreitung des Korans, doch aus ganz anderen Gründen:

»Darum sehe ich es als nützlich und notwendig an, dieses Büchlein zu verdeutschen, dass doch bei uns Deutschen auch erkannt werde, was für ein schändlicher Glaube des Muhammeds Glaube ist, damit wir gestärkt werden in unserem christlichen Glauben.«[444]

Ein solches christliches Selbstbewusstsein, wie es hier Luther formulierte, war im 20. Jahrhundert vielerorts noch selbstverständlich. Es war weder autoritär noch überheblich, wie dies die kulturmarxistischen Aktivisten unterstellen. Es war sogar geeignet, sich totalitären Weltanschauungen entgegenzustellen, was sich exemplarisch im Widerstand gegen den Nationalsozialismus zeigte. Dass im Dritten Reich sogar katholische Bischöfe in Deutschland gegen die Ideologisierung der Gesellschaft antraten, zeigt unter anderem der »Löwe von Münster«, Bischof Clemens August Graf von Galen, der dem Euthanasie-Programm der Nationalsozialisten mutig entgegentrat und vielen Menschen das Leben rettete.

Ganz im Verborgenen sollten mit der »Aktion T4«, dem Sterbehilfeprogramm der Nationalsozialisten, Schritt für Schritt behinderte und schwer kranke Menschen getötet werden. In Umsetzung dieses Programms erhielten die Angehörigen behinderter Menschen lapidare Schreiben, in denen es hieß, ihr Angehöriger wäre an einer Lungenentzündung gestorben, während er tatsächlich planvoll ermordet worden war.

Gegen diesen Massenmord protestierte der Bischof von Münster unter Einsatz seines Lebens und rettete Tausende. In seiner berühmten Predigt von 1941 hieß es:

»Nein, hier handelt es sich um Menschen, unsere Mitmenschen, unsere Brüder und Schwestern! Arme Menschen, kranke Menschen, unproduktive Menschen meinetwegen! Aber haben sie damit das Recht auf das Leben verwirkt? Hast du, habe ich nur so lange das Recht zu leben, solange wir produktiv sind, solange wir von den anderen als produktiv anerkannt werden?«[445]

Graf von Galen jedoch gilt inzwischen als »national-konservativ«.[446] In der Folge des langen Marsches fiel er aufgrund seiner »reaktionären Gesinnung« in Misskredit, da er nicht nur den Nationalsozialismus kritisierte, sondern sich zu christlicher Moral und deutschen Tugenden bekannte und im

Juni 1945 ausdrücklich »unseren christlichen Soldaten [dankte], jenen, die in gutem Glauben, das Rechte zu tun, ihr Leben eingesetzt haben für Volk und Vaterland und auch im Kriegsgetümmel Herz und Hand rein bewahrt haben von Hass, Plünderungen und ungerechter Gewalttat.«[447]

Ebenso verurteilte er die nach dem Zweiten Weltkrieg von den Alliierten im Rahmen der »Umerziehung« aufgebrachte These von der Kollektivschuld der Deutschen an den Gräueltaten der Nationalsozialisten. Das sind mutige Worte für einen Bischof. Man stelle sich dies heute vor. Ein Bischof, der sich öffentlich gegen Sterbehilfe und Abtreibung ausspricht, der eine Ehrenrettung der Wehrmachtsoldaten vornimmt und die These von der Kollektivschuld der Deutschen verwirft. Ein Bischof wie Graf von Galen wäre mit solchen Aussagen im Jahr 2017 undenkbar. Er wäre genauso ein Stein des Anstoßes, wie er es während des Nationalsozialismus war. Man würde ihn als »rechtsradikal« bekämpfen und durch die Medien so lange diskreditieren lassen, bis er seines Amtes enthoben wäre.

Auch hier zeigt sich die höchst bemerkenswerte Tatsache, dass hinter dem kulturmarxistischen Kampf für die Abschaffung der Nationalstaaten nicht mehr steckt als die gezielte Diffamierung jeglichen Zusammengehörigkeits- und Verantwortungsgefühls innerhalb der Gesellschaft, indem dieses als »rechts«, »rechtspopulistisch« oder gar »nationalistisch«, gebrandmarkt wird. Die Kirchen sind inzwischen nicht mehr als Steigbügelhalter der Großkonzerne, deren Bemühen um eine Globalisierung der Welt, zum Zweck der Gewinnmaximierung, willig unterstützt wird.

Die eigentliche Botschaft Jesu Christi ist verloren gegangen. Wer heute einen Blick auf die »basisdemokratischen« Stuhlkreisgruppen der Kirchen wirft, in denen zu Gender Mainstreaming, Flüchtlingshilfe und feministischer Kirchenarbeit alle einer Meinung sind, wird kaum glauben können, dass das Christentum einmal einen ernstzunehmenden Realitätsbezug hatte.

Jesus als »erster Bolschewik«

Kardinal Ratzinger, der spätere Papst Benedikt XVI. brachte diese Unterwanderung des Glaubens während des Ost-West-Konflikts auf den Punkt, indem er die in Lateinamerika entstandene marxistisch geprägte »Befreiungstheologie« als »Trojanisches Pferd Moskaus« bezeichnete.[448] Gemeinsam mit kulturmarxistischen evangelischen Theologen, die diese im katholischen Bereich entstandene Bewegung aufgriffen, gelang die Umdeutung Jesu zum Marxisten, zum »ersten Bolschewiken«.[449]

Für die Kulturmarxisten ist daher der tatsächliche Jesus, mit seinen rational nicht erklärbaren Wunderheilungen oder seiner Aussage, Gott habe den Menschen als Mann und Frau geschaffen, »nicht mehr tragbar«.[450] Es gelte, die »historisch-kritische Exegese-Methode«[451] anzuwenden und die Aussagen Jesu als historisch bedingt zu relativeren. Die Bibel wurde hierdurch zu einer Art Märchenbuch, aus dem man allenfalls noch ein allgemeines, verwaschenes Gebot der »Liebe« und »Barmherzigkeit« ziehen kann.

Doch selbst dieses verwaschene Liebesgebot gilt selbstverständlich nur dann, wenn es sich politisch korrekt in einer »Willkommenskultur« für Flüchtlinge äußert und diese in einem Überschwang gelenkter Gefühle zu Heilsbringern verklärt. Das betrifft nicht nur die evangelische, sondern auch die katholische Kirche, wie Martin Lichtmesz analysiert:

»Die politische Agenda der katholischen Kirche orientiert sich indes weitgehend an den Richtlinien der herrschenden globalistisch-egalitären Politik und unterstützt auch hier die sentimentalisierende Sicht auf die Einwanderung, die in dem Einwanderer, dem ›Anderen‹ eine Art Christus-Figur sieht.«[452]

Dieser verkitschten, instrumentalisierten »Nächstenliebe« stand Papst Johannes Paul II. noch äußerst kritisch gegenüber. Er verstand das von Christus verkündete Gebot der Nächstenliebe im ursprünglichen Sinn, nämlich als verantwortungsbewusste, reflektierende Liebe, die sich nicht in einer egoistischen, übersteigerten Emotionalität verliert, sondern das Wohl des Nächsten in den Mittelpunkt stellt. In seiner Schrift *Dilecti Amici* rief er entsprechend nicht, wie Papst Franziskus das tut, zu grenzenloser Einwanderung nach Europa auf,[453] sondern zu einer besonderen Verantwortung gegenüber der Familie und dem eigenen Volk. Das geistige Erbe, das wesentlich einen Menschen prägt, ist nichts, was einfach im Namen einer westlichen Neuauflage des Marxismus weggeworfen werden sollte, sondern den Einzelnen zur Verteidigung im Namen der Nächstenliebe verpflichtet, so Papst Johannes Paul II.:

»Wir müssen alles tun, was wir können, um dieses geistige Erbe aufzunehmen und zu bestätigen, es zu erhalten und zu fördern. Diese Aufgabe ist wichtig für alle Gesellschaften, besonders aber wohl für jene, die sich am Anfang ihrer autonomen Existenz befinden, oder auch für jene, die ihre Existenz und ihre wesentliche nationale Identität vor der Gefahr äußerer Zerstörung oder innerer Auflösung verteidigen müssen.«[454]

Ein wesentlicher Schritt hin zu der von Papst Johannes Paul II. befürchteten Auflösung der Nationen ist die kulturmarxistische Forderung nach Gleichstellung aller Menschen im Namen einer zur Fernstenliebe umgedeuteten »Nächstenliebe«.

Denn was bei der Forderung nach absoluter Gleichstellung und »Antidiskriminierung« übersehen wird ist, Menschen sind immer nur in Bezug auf etwas gleich. Es gibt keine bezugslose Gleichheit. So ist zum Beispiel die Forderung nach Gleichstellung aller Menschen dieser Erde vor dem deutschen Sozialgesetz nur vordergründig »eine gute Tat im Namen der Nächstenliebe«. Zwar darf laut kulturmarxistischer Agenda niemand, egal welcher Herkunft, »benachteiligt« werden. Alle müssen die gleichen Sozial- und ärztlichen Leistungen erhalten.

Verschwiegen wird, was solch eine Gleichstellung für diejenigen bedeutet, die diese »Nächstenliebe« zwangsweise zu finanzieren haben. Gerade bei Familien mit kleinerem Einkommen wird, wie wir gesehen haben, durch die Sozial- und Krankenversicherungsbeiträge oft das Existenzminimum beschnitten.

Insofern ist die kulturmarxistisch verstandene Gleichstellung aller Menschen gleichbedeutend einer Auflösung gesellschaftlicher Solidarsysteme. Denn der Sozialstaat ist nicht mehr mit dem Nächsten, im Sinne der Nächstenliebe, solidarisch, sondern mit den medial verklärten Fernsten, den zu »Flüchtlingen« hochstilisierten Einwanderern. Aus der christlichen Nächstenliebe wurde so die kulturmarxistische Fernstenliebe, die auf Kosten des Nächsten den Fernsten alimentiert.

Um solchen Fehlinterpretationen entgegenzutreten, legte der Kirchenlehrer Thomas von Aquin dem gläubigen Christen eine Stufenfolge der Liebe vor:

»Also nach Gott ist der Mensch am meisten Schuldner den Eltern und dem Vaterlande. Wie somit es zur Gottesverehrung gehört, an erster Stelle Gott einen Kult darzubringen; so geht es die Hingebung oder die Pietät an, an zweiter Stelle die Eltern und das Vaterland zu ehren.«[455]

Es ist also laut dem großen Kirchenlehrer tugendhaft, bei der Nächstenliebe Prioritäten zu setzen und Rangfolgen zu beachten. An erster Stelle in der Rangordnung der Liebe steht laut Thomas von Aquin die Blutsverwandtschaft. Das betrifft zum Beispiel die Verpflichtung eines Vaters gegenüber seinen Kindern. Danach folgt die Verantwortung der Bürger gegenüber den eigenen Mitbürgern und dem Volk, dem der Einzelne angehört.

Auch das Recht auf Notwehr sieht der Kirchenlehrer als christlich gerechtfertigt:

»Die Liebe zu sich selbst bleibt ein Grundprinzip der Sittenlehre. Somit darf man sein eigenes Recht auf das Leben geltend machen. Wer sein Leben verteidigt, macht sich keines Mordes schuldig.«[456]

Der heilige Thomas von Aquin geht bei seiner Erläuterung des auf Liebe gründenden Rechts auf Notwehr sogar noch weiter und formuliert etwas für unser kulturmarxistisches Zeitalter geradezu Unvorstellbares:

»Die Notwehr kann für den, der für das Leben anderer oder für das Wohl seiner Familie oder des Gemeinwesens verantwortlich ist, nicht nur ein Recht, sondern eine schwerwiegende Verpflichtung sein.«[457]

Das heißt, die von Jesus verkündete Nächstenliebe war nicht gleichbedeutend mit Unterwürfigkeit und Schuldgefühlen, sondern eine Verpflichtung, die eigene Familie und das eigene Vaterland gegen Übergriffe von außen zu schützen. Auch Martin Luther wusste es besser, indem er einer humanitaristischen Interpretation der Nächstenliebe mit klaren Worten entgegentrat:

»Darum ein ganzes Land oder die Welt mit dem Evangelio regieren sich überwinden, das ist eben, als wenn ein Hirt in einem Stall zusammentäte Wölfe, Löwen, Adler, Schafe und ließe jegliches frei unter den anderen gehen.«[458]

Wir sehen schon, eine multikulturelle Agenda der »Nächstenliebe« wird nicht nur in Anarchie münden, sie wird eine Gesellschaft hervorbringen, in der sich der Stärkere gegen den Schwächeren durchsetzt, ohne dass der Schutzbedürftige noch einen Fürsprecher in der weltlichen Macht findet.

Doch nicht nur wird sich der Stärkere gegen den Schwächeren durchsetzen. Es werden sich auch diejenigen Einwanderer durchsetzen, die mehr Kinder als die Europäer bekommen, die also den »demografischen Sieg« erringen. Die zukünftigen Herrscher werden nach dem Scheitern des Kulturmarxismus jene sein, die biologisch stärker sind und sich entsprechend behaupten. Es spricht somit vieles für die These, dass nach dem Kulturmarxismus der Islam in Europa die Herrschaft übernehmen wird. Welche Antworten hatte das Christentum auf diese Problematik?

Die zwei Schwerter

Am Abend vor seinem Verrat durch Judas Iskariot erklärte Jesus seinen Jüngern, dass die sorglosen Zeiten mit seinem bevorstehenden Kreuzestod bald vorbei wären, bis er am jüngsten Tag als Richter zurückkehrt, um die »Schafe von den Böcken zu scheiden.« (vgl. Matthäus 25, 32) Er gibt ihnen den Rat, von nun an nicht mehr ohne Geldbeutel und Schwert auf Missionsreise zu gehen. Insbesondere solle derjenige, der kein Geld hat, seinen Mantel verkaufen und sich dafür ein Schwert anschaffen. (Lukas 22, 36)

Da die zwölf Apostel Männer in einer Zeit waren, in der zum Beispiel auf Reisen der Einzelne selbst für seine Sicherheit verantwortlich war, riefen sie auf der Stelle: »Herr, hier sind zwei Schwerter.« (Lukas 22, 38) Das heißt, die Apostel waren wehrhafte Männer. Für die heutigen Kirchen muss schon alleine diese kleine Passage als Affront gelten. Politisch korrekt ist das nicht.

Jesus erwiderte den Aposteln daraufhin, zwei Schwerter wären genug. Für das alte Europa hatte diese Textstelle (Lukas 22, 35–38) elementare Bedeutung. Aus ihr ging die sogenannte Zweischwerterlehre hervor, dass der Glaube einmal durch die Kirche Christi verkündet und verbreitet wird, dann jedoch auch durch das Schwert verteidigt werden muss.[459] Als erstes Schwert begriff man die geistliche Macht, den Papst, die Bischöfe und Kleriker, als zweites Schwert die weltliche Macht: So den Kaiser des Heiligen Römischen Reiches Deutscher Nation. In die Lanze der Reichsinsignien war entsprechend ein Splitter des Kreuzes Jesu eingearbeitet. Aufgabe der weltlichen Macht war es idealerweise, die Hilflosen und Witwen zu verteidigen. Um die Rechte der Schutzbedürftigen in einer gefallenen Welt zu behaupten, braucht es Macht. Macht beruht auf potenzieller Gewalt. Diese verkörpert das Schwert. (Welches möglichst nicht gezogen werden soll, wie Jesus später erklären wird.)

Dem steht das heute in den Kirchen propagierte Dogma der »Machtlosigkeit« gegenüber. Es ist natürlich richtig, Macht korrumpiert und absolute Macht korrumpiert den Menschen auf eine absolute Weise. Weil aber die Bergpredigt den besonderen Erlösungsanspruch der Unterdrückten, Ausgegrenzten und Verfolgten einer Gesellschaft verkündet, heißt das auch, dass genau diese Hilfsbedürftigen einen besonderen Schutzanspruch haben, den nur derjenige erwirken kann, der die dafür nötige Macht besitzt und notfalls mit Gewalt bereit ist, die Schutzbedürftigen zu verteidigen.

Macht ist ein »Mehr an Leben und ein Mehr an Bewirkenkönnen«, schrieb Arnold Gehlen und hat »seine eigene ethische Seite, von deren Fülle der Machtlose ausgeschlossen ist.«[460] Hieraus würde die besondere Verantwortung eines echten christlichen Politikers erwachsen, »die Gesamtwohlfahrt eines Volkes nach außen und innen«[461] zu wahren und es vor Spaltung, Übergriffen und Ausbeutung von außen zu schützen. »Man muss Macht haben, um überhaupt handeln zu können, zumal in der moralischen Sphäre. Man hat gewaltig zu sein, um Gutes zu tun, und stark, um Schutz zu bieten«,[462] so Gehlen weiter.

Es bedarf also der Macht, um anderen helfen zu können. Moralische Fragen dürfen daher in der Politik, so Gehlen, niemals auf der Ebene privater Gefühle und Empfindsamkeiten abgehandelt werden, wie im Kulturmarxismus. Durch seine unterschiedslose Menschenliebe zerstört dieser nämlich genau das, was er zu schützen vorgibt. Er liefert die Schutzlosen den Übergriffen von außen bedingungslos aus, so zum Beispiel 2017, als ein Flüchtling versuchte, eine 17-Jährige in Berlin in der Havel zu ertränken.[463]

Somit ist eine Gesellschaft, die sich aus Gründen der politischen Korrektheit nicht mehr vor Übergriffen von außen schützen darf, tatsächlich machtlos. Das heißt allerdings nicht, dass die Mächtigen selbst machtlos sind. Man gibt bloß vor, machtlos zu sein, wenn man den irakischen Flüchtling, islamistischen Gefährder und mutmaßlichen IS-Terroristen Younis El-H. in Berlin ohne Verfahren aus der Untersuchungshaft entlässt,[464] denn bei der desolaten Situation der Berliner Justiz müsse die Bevölkerung hierfür Verständnis haben. Gleichzeitig werden aber Deutsche, die beispielsweise den zwangsweisen Pflegeversicherungsbeitrag nicht mehr zahlen können, gnadenlos in Erzwingungshaft genommen.[465]

Der propagierten »Machtlosigkeit« steht also ein knallharter Machtgebrauch gegenüber, wenn es darum geht, die kulturmarxistische Agenda durchzudrücken. Insofern ist die durch die Kirchen propagierte »Machtlosigkeit« mehr als ein politisch motiviertes Täuschungsmanöver und damit exemplarisch für die versteckte Art der Machtausübung im Kulturmarxismus. Die Zirkel der Macht sind keineswegs so machtlos wie sie vorgeben und es darf als klare Lüge gelten, wenn Angela Merkel zum Beispiel 2015 in Anbetracht Millionen illegaler Einwanderer behauptete, man könne die 3000 Kilometer lange Grenze eines verhältnismäßig kleinen Landes wie Deutschland nicht schützen. Das war von Merkel nicht mehr als eine Show im Sinne des »guten Gefühls«, um auf der »guten Seite« zu stehen. Denn gleichzeitig stellte Frau Merkel dem türkischen Staatspräsidenten Recep Erdoğan Milliarden zur Verfügung, damit dieser die 7000 Kilometer lange türkische Küste gegen illegale Einwanderung schützen konnte.[466]

Insofern können wir das Bild von Jesus »erster Bolschewik« und »sanftmütiger Hippie« getrost in die Kategorie »kulturmarxistische Umerziehungsmythen« stecken. Als bei Jesu Verrat einer der Apostel das Schwert zog, kommt es zur Verletzung einer der Häscher:

»Und einer von ihnen schlug auf den Diener des Hohenpriesters ein und hieb ihm das rechte Ohr ab.« (Lukas 22, 50)

Jesus reagiert hierauf so, als würde er zu einem kleinen Kind sprechen. Er gebietet dem Apostel mit dem Schwert Einhalt. Nicht aus Schwäche, Unterwürfigkeit und Feigheit, sondern weil er weiß, dass er Sohn des allmächtigen

Gottes ist. Er fordert den Jünger mit dem Schwert auf, dieses wieder in die Scheide zu stecken und weist ihn darauf hin, dass wer zum Schwert greift, auch durch das Schwert umkommen wird. Dann erklärt Jesus eindrücklich, dass er sich zwar freiwillig, aber nicht etwa aus Machtlosigkeit dem Kreuzestod unterwirft:

»Oder glaubst du nicht, mein Vater würde mir sogleich mehr als zwölf Legionen Engel schicken, wenn ich ihn darum bitte? Wie würde dann aber die Schrift erfüllt, nach der es so geschehen muss?« (Matthäus 26, 53–54)

Jesus verkündet also etwas ganz anderes, als uns die Großkirchen unserer Tage vermitteln, und er sieht die Situation der Christen sehr realistisch: »Siehe, ich sende euch wie Schafe mitten unter die Wölfe. Darum seid klug wie die Schlangen und ohne Falsch wie die Tauben.« (Matthäus 10, 16)

Klug zu sein wie die Schlangen heißt, die Zusammenhänge zwischen medial lancierter »Betroffenheit« und gezielt geschaffener Anreize für die Völkerwanderung zu erkennen. Ob der Leser den christlichen Glauben teilt oder nicht, spielt an dieser Stelle keine Rolle. Wesentlich ist zu begreifen, wie systematisch die Kirchen im Gefüge der kulturmarxistischen Netzwerke über den Inhalt des Glaubens lügen. Einwandernde Menschenmassen müssen nicht im Namen des christlichen Glaubens begrüßt werden. Es gibt weder ein christliches Gebot zur Unterwerfung, noch ein Gebot zur Feigheit gegenüber dem islamischen Expansionswillen.

Ganz im Gegenteil. Als Jesus einem Soldaten der römischen Besatzungsmacht gegenübersteht und dieser ihm mit dem Handrücken auf die Backe schlägt, er solle dem Vertreter der römischen Eroberer Platz machen, bleibt Jesus mitten auf der Straße stehen, hält ihm noch die andere Wange hin und lässt den römischen Eroberer nicht passieren. Jesus ist in dem Fall größer als der Mensch. Er steht im Heiligen Geist und in der Wahrhaftigkeit. Indem Jesus stehen bleibt, zeigt er echte Courage und leistet friedlich, aber machtvoll Widerstand. Er lässt die Menschen auflaufen, bringt sie zur Besinnung, ohne auch nur ein Stück weit von seiner eigenen Position als Sohn des allmächtigen Gottes zu weichen. Es ist das klare Nein der Grenze, ohne gewalttätig werden zu müssen, was immer ein Zeichen menschlicher Schwäche ist.

Wichtig ist vor allem, zu begreifen, die Botschaft Jesu Christi ist kein weich gespülter Kitsch, wie moderne Kirchenvertreter glauben lassen möchten. Man mag die Botschaft Jesu Christi kritisch sehen oder nicht, entscheidend ist, sie in Wahrheit so zu sehen, wie sie ist, und nicht im Sinne einer hypermoralischen Ideologie zu verballhornen. Die Heilige Schrift war schon immer eine sperrige, unbequeme Schrift, und weder das Projekt einer »Deutschen Bibel« im Nationalsozialismus, in der Jesus zum »Arier« umgedichtet wurde, noch die »geschlechtergerechte Bibel« im Kulturmarxismus, in der Jesus zum geschlechtslosen Transgender wird, können etwas von Christi Wahrhaftigkeit nehmen.

Denn da das Reich Gottes nicht von dieser Welt ist, kann es in Wahrheit kein weltliches Heil in dem Sinne geben, wie es die säkularisierten Amtskirchen heute verkünden. Es wird niemals auf dieser Erde einen kulturmarxistischen Glückseligkeits-Weltstaat geben, wie ihn die 68er-Generation zu errichten hoffte. Das Leid in der Welt, der Schmerz im Leben jedes Einzelnen ist, wie das Schopenhauer sehr weise formulierte, eine relativ gleichbleibende Angelegenheit:

»Was aber das Leben des Einzelnen betrifft, so ist jede Lebensgeschichte eine Leidensgeschichte: denn jeder Lebenslauf ist, in der Regel, eine fortgesetzte Reihe großer und kleiner Unfälle, die zwar jeder möglichst verbirgt, weil er weiß, daß andere selten Teilnahme oder Mitleid, fast immer aber Befriedigung […] dabei empfinden müssen; – aber vielleicht wird nie ein Mensch, am Ende seines Lebens, wenn er besonnen und zugleich aufrichtig ist, wünschen, es nochmals durchzumachen […]«[467]

Genauso menschlich ist es, diesem Leid, das naturgemäß dem Menschen in diesem Leben begegnet, ausweichen zu wollen, so Schopenhauer weiter. Daher forscht der Mensch nach den scheinbaren Gründen des Leidens in der Welt: »Wir suchen vielmehr zu dem nie von uns weichenden Schmerz stets eine äußere einzelne Ursache«[468] und versuchen, diese dann zu eliminieren. Für den Kulturmarxisten sind die Ursachen zum Beispiel nationale Grenzen, die einen Kulturraum von einem anderen trennen und so verhindern, dass die Menschheit den glückseligen Endzustand der »Einen Welt« erreicht. Man erhofft also, das Leiden des Einzelnen in der Welt durch den sozialen Event einer besseren Zukunft für alle auszulöschen.

Dieser Kampf für die »Eine Welt« war zu keinem Zeitpunkt die Botschaft Christi: »Gott hat Jesus, seinen Sohn, zu den Menschen gesandt, um sie zu erlösen«, ist die zentrale Botschaft der heiligen Schrift. Laut einer *Spiegel*-Umfrage glauben daran jedoch nur noch 29 Prozent der Kirchenmitglieder.[469] Für die Mehrzahl bedeutet Christsein inzwischen, sich für die marxistische Vision einer gerechten Verteilung der materiellen Güter einzusetzen. Interessanterweise ist der Einzige, der Jesus die Weltherrschaft zwecks Errichtung einer besseren Welt anbietet, der Satan. In den Versuchungen Christi heißt es:

»Wieder nahm ihn der Teufel mit sich und führte ihn auf einen sehr hohen Berg; er zeigte ihm alle Reiche der Welt mit ihrer Pracht und sagte zu ihm: Das alles will ich dir geben, wenn du dich vor mir niederwirfst und mich anbetest. Da sagte Jesus zu ihm: Weg mit dir, Satan! Denn in der Schrift steht: Den Herrn, deinen Gott, sollst du anbeten und ihm allein dienen.« (Matthäus 4, 8–10)

Jesus ist also nicht der Fürst der Welt, sondern der Heiland, der Erlöser der Welt (Salvator Mundi). Entgegen der modernen Sozialreligion galt es im traditionellen Christentum, genau diese Weltherrschaft nicht anzutreten, sondern dem Satan, dem Fürsten dieser Welt, zu entsagen. Die Herren der Welt, das sind die Xerxes, Alexanders, Napoleons und Cäsars – das sind Stalin und Hitler. Jesus Christus hingegen ist König des Gottesreichs, das unter uns bereits in Anfängen existiert und dennoch nicht von dieser Welt ist.

Darüber hinaus ist diese Textstelle als generelle Absage Jesu an politische Utopien zu lesen: Politik ist kein Heilsweg, in ihr ist keine Erlösung zu finden. Sicher wird in der Heiligen Schrift »von guten und von schlechten Herrschern« gesprochen und natürlich gibt es Regierungen, unter denen das Leid der Menschen geringer ist als unter anderen. Aber dies geschieht immer nur im Sinne einer pragmatischen Politik, die verantwortlich im Rahmen des Möglichen agiert.

Denn es muss ausdrücklich wiederholt werden: Politik ist kein Heilsweg. Es gibt keine Erlösung vom Leid dieser Welt durch irgendwelche politischen Maßnahmen, wie der Kölner Kardinal Woelki glauben machen möchte, indem er die unbegrenzte Aufnahme von Flüchtlingen fordert.[470]

Das Schaffen einer »globalen Gesellschaft« durch ungehemmte Zuwanderung junger muslimischer Männer wird keinesfalls zu mehr Glück, Frieden und Zufriedenheit in der deutschen Gesellschaft führen. Die einst so friedlich-verschlafene Bundesrepublik steuert, durch die kulturmarxistischen Revolutionäre (auch in der Kirche) getrieben, auf einen Ausnahmezustand zu. Gewaltaufrufe, zum Beispiel, Pegida-Demonstrationen niederzuprügeln, »da gegen rechts nur Gewalt helfe«,[471] sind deutliche Anzeichen dafür.

Die Kirche hat damit ihre zentrale Lehre aufgegeben, dass sich jegliche menschliche Erlösung nur durch Jesus Christus vollziehen kann. Sie ist zu einem säkularen Ethikklub verkommen, wohlfeile »Werte« verkündend, wie dies der Markt der politischen Korrektheit im jeweiligen Augenblick erfordert.

Die Ekstase der Selbstmörder

Als im Spätsommer 2015 bedingungslos die Grenzen Deutschlands und Europas geöffnet wurden, gerieten viele, in eine Art ekstatischen Taumel. Zum ersten Mal vielleicht tat sich für manche ein Sinnhorizont auf. Man bezeichnete dies als »Willkommenskultur«. Auf der religiösen Ebene entspricht die gefeierte Aufhebung aller Grenzen vielleicht am ehesten den Festen zu Ehren des antiken Gottes Dionysos. Im antiken Griechenland gerieten die Menschen bei den sogenannten Dionysien in eine kollektive, ekstatische Raserei. Man ließ alle gesellschaftlichen Schranken fallen, rannte nackt und betrunken durch die Weinberge, bis man am Ende in eine Art orgiastische Einheit taumelte, bei der jeder mit jedem auf jede nur erdenkliche Weise Geschlechtsverkehr hatte.[472]

So ungefähr dürfen wir uns vermutlich die Sehnsucht der »Willkommenskultur«-Aktivisten vorstellen, ihren »Honeymoon of Help«. Man sucht einen Zustand der Geschichtslosigkeit, ein grenzenloses Nirwana ewig währender Glückseligkeit und ahnt schon dunkel, dass es unter dem Minarett der Moschee nicht nur keine Gay-Paraden mehr geben wird, sondern Europa selbst seinem Ende entgegenstürzt. Jean Raspail schrieb diesbezüglich 1985 im Vorwort zur dritten Auflage seines Romans *Das Heerlager der Heiligen:*

»Eingeschlossen inmitten von sieben Milliarden Menschen leben nur siebenhundert Millionen Weiße, davon in unserem kleinen Europa ein nicht mehr junges, sondern sehr gealtertes knappes Drittel, gegenüber einer Vorhut von fast vierhundert Millionen Maghrebinern und Muselmanen auf dem gegenüberliegenden Ufer des Mittelmeeres, wovon fünfzig Prozent jünger als zwanzig Jahre alt sind und die dem Rest der Dritten Welt vorausgehen. Kann man bei einem solchen Mißverhältnis nur eine Sekunde und im Namen irgendeiner Vogelstraußblindheit an ein Überleben glauben?«[473]

An die Stelle der Wehrhaftigkeit, dem Willen, das Eigene zu verteidigen, trat in Europa unbewusst der Wunsch, mittels einer orgiastischen Raserei der eigenen Kultur durch kollektiven Selbstmord ein Ende zu bereiten. Der Kulturmarxismus als ideologisch ausgeformter Fortschrittsglaube wäre in diesem Sinne nicht mehr als das Rasiermesser in der zitternden Hand des Selbstmörders, der seinen Traum auf eine bessere Zukunft begraben sieht. Statt auf Jesus Christus, hofft das Abendland nun auf die Erlösung durch den befreienden Schnitt in die eigene Kehle. Ernst Jünger formulierte das 1968 vorausahnend:

»Der kollektive Selbstmord kann sich unbewusst anbahnen, indem der Widerstand gegen den Fortschritt erlahmt. Das kann eines Tages in den Willen umschlagen: als Bejahung der Katastrophe, als Lust zum Untergang.«[474]

Die andere Option des Menschen

Ihr seid nur Fremde und Gäste in dieser Welt …

1. Petrus 2, 11

»Wir schaffen das. In Zukunft wird alles gut.« Der kulturmarxistische Traum einer besseren Welt läuft auf eine grandiose Selbsttäuschung hinaus. Wer einmal gesehen hat, wie beispielsweise in Paris ganz selbstverständlich schwarzafrikanische junge Männer in großen Gruppen sich zusammenrotten, um voller Wut die Stadt zu demolieren, der sollte von der kulturmarxistischen Vision einer »bunten, besseren Welt« schnell kuriert sein.[475] In einer multikulturellen Gesellschaft werden ohne einen totalen Staat bürgerkriegsähnliche Zustände herrschen. Eine ähnliche Enttäuschung auf der Suche nach dem irdischen Paradies erlebt auch der einzelne Mensch. Wie wir am Anfang dieses Buches sahen, glaubte der Maler Paul Gauguin, in der Südsee das Paradies auf Erden gefunden zu haben, bis er an Syphilis erkrankt am Palmenstrand hungerte und starb.

Wir kommen damit zu einem generellen, gerne verdrängten Problem des Menschen: Diese Welt scheint kein Ort zu sein, auf der es sich der Mensch hübsch einrichten kann. Vielmehr scheint diese Welt ihrer Struktur nach, einem Übergang zu gleichen, aus welchem der Mensch jedes Mal aufgescheucht wird, sobald er versucht, es sich heimelig zu machen. Es scheint, als könne die Menschheit in einer Welt des Übergangs nicht im eigentlichen Sinn zu Hause sein.

Vielmehr gleicht der Mensch in diesem irdischen Leben dem heimatlosen Wanderer, der durch die Welt hindurchgeht, indem er geboren wird und wieder stirbt. Somit wäre die richtige Metapher vom menschlichen Leben das einer Brücke, die sich von der Geburt bis zum Tod durch dieses Leben hindurch spannt. Um das zu verstehen, muss diese Metapher weiter ausgebaut werden:

Über eine Brücke geht man hinüber. Man baut auf einer Brücke kein Haus. Wir werden also auf einer Brücke keine Heimat finden. Unsere Heimat ist geistlich. Unsere Heimat ist nicht diese Welt, unsere Heimat ist das Reich Gottes. Aus diesem Reich kommen wir, wenn wir geboren werden, und in dieses Reich kehren wir mit unserem Tod zurück. Die Welt dazwischen ist nicht mehr als ein Übergang.

In der Theologie bezeichnet man diese Problematik als die der gefallenen Welt. Im ersten Buch der Bibel, der Genesis, wird diese Fremdheit des Menschen in der Welt in eindrücklichen Bildern beschrieben:

Adam und Eva leben im Paradies, bis sie durch den Teufel in Form der Schlange dazu verführt werden, vom Baum der Erkenntnis zu essen. Kaum gelangen Adam und Eva jedoch zur Erkenntnis, verlieren sie ihre Unschuld, die sie im Einklang mit der Natur, den Tieren und Pflanzen leben lässt. Sie fallen aus dem Paradies und die Welt fällt mit ihnen. Von nun an sind sie fremd in einer gefallenen Welt. Eva wird unter Schmerzen Kinder gebären und Adam den gemeinsamen Lebensunterhalt »im Schweiße seines Angesichts« bestreiten müssen. Leid, Schmerz und Anstrengung prägen von nun an das Leben der Menschen.

Aus dieser Situation resultiert, wie Søren Kierkegaard das formulierte: »daß das Entsetzliche, das Verderben, die Vernichtung Tür an Tür wohnen mit einem jeden Menschen«.[476] Die Fragilität und Leidhaftigkeit der menschlichen Existenz ist daher unabänderlicher Bestandteil des Lebens. Ganz gleich, in welcher Gesellschaft der Mensch lebt. Ob im Kommunismus, im Nationalsozialismus, im Kulturmarxismus oder der parlamentarischen Demokratie bundesrepublikanischer Prägung. Die Leidhaftigkeit menschlicher Existenz bleibt auch im »besten« politischen System bestehen (oder was die Anhänger der entsprechenden Ideologie für das beste System halten.)

Um zu zeigen, dass diese grundsätzliche Problematik menschlicher Existenz über das Christentum hinaus erkannt wurde, sei an dieser Stelle die mystisch überformte Geschichte eines indischen Prinzen gestattet, der circa vierhundert Jahre vor Christus lebte und ebenfalls als großer Religionsstifter in die Geschichte einging. Standesgemäß wuchs dieser Prinz der Legende nach in einem Palast auf, sorglos, von allem Leid der Welt ferngehalten, zwischen Gold, Edelsteinen, köstlichen Mahlzeiten und Freudenmädchen.

Doch als junger Mann wird ihm dieses Leben schnell schal und leer. Die Freudenmädchen, die vor ihm tanzen, erscheinen ihm grau und stumpf. Nach langem innerem Ringen flüchtet er eines Nachts aus dem Palast seines Vaters, um fortan im Wald zu fasten, zu meditieren und die Wahrheit zu suchen.

Am Ende einer jahrelangen Wanderung von einem Brahmanen zum nächsten, die ihm doch nicht zur Erkenntnis der Wahrheit verhelfen konnten, setzt sich der junge Prinz mit Namen Siddhartha Gautama unter einen Baum und nimmt sich vor, von nun an so lange an einem Stück zu meditieren, bis er die Erleuchtung erlangt hat.

Dies ist dem Teufel ein Dorn im Auge und er schickt erst seine verführerischen Töchter, die aufreizend vor dem Prinzen tanzen. Doch der Meditierende lässt sich dadurch nicht von seinem Entschluss abbringen. Dann schickt der Teufel seine Söhne, die Pfeile auf den Meditierenden abschießen, doch die Pfeile treffen nicht, sondern verwandeln sich in Blütenblätter. Am Ende erlangt der Buddha, wie er von nun an heißen wird, die Erkenntnis der Wahrheit. Die erste der »Vier edlen Wahrheiten«, wie sie später heißen werden, ist die Erkenntnis: »Die Welt ist voller Leid.«[477]

In Anbetracht der heutigen, kulturmarxistischen Gesellschaft, die zwischen Konsumversprechen und der vermeintlichen Heilserwartung eines bunten, vielfältigen Utopias in der Zukunft oszilliert, sollte dieser Satz zu denken geben. Der Buddha wird in den folgenden Jahrzehnten seines langen Lebens nicht müde werden, diese für seine Lehre primäre erste Erkenntnis immer und immer wieder zu verkünden. Er erzählt Geschichten von jungen Mädchen mit gazellengleichen Beinen und straffen Brüsten, wie sie den jungen Mann verlocken, und gleich darauf, wie sie schon nach wenigen Jahren gebückt und krank, vom Alter dahingerafft am Brunnen stehen. Oder Geschichten vom reichen Sohn, der sich an seinen Besitz bindet und dann alles verliert und vor Kummer vergeht. Es ist wichtig, diese Kernbotschaft des Buddhismus zu begreifen: Alle Heilsversprechen, die der Mensch erfährt, seien es Reichtum, Politik, Sexualität oder Macht, sind Versprechen, die nur kurzfristig befriedigen, doch dann wieder aufs Neue den Menschen leiden lassen, da nichts in dieser Welt beständig ist und er alles wieder verlieren wird.[478]

Zwar war die buddhistische Sicht der Welt nicht der Glaube des alten Europas. Dennoch gab es im Westen Parallelen. Ein westlicher Philosoph, den der Buddhismus sehr stark prägte, war Arthur Schopenhauer:

Auch er analysierte die Welt als »Jammertal«, als einen Zustand voller Leiden. Alles Glück ist laut Schopenhauer Illusion, eine endgültige Befriedigung der menschlichen Sehnsucht nach einer besseren Welt, nach einem besseren Leben, kann es in dieser Welt nicht geben:

»Denn alles Streben entspringt aus Mangel, aus Unzufriedenheit mit seinem Zustande, ist also Leiden, solange es nicht befriedigt ist. Keine Befriedigung aber ist dauernd, vielmehr ist sie stets nur der Anfangspunkt eines neuen Strebens. Das Streben sehen wir überall vielfach gehemmt, überall kämpfend. Solange also immer als Leiden: kein letztes Ziel des Strebens, also kein Maß und Ziel des Leidens.«[479]

Das Leben schwingt demnach, wie Schopenhauer erklärt, hin und her, gleich einem Pendel, zwischen dem Schmerz und der Langeweile, kleinen und größeren Unfällen. In jeder Lebensgeschichte hat das Leid unabwendbar seinen Platz.

Wenn das Christentum diese pessimistische Weltsicht in mancher Hinsicht teilte, war es doch nie in dieser Weise der Lebensfreude gegenüber verschlossen. Von der heiligen Teresa von Avila stammt der bekannte Ausspruch: »Wenn Fasten, dann Fasten, wenn Rebhuhn, dann Rebhuhn«. Was bedeutet, die europäische Kultur wusste die Dinge so zu nehmen, wie sie sind und wie sie das Leben darbot. Das hieß, die Härten des Lebens als solche durchstehen und die freudvollen Momente dankbar annehmen.

Die abendländische Kultur war damit in ihrer höchsten Form immer eine Kultur der Nächstenliebe und des Humors, der Wehrhaftigkeit und des Heldenmuts in Anbetracht eines immer schon drohenden leidvollen Untergangs.

Ein leidloses Leben, wie es der Kulturmarxismus für die Zukunft verspricht, ist demnach nicht möglich. Jegliche Art von Rousseauismus und Utopismus ist von vornherein zum Scheitern verurteilt. Das Problem liegt nicht nur in einer gefallenen Welt, sondern auch in der höchst problematischen Natur des Menschen selbst. Denn mit der Schöpfung ist ebenfalls der Mensch gefallen und unausweichlich in Schuld und Leid verstrickt, woraus er sich selbst nicht erlösen kann. Was heißt, der Mensch ist nicht von Natur aus gut, sondern immer schon fähig dazu, anderen Menschen Leid zuzufügen.

Mit der Selbstüberhöhung des neuen, guten Menschen, wie sie im Kulturmarxismus betrieben wird, hat die Botschaft Christi nichts zu tun. Vielmehr war Christus die Schwachheit des Menschen sehr wohl bekannt. Die Unfertigkeit des Menschen, seine Unfähigkeit, nach den Geboten Gottes zu leben, war für Jesus kein Geheimnis. Er kannte die Menschen und gerade deswegen verkündete er das Gebot der Nächstenliebe. »Liebe deinen Nächsten wie dich selbst« ist eine Aufforderung zur Demut, denn nur durch die Liebe wird es dem Menschen gelingen, verantwortlich gegenüber seinem Nächsten zu handeln.

Vor diesem Hintergrund wird überdies die katholische Vorstellung einer »Erbsünde« verständlich. Der Mensch wird eben nicht, wie Rousseau behauptet, frei geboren, sondern als Gefangener seiner eigenen inneren Beschränkungen: der Begierden, die ihn versklaven. Eine Frau hält sich für frei, wenn sie all ihr Geld in Modegeschäften lässt und ein Mann hält sich für frei, wenn er seine Freizeit mit Pornofilmen im Internet verbringt. Dies ist die »Freiheit« des Kulturmarxisten. Letztlich ist dieses »frei sein« jedoch nur ein Gefesseltsein an die Ketten der eigenen Begierden und Unzulänglichkeiten.

Erst eine mühsam, individuell und kulturell errungene Selbstdisziplinierung lässt den Menschen in gewissen Grenzen frei werden von seinen inneren Abhängigkeiten. Im alten Europa kannte dieser Weg der Freiheit durch Selbstdisziplinierung ein Ziel. Dieses Ziel war Jesus Christus, der die Menschen, im Namen seiner Barmherzigkeit, aus dem Jammertal dieser Welt erlösen wird.

Für den Menschen der Moderne hingegen herrscht die Idee des Fortschritts. Laut dieser Vorstellung erwirkt die Menschheit die »Befreiung« durch beständige »Entfesselung« und »Höherentwicklung«, um in einer fernen Zukunft eine weltliche Glückseligkeit zu erreichen. Mit dieser Vision als Zielhorizont breitet sich der Kulturmarxismus über die Erde aus. Der technische Fortschritt der letzten zweihundert Jahre gilt als Beweis: vom Rechenschieber zum Smartphone, von der Pferdekutsche zum Porsche. Die dem technischen Fortschritt innewohnende Dialektik wird geleugnet. Die negativen Folgen werden verdrängt. Der Mensch wird in dieser Vision zum Halbgott, zum Cyborg, zum Designer seiner Gene, Gestalter seines eigenen, ganz individuellen Geschlechts, unsterblich und allmächtig. Und das alles nur, um dem Leiden an sich selbst, den Mitmenschen und der Welt auszuweichen.

Ursache für die Fortschrittsgläubigkeit ist die »transzendente Obdachlosigkeit«[480] des modernen Menschen. Sein Herausfallen aus der Bindung an eine höhere Ordnung. Der moderne Mensch sieht sich entsprechend immer auf eine bessere, materielle Zukunft zuschreiten, in der Hoffnung, in das Paradies, aus dem er einst vertrieben wurde, zurückzukehren.

Dabei gehen inzwischen selbst Evolutionsbiologen[481] davon aus, dass dem Menschen ein unstillbarer »Hunger nach Gott«[482] angeboren ist. Verschiebt sich diese Sehnsucht ins Materielle, wird sie zum treibenden Motor für allerhand Ideologien: So ist die fehlgeleitete Sehnsucht des Menschen nach Erfüllung und Erlösung der treibende Motor hinter dem Kulturmarxismus.

Der Mensch ist also ein Wesen, geboren mit einer Hoffnung auf Erlösung, auf irgendeine Weise »heimzukehren«. »Philosophie ist eigentlich Heimweh«, sagt Novalis, »der Trieb, überall zu Hause zu sein«.[483] Insofern trägt jegliches Gesellschaftssystem, selbst die materiell ausgerichtete westliche Welt, Formen des Glaubens in sich. Ob konsumorientierte Gesellschaften, marxistische Gesellschaften oder die Symbiose aus beiden im Kulturmarxismus. Sie alle glauben an eine bessere Zukunft des Einzelnen und der Gesellschaft. Noch müssen im Hier und Jetzt Opfer gebracht werden, muss gekämpft werden, muss Leid erduldet werden, aber in der Zukunft schon liegt das verheißene Land bedingungslosen Konsums und einer besseren Gesellschaft. Es ist die Sehnsucht nach einem schmerzfreien, ungeformten Zustand, der die Menschen treibt, die Sehnsucht nach Erlösung oder vielleicht auch Auflösung der problematischen Individualität »als Klümpchen Schleim in einem warmen Moor«.[484].

Doch diese Vision kann dem alten Kontinent kein neues Leben einhauchen, wie Martin Lichtmesz feststellt:

»Unsere Zivilisation hat die Welt gewonnen, aber ihre Seele verloren, und jeder, der etwas tiefer blickt, wird erkennen, daß sie vor allem umfassender spiritueller Reformen von innen her bedarf, die auf ein ›metanoeite‹, ein ›Wandelt euren Sinn‹ hinauslaufen müssen, wie es nur eine lebendige Religion bewirken kann.«[485]

Wird diese lebendige Religion der Glaube an Jesus Christus sein oder steuert Europa unweigerlich auf seinen Untergang zu?

Diese Frage kann nur die Zukunft beantworten. Wir sollten jedoch niemals die Hoffnung verlieren. Denn unabänderlich bleibt nicht nur das Leben jedes Einzelnen eine Reise, sondern auch das der Kultur, in der wir leben. Auch Zivilisationen werden geboren, erleben ihre Blütezeit und werden innerhalb einer historisch überschaubaren Zeitspanne wieder von dieser Welt verschwinden. Wir sind nicht mehr als ein Windhauch, wie der Prediger Kohelet das ausdrückte:

»Windhauch, Windhauch, sagte Kohelet, Windhauch, Windhauch, das ist alles Windhauch.

Welchen Vorteil hat der Mensch von all seinem Besitz, für den er sich anstrengt unter der Sonne?

Eine Generation geht, eine andere kommt.«

(Kohelet 1, 2–3)

In einer Welt des »Windhauchs« und des Wandels kann es weder für den Menschen noch für eine Hochkultur, wie es das Abendland war, eine dauerhafte Heimat geben. Daran knüpft sich ein Paradox. Natürlich soll der Mensch wehrhaft sein und das Eigene verteidigen. Aber wahre Kraft liegt nur in der Gelassenheit. Woran der Mensch festklammert, das wird er verlieren. Daher gibt es Hoffnung nur für den, der loslassen kann. Jesus Christus formulierte das auf seine Weise:

»Denn wer sein Leben retten will, wird es verlieren; wer aber sein Leben um meinetwillen verliert, wird es gewinnen.« (Mt. 16, 25)

Die große Show: Nachtrag aus dem Jahr 2019

Welcome my son, welcome to the machine.
What did you dream?
It's alright we told you what to dream.
Pink Floyd – ***Welcome to the Machine***

Die inszenierte Demokratie

Leben wir in einer Demokratie oder ist unser politisches System eine große Show, die der Unterhaltung und Ablenkung der Massen dient? Eindrucksvoll wurde mir dies vor einigen Jahren in Berlin deutlich. Hier versuchte eine kleine Gruppe von vielleicht fünfzig Rechtsradikalen mit kahl geschorenen Köpfen, schwarzen Fantasieuniformen und Reichsflaggen »aufzumarschieren«. Dagegen »demonstrierte« eine Masse von geschätzt vier- bis fünfhundert Schülern, Studenten und auch älteren Vertretern des grün-linken Milieus und brüllte die kleine Neonazigruppe mit hasserfüllten Gesichtern nieder. Man bewarf die fünfzig Männer mit Tomaten und Eiern und die Polizei hatte ernste Schwierigkeiten, die Neonazis in ihren schwarzen Uniformen schließlich in Sicherheit zu bringen, ansonsten hätte man, so mein Eindruck, um ihr Leben fürchten müssen.

Währenddessen war ein Kamerateam des Rundfunks Berlin-Brandenburg dabei, auch wirklich jede Regung der kleinen Rechtsradikalengruppe zu filmen. Das ergab spektakuläre Aufnahmen: Glatzköpfige Männer, schwarze Uniformen, Armbinden, Reichsflaggen, besser hätte es nicht sein können. Später in der RBB Abendschau war das ganze Spektakel dann Anlass für einen

Bericht über die angebliche Zunahme »rechter Gewalt«, aber auch über eine Gegendemonstration engagierter Bürger, die sich für Weltoffenheit und Migration einsetzen.

Natürlich stellte ich mir nach diesem sehr lauten und eindrucksvollen Spektakel die Frage, ob die Skinheads in ihren Fantasieuniformen echte Neonazis waren, die wirklich noch an Hitler glauben, oder bezahlte Statisten. Leider konnte ich diese Frage nicht beantworten. Aber allein schon, dass sich diese Frage stellt, und sie sich bei ähnlichen Anlässen immer häufiger stellt, ist interessant und sollte zu denken geben.

Man kann jedoch die Vorgänge hinter diesem Schauspiel auch klären, ohne diese Frage zu beantworten. Schließlich gibt es genügend logische Erklärungen dafür, wie Menschen dazu kommen, sich in eine solche Extremsituation hineinzubegeben. Man macht sich die Gründe hierfür deutlich, wenn man beide Gruppen nicht als getrennte, polar gegenüberstehende Einheiten, sondern als ein Ganzes begreift, bei dem die einen jeweils die anderen brauchen, damit ein beide Gruppen stärkendes Erlebnis zustande kommt.

Es muss also geklärt werden, was ganz normale Schüler und Studenten dazu bringt, derart aus sich herauszugehen und offen aggressiv eine andere Gruppe anzugreifen. In der Schule oder der Universität verhalten sich die gleichen Menschen schließlich ganz normal und angepasst. Sie besuchen ihren Unterricht, sind höflich gegenüber Lehrern und Professoren und fallen auch sonst nicht weiter auf. Was bringt sie dazu, sich plötzlich in einen derart kollektiven Hass hineinzusteigern und eine kleine Gruppe mit solch einer Lautstärke niederzubrüllen und mit Tomaten und Eiern zu bewerfen?

Dann muss gefragt werden, was die kleine Gruppe der Neonazis dazu brachte, sich einer derartigen Hassorgie auszusetzen, sich anschreien, bespucken und bewerfen zu lassen. Worin besteht für diese kleine Gruppe der Vorteil eines solchen Erlebnisses, wenn es sich also nicht beweisen lässt, dass die kleine Gruppe der Rechtsradikalen ganz oder teilweise aus bezahlten Statisten bestand. Und wie wir sehen werden, ist es durchaus nicht unmöglich, dass diese echt waren, denn es gibt immer Menschen, die sehr spezielle gruppendynamische Prozesse brauchen, um sich in ihrer Identität bestätigt zu fühlen.

Wir haben es bei der kleinen Gruppe von Neonazis mit Menschen zu tun, die sich offenkundig an ihrer gesellschaftlichen Ächtung erbauen und gezielt regelmäßig die kollektive »Hassdusche« suchen, um sich als kleine Außenseitergruppe zu bestätigen. Man versteht sich als zusammengeschweißte Gemeinschaft, die trotz der massiven Angriffe durch die Massen ganz alleine für die »Wahrheit« kämpft. Dies gibt der kleinen Gruppe ein Gefühl der Überlegenheit und die Bestätigung, trotz aller Gefahr, zusammenzugehören.

Auch die große Masse des »bunten und vielfältigen« Mainstreams kennt vergleichbare psychologische Mechanismen. Den Vertretern dieser Gruppe hat man schon in der Grundschule beigebracht, dass die Nazis die wahren Bösen sind. Man hat ihnen Jahr für Jahr im Unterricht erklärt, dass Nazis eine äußerst große Gefahr für unsere Gesellschaft sind. Entsprechend sind Nazis gegenüber alle Mittel erlaubt, und der Einzelne ist aufgefordert, gegen eine Wiederkehr der Nazis zu kämpfen. Und mit allen Mitteln heißt mit allen Mitteln. Schließlich wurden sie in der Schule regelmäßig mit der Frage konfrontiert: »Stell dir vor, du könntest eine Zeitreise in die Vergangenheit unternehmen und würdest im Jahr 1933 landen. Würdest du Hitler dann töten?« In der Welt wurde 2016 sogar gefragt: »Würdest du das Hitler-Baby töten, wenn du könntest?«[1]

In der Überzahl können diese Menschen nun endlich bei so einem Spektakel zeigen, was in ihnen steckt und gemeinsam ihren »Killertrieb« gegenüber den »wahren Bösen«, das heißt den echten »Hitler-Neonazis« ausleben. Und da nun nicht nur unsere Freiheit, sondern auch das Leben von Millionen Menschen in Gefahr ist, kann man bei diesen »Nazis« so richtig aus sich herausgehen und alle im Leben aufgestaute Frustration und Wut endlich einmal ohne schlechtes Gewissen ablassen. Schließlich trifft es ja nicht nur die Richtigen, sondern man begeht auch noch eine gute Tat.

Auch diese Gruppe zieht aus diesem Erlebnis eine positive Gruppenbestätigung. Man wacht am nächsten Tag befriedigt auf und freut sich, gemeinsam mit anderen für eine bessere Zukunft der Menschheit gekämpft zu haben.

Das Ganze ist also ein Prozess, von dem beide Seiten profitieren und die für ihre eigene Identität benötigte Bestätigung ableiten. Die Neonazis brauchen die hasserfüllte Ablehnung durch die Mehrheit und die Mehrheit braucht die kleine Gruppe, die sie gefahrlos, mit Unterstützung des herrschenden Systems, niederbrüllen und bewerfen darf. Man kann somit fast schon von einer Win-win-Situation sprechen.

Aus Sicht der wirklich wichtigen politischen Fragen war das ganze Spektakel jedoch ein belangloses Ereignis, das in den Medien eigentlich keiner weiteren Erwähnung bedarf, würden diese ihrer Aufgabe nachkommen, uns zu informieren und nicht abzulenken. Denn den eigentlich wichtigen Part in diesem Spektakel übernahm der öffentlich-rechtliche Rundfunk, der wie schon erzählt, das Ganze filmte, aus fünfzig verkleideten Skinheads einen »Aufmarsch« machte und so mit einfachen Mitteln ein Millionenpublikum im Fernsehen mit der täglichen »Nazi-Grusel-Unterhaltung« versorgte.

Der Weg führte also über ein gruppendynamisches Spielchen, bei dem wir nicht wissen, ob alle Parteien echt waren, hin zu einem medialen Spektakel, an dem ganz sicher nichts mehr echt, sondern alles eine Show ist, mit dem Zweck, die Massen abzulenken und zu unterhalten. In der Sendung wurde der Eindruck erweckt, es hätte mit dem »friedlichen Protest der Zivilgesellschaft« gegen den »Aufmarsch der Rechten«[2] ein für unsere Zukunft wirklich wichtiges Ereignis stattgefunden. Hierdurch wäre die Bedeutung des politisch engagierten Bürgers für den Fortbestand unserer Demokratie klar geworden. Der Berliner Innensenator Andreas Geisel (SPD) sagte dazu bei einer vergleichbaren Veranstaltung dem Sender RBB: »Ein Verbot wäre mir sehr sympathisch gewesen, wir haben das sehr sorgfältig geprüft und festgestellt, dass die freiheitlich-demokratische Grundordnung leider auch für Arschlöcher gilt.« Er hätte, einmal abgesehen von seiner Wortwahl, eher darauf hinweisen sollen, dass vielmehr diese Show für unsere »freiheitlich-demokratische Grundordnung« leider unverzichtbar ist. Schließlich hatte ein »breites Aktionsbündnis«, »das unter anderem von SPD, Grünen, Linkspartei, Kirchen sowie dem Deutschen Gewerkschaftsbund (DGB) unterstützt wurde«, zu der Gegendemonstration aufgerufen. Man wandte sich dabei allenfalls am Rande gegen den Anlass der Neonazi-Demonstration (Heß-Gedenken), sondern ganz allgemein gegen »rassistische Stimmungsmache« sowie »Drohkulissen gegen Menschen mit Migrationshintergrund und Geflüchtete«[3].

Wir hören also in den Massenmedien viel über »Demokratie« und die Bedeutung des »politisch engagierten Bürgers«. Doch wir müssen uns fragen, was ist an dieser Darstellung dran? Über wie viel Mitspracherecht verfügen die Bürger im Bereich der Politik tatsächlich? Werden politische Entscheidungen wirklich davon beeinflusst, dass wir alle vier Jahre eine Stimme für eine bestimmte Partei oder Politiker abgeben?

Wenn wir der einen Seite der Inszenierung angehören, dann engagieren wir uns für eine »bunte und vielfältige Gesellschaft« und »kämpfen gegen den Klimawandel«, indem wir kein Fleisch mehr essen und stattdessen hoch industriell verarbeitete High-End-Produkte wie die fleischfreien Burger des Konzerns »Beyond Meat« konsumieren. Aber was machen die Bürger, wenn sie der anderen Seite unserer zutiefst gespaltenen Gesellschaft zugehören? Werden sie vielleicht Mitglied einer »rechtspopulistischen« Partei?

Und damit kommt der »Rechtspopulismus« ins Spiel. Denn der politische Mainstream ist nur die eine Seite der Show. Was auf der Straße die Neonazis »besorgen«, liefert (in der Regel ohne Absicht) auf der großen Bühne unserer Demokratie der »Rechtspopulismus«.

Im Sinne des »Social Engineering« gibt es nämlich immer dort, wo bildlich gesprochen die große Masse in die eine Richtung rennt, immer auch eine kleine Gruppe, die gegen den Strom schwimmt. Dahinter steht ein gruppendynamisches Prinzip.[4]

Die evolutionstheoretische Ursache dieses Prinzips ist einfach zu erklären. So war es in den Frühzeiten der Menschheit in der Regel für das Überleben sinnvoll, mit der Masse mitzulaufen. Wenn also fast alle Mitglieder einer Gruppe vor einem Steppenbrand flüchteten, dann wurde das Überleben der Gruppe sichergestellt, denn die Mehrheit hatte sich in Sicherheit gebracht und allenfalls eine Minderheit war ums Leben gekommen. Es war aber für das Überleben der Gruppe genauso wichtig, dass es immer auch einige wenige gab, die nicht mit der Masse mitgingen, sondern in die andere Richtung liefen. Wenn also die Mehrheit einer Gruppe in sehr seltenen Fällen aus irgendwelchen Gründen in den sicheren Tod rannte und von der Klippe stürzte, blieben immer noch die wenigen übrig, die aus gruppendynamischen Gründen nicht mit der Hauptmasse der Gruppe mitgelaufen waren.

Nun konnte diese kleine Außenseitergruppe den genetischen Fortbestand der Gruppe sichern.

In unserer tief polarisierten Gesellschaft gibt es also immer auch die andere Seite, die kleine Gruppe derjenigen, die in die andere Richtung läuft. Das sind diejenigen (und da schließt sich der Autor mit ein), die sich gegen die Masseneinwanderung aussprechen, für die sogenannte »traditionelle« Familie eintreten, für den Erhalt der Nationalstaaten einstehen und einen Kurswechsel in der Politik fordern. Das Problem dabei ist jedoch, dass in der gegenwärtigen massenmedialen Demokratieinszenierung beide Teile der Gesellschaft von der großen Show, die der Kulturmarxismus uns bietet, vereinnahmt werden. So ist auch den Vertretern der kleinen Gruppe bei all ihrem begrüßenswerten Bemühen in der Regel nicht bewusst, dass auch sie zu Statisten und damit längst zu einem extrem wichtigen Teil der Show geworden sind.

Ja, man kann sogar sagen, ohne den »Rechtspopulismus« wäre inzwischen die Show, die den Konsumenten in den Massenmedien geboten wird, nicht mehr denkbar. Wie langweilig wäre die »Seenotrettung« illegaler Einwanderer im Mittelmeer und ihre anschließende Verschleppung nach Europa, wenn der »rechtspopulistische« Innenminister Italiens nicht anschließend Frau Rackete lautstark und medienwirksam mit Haft drohen würde? Wie langweilig wären die Tagesthemen oder der Spiegel ohne den »Rassisten« Donald Trump oder die »Rechtsaußenpartei« AfD?

Schließlich braucht es, damit es spannend wird, bei einem guten Drehbuch immer zumindest zwei Seiten: einen Helden und einen Bösewicht. Deswegen bieten uns die Massenmedien jeweils zwei politische Richtungen: gut gegen böse, links gegen rechts, »bunt« gegen »braun« oder »Vielfalt gegen Einfalt«. Wir sind alle Teil der Show. Und es gibt in einer vollwertigen Demokratiesimulation kein Entrinnen aus der Show, egal mit was für Absichten wir uns auf die eine oder andere Seite schlagen. Auf die konkreten Entscheidungen der Politik üben wir keinen Einfluss aus.

Was hingegen wirkliche Mitbestimmung in einer Demokratie heißt, kann man sich verdeutlichen, wenn man sich die klassische Demokratie des antiken Athens vor Augen führt. Hier stimmten die Bürger über konkrete Fragen ab, die ihr tägliches Leben betrafen. War zum Beispiel eine Steuererhöhung geplant, so bestimmten die Bürger selbst, ob und wie hoch diese ausfallen sollte.[5] In der Bundesrepublik hingegen besteht für den Bürger praktisch keine Möglichkeit, in Bezug auf geplante Steuererhöhungen irgendetwas ernsthaft mitzuentscheiden.

Da hilft zum Beispiel auch die Wahl von Parteien nichts, die sich Steuersenkungen auf die Fahnen geschrieben haben. Berühmt wurde der Fall der Koalitionsregierung aus CDU und FDP 2009 bis 2013, die als Phase mit zahlreichen Steuererhöhungen in die Geschichte der Bundesrepublik einging. Insofern ist das Image, dass sich einzelne Parteien geben, allenfalls als Werbestrategie zu verstehen, um eine bestimmte Klientel unter den Bürgern anzusprechen. Konkrete Auswirkungen auf die Politik können sich aus den Wahlversprechen zum Beispiel einer FDP in der Regel nicht ableiten.

Die Beispiele lassen sich beliebig fortsetzen. Wie war es seinerzeit mit der Abschaffung der Deutschen Mark? Die Mehrheit der Deutschen hätte gerne die eigene Währung behalten und stand der Einführung des Euro sehr kritisch gegenüber.[6] Wo war damals das demokratische Prinzip der politischen Entscheidungsfindung durch den Bürger? Oder wie steht es mit der immer weiterreichenden Einbindung Deutschlands in das undurchsichtige System der EU-Bürokratie in Brüssel? Haben wir da ein Mitbestimmungsrecht?

Aber genau das ist es, was heute Demokratie bedeutet. Alles ist gläsern, alles ist offen und wir können scheinbar überall dabei sein. Das Fernsehen überträgt uns jeden Tag stundenlange Debatten aus den Parlamenten. Alles ist aus Glas und durchsichtig.

Sehr schön sehen wir dieses Prinzip an der Architektur der Herrschaft verdeutlicht, das heißt an den Gebäuden, in denen angeblich unsere demokratischen Entscheidungen getroffen werden. Auch sie sind aus Glas. Wir sehen gläserne Kuppeln und große Glasfassaden und sollen dadurch den Glauben gewinnen, dies bedeute Demokratie, Bürgernähe und Mitsprache. Ein schönes Beispiel für solch ein Gebäude ist das Bundeskanzleramt mit seinen großen, lichtdurchfluteten Glaswänden und seiner offenen Architektur.

Dabei können wir, wenn wir uns Glasgebäude wie das deutsche Kanzleramt einmal genauer anschauen, überhaupt nicht erkennen, wo wir irgendwo die Möglichkeit hätten, mitzuregieren. Vielmehr bleiben die Bürger draußen an den großen Scheiben kleben. Im besten Fall erinnert das Bundeskanzleramt noch an die berühmte gläserne Wurstfabrik, in der wir exemplarisch schönen Würsten dabei zusehen dürfen, wie sie appetitlich hergerichtet über das Fließband laufen. Uns dämmert jedoch sehr schnell, dass hier nicht die Wurst herkommt, die uns jeden Abend bei der Tagesschau aufs Brot geschmiert wird. Und nicht anders ist das natürlich auch mit unseren »demokratischen« Entscheidungsprozessen. Wir können hier, im Bundeskanzleramt, wenn wir ehrlich sind, auch nicht ansatzweise erahnen, wo und an welcher Stelle wir konkret befragt wurden oder am Entscheidungsprozess beteiligt waren.

Dieser »Konstruktionsfehler« der westlichen Demokratien ist jedoch mehr oder minder seit Langem schon vielen Menschen bewusst. Vor dem Aufkommen des »Rechtspopulismus« äußerte sich diese Erkenntnis in der Regel in Apathie, Frustration oder der allgegenwärtigen Klage, dass Politiker ihre Wahlversprechen nicht halten würden oder man »gegen die da oben sowieso nichts machen« könne. Als Resultat sank die Wahlbeteiligung in den westlichen Demokratien auf bis zu 50 Prozent und vielfach stellten Nichtwähler bis in das neue Jahrtausend hinein schon die Mehrheit.[7] Mit dem Aufkommen des »Rechtspopulismus« änderte sich dies jedoch. Die Show fing an, wieder spannend zu werden.

Warum uns der »Rechtspopulismus« nicht retten wird

Als Reaktion auf diese Erkenntnis, aber auch die Zerstörungswut der Kulturmarxisten, ist in Westeuropa und Nordamerika der sogenannte »Rechtspopulismus« entstanden. Eigentlich von den Massenmedien als abwertender Begriff installiert, um diese Bürgerbewegung zu diskreditieren, ist der sogenannte »Rechtspopulismus« nicht nur ein Sammelbecken für Konservative und gemäßigte Rechte, sondern für viele auch der letzte Hoffnungsschimmer, der den drohenden Untergang der westlichen, »freien und offenen« Gesellschaftsordnung verhindern soll.

Dabei wird gerne übersehen, dass der »Rechtspopulismus« in vieler Hinsicht längst von der großen Show vereinnahmt und instrumentalisiert wurde. Natürlich gibt es viele mutige Vertreter, die Missstände anprangern und in dessen Folge politischer Repression und Gewalt ausgesetzt sind. Das ist sehr schlimm, wie der Fall des Bremer AfD-Abgeordneten Frank Magnitz zeigt, der von »engagierten Bürgern« im »Kampf gegen rechts« im Januar 2019 hinterrücks fast zu Tode geprügelt wurde. Und dies ist kein Einzelfall. Dem »Rechtspopulismus« wurde also vonseiten des Systems der Krieg erklärt, gleichzeitig ist aber das Spektakel, das aufgrund dieser Kriegserklärung entstanden ist, längst Teil der Show, und der »Rechtspopulismus« vielfach unterwandert, gelenkt und umgestaltet worden, um dieser Show und anderen Interessen zu dienen.

Interessant ist in diesem Zusammenhang beispielsweise der Fall des Journalisten Henryk M. Broders, der eine Art Scharnierfunktion zwischen den Mainstreammedien und dem »Rechtspopulismus« einnimmt. Hier scheint es um eine Lenkung des genannten Frustrationspotenzials in Richtung einer prinzipiell gegen den Islam gerichteten, proisraelischen Bewegung zu gehen, in dem Sinne: Gäbe es den Islam im Westen nicht, dann wäre Europa »bunt, vielfältig und offen« und alles wieder gut.[8] Die »Konstruktionsfehler« innerhalb der westlichen Demokratien werden dabei gezielt unter den Tisch gekehrt und Kritiker als »Verschwörungstheoretiker« und »Nazis« abgetan, vor denen man auf der Hut sein muss. Nur wenige verstehen, dass es längst um die Umsetzung geostrategischer Pläne ganz anderer Interessengruppen geht.

Dabei ist die Hoffnung, die viele in die »rechtspopulistischen« Parteien setzen, sehr verständlich. Schließlich sind diese im Westen die einzig halbwegs bedeutsamen Akteure, die sich anders als der Mainstream, beispielsweise gegen die vollkommen **unkontrollierte** Massenzuwanderung der letzten Jahre aussprechen. Hieraus lässt sich jedoch im Gegenzug nicht ableiten, dass sich die führenden Vertreter der »rechtspopulistischen« Parteien gegen eine **kontrollierte** Einwanderung aussprechen würden. Ganz im Gegenteil. Insofern entspricht der Forderungskatalog der AfD in Deutschland, in Bezug auf Einwanderung, weitestgehend dem, was bis in die 1990-Jahre hinein für die CDU und CSU noch selbstverständlich war. Die AfD spricht somit nur aus, was unter christlich-bürgerlichen Parteien und sogar den Sozialdemokraten vor 20 bis 30 Jahren noch selbstverständlich war.[9]

Dies betrifft unter anderem hinsichtlich der Einwanderungs-Thematik:

- Aufrechterhaltung eines funktionierenden Grenzschutzes
- Beachtung der geltenden rechtsstaatlichen Normen auch in Bezug auf Abschiebungen
- Striktes Vorgehen gegen extremistische Bewegungen innerhalb vor allem des Islams und damit verbundener terroristischer Vereinigungen
- Kampf gegen Parallelgesellschaften
- Kopftuch- und Burkaverbote
- Ausbau und Stärkung des staatlichen Gewaltmonopols unter dem Schlagwort: »Mehr Sicherheit!«

Hinter all diesen Punkten steht, wie seinerzeit, als diese Ziele so oder ähnlich noch im Wahlprogramm von Parteien wie der CDU/CSU standen, der Traum, in die »gute alte Zeit«, in den Zustand der Nachkriegsära, in die sogenannten Wirtschaftswunderjahre Westeuropas und Nordamerikas zurückzukehren. Dies zeigt sich bei Donald Trump, einem der erfolgreichsten Vertreter des Rechtspopulismus. Für ihn gilt mehr oder minder offen die Eisenhower-Ära als positive Referenz. In Deutschland ist der Sehnsuchtsort die »alte Bundesrepublik« bis in die 1980er-Jahre. (So zumindest für diejenigen, die im Westen die AfD wählen. Das Gebiet der ehemaligen DDR ist ein Sonderfall.) Und in Österreich beziehen sich Wähler der FPÖ gerne auf die 1970er-Jahre unter SPÖ-Bundeskanzler Kreisky.

Ab den 1980ern begann dann im Westen der Umbruch. So zumindest erlebten das viele. Auch ich, der ich damals noch minderjährig war, kann mich gut an den Moment erinnern, als der Zenit überschritten war. Vielen wurde damals klar, eine Epoche geht zu Ende. Der Zusammenbruch der Sowjetunion und ihrer Satellitenstaaten war dabei nur ein »kleines« Ereignis, das viele im konsumbesoffenen Westen noch nicht einmal sonderlich interessierte. Denn indem der äußere Feind des Westens wegfiel, wurde hinter den Kulissen die Bühne frei, um den Vertretern der 68er-Kulturrevolution die Schalthebel insbesondere der medialen Macht zu überlassen.

Der von allen Werten entkernte Westen hatte, als der Osten zusammenbrach, in Bezug auf seine kulturelle Identität den Kulturrevolutionären nicht mehr viel entgegenzuhalten. Entsprechend wurden auch damals schon, trotz der bereits absehbaren Probleme, zum Beispiel die Migrationsströme aus dem islamischen Kulturkreis nicht eingedämmt. Denn das kulturelle Fundament: Familie, Nation und Glaube, auf dem die westliche Welt fußte, wurde nach dem Zweiten Weltkrieg zielgerichtet aberzogen und innerhalb der nächsten Jahrzehnte, da diese Fundamente nicht mehr gepflegt wurden, aufgebraucht.

Weil aber der »Rechtspopulismus« in diese »gute alte Zeit« von 1950 bis in die 1980er-Jahre hinein zurück möchte, werden seine Wähler von vielen Denkern des politischen Mainstreams zu Recht als »Modernisierungsverlierer« bezeichnet:

> »Nach der sogenannten Modernisierungsverlierer-These befinden sich westliche Industriegesellschaften in einem ständigen ökonomisch-sozialen, kulturellen und politischen Wandel, der von ihren Mitgliedern immer wieder Anpassungsleistungen abverlangt.«[10]

Wer dieser Anpassungsleistung nicht nachkommt, ist ein sogenannter »Modernisierungsverlierer« und wird entweder zum Nichtwähler oder Unterstützer »rechtspopulistischer« Parteien. Das heißt, aus Sicht des politischen Mainstreams waren die Nachkriegsjahre keineswegs ein gesellschaftlicher Idealzustand und die »gute alte Bundesrepublik« nicht mehr als ein Durchgangsstadium, hin in eine »schöne neue« Welt, in der Völker und Nationalstaaten keine Rolle mehr spielen, sondern die Zukunft einer global vereinigten, multikulturellen Gesellschaft entsteht.

»Rechtspopulisten« gehen jedoch davon aus, dass man irgendwie in diese Nachkriegszeit zurück könnte, sprich in die »gute, alte Zeit«, als es Wohlstand, Freiheit und Sicherheit innerhalb nationaler Grenzen gab. Es soll aus Sicht der »Rechtspopulisten« also wieder Grenzkontrollen, Abschiebungen und ein »christlich-abendländisches Europa« geben. Was dabei übersehen wird, ist: Es gibt in der Geschichte kein »Zurück«. Einmal abgelaufene historische Ereignisse lassen sich nicht wiederbeleben.

Dahinter steht das Phänomen, das Alex Kurtagic sehr treffend in seinem Text *Warum Konservative immer verlieren,* beschrieb.[11] Konservative, das heißt Vertreter christlich-bürgerlicher Parteien wie der CDU/CSU, hinken ihren »progressiven« Taktgebern – in der Regel sind das linke und linksliberale Gruppen – immer um ein paar Jahrzehnte hinterher, um dann scheibchenweise nachzugeben und am Ende die ehemals linken Positionen zu übernehmen. Beispiele für diese Salamitaktik sind die Homo-Ehe, die Genderideologie, die Massenmigration und neuerdings die Theorie eines menschengemachten Klimawandels, die heute fest im Wahlprogramm von Parteien wie der CDU/CSU verankert sind. Alles, was dabei die CDU von den Grünen unterscheidet, ist, dass die CDU immer ein bisschen auf der Bremse steht, um sich dann dem »Fortschritt«, wie ihn die Grünen vorgeben, anzupassen. Alles, was wiederum die AfD von der CDU unterscheidet, ist, dass die AfD ein bisschen mehr auf der Bremse steht und etwas mehr dem »Fortschritt« hinterherhinkt, als dies die CDU tut. Die grundsätzliche Problematik jedoch, dass »Links« mit »Fortschritt« assoziiert ist, weil linke Meinungsgeber eine Zukunftsvision haben, die nicht auf die Vergangenheit gerichtet ist, während Konservative und »Rechtspopulisten« keine Zukunftsvision haben, wird dabei übersehen.

Wenn sich also der »Rechtspopulismus« aus der Vereinnahmung durch die große Show befreien wollte, brauchte er ein die Zukunft gestaltendes Programm, in dem etwas Neues zum Ausdruck kommt und keine Sehnsucht nach dem Untergegangenen. Insofern wird der »Rechtspopulismus« vonseiten des Mainstreams auch vielfach als eine reaktionäre Bewegung »alter, weißhäutiger Männer« beschrieben, die im derzeitigen »Modernisierungsprozess« verzweifelt versucht, ihre alten Privilegien gegen den Ansturm der neuen Identitätsgruppen wie Migranten oder »Radikalfeminist*innen« zu verteidigen.

Die Stärke einer Partei wie der AfD kommt entsprechend nicht aus einer auf die Zukunft gerichteten Idee, die über Schüler und Studenten auf die breite Masse wirkt und von dort aus die Gesellschaft neu gestaltet. Sie kommt aus der Abwehrhaltung und der Reaktion von zumeist schon etwas älteren Arbeitnehmern, die sich von den gegenwärtigen Umwälzungen unmittelbar betroffen fühlen und nicht noch mehr verlieren möchten. Entsprechend sieht das Durchschnittsalter auf einer Pegida Demonstration, im Gegensatz zu einer Klimademonstration, aus.

Das heißt, junge Menschen gehen eher auf konformistische Konsum-Rebellen-Events, wie die weltweit zentral organisierten »Fridays for Future«-Veranstaltungen, während ältere Menschen, wenn sie protestieren, sich tendenziell eher auf »Merkel muss weg«-Demonstrationen einfinden.

Das Problem wird noch verstärkt durch die Auswahl der Themen, mit denen uns die Massenmedien Tag für Tag konfrontieren. Die Themen, die uns umgeben, sind »menschengemachter Klimawandel«, »Gewalt von rechts« oder »die Rettung von Flüchtlingen aus dem Mittelmeer«.

Das ist unsere Welt und wir glauben in der Regel fest daran, dass sich alles um diese Themen dreht. Schließlich sind das die wichtigen Fragen, über die wir täglich diskutieren, denen wir zustimmend oder ablehnend gegenüberstehen.

Nur sehr wenige kommen dabei auf die Idee: Gäbe es die Massenmedien in ihrer jetzigen Form nicht, dann gäbe es auch diese Themen nicht. Denn schließlich wurde im Prozess der politischen Meinungsbildung so gut wie nichts dem Zufall überlassen. Die Theorie eines menschengemachten Klimawandels gehört zu den seit Jahrzehnten in den Massenmedien immer wieder aufs Parkett gebrachten Themen. Um diese Theorie im Bewusstsein der Menschen zu verankern, wurde viel getan. Ein Meilenstein war die Anwendung der sogenannten Wiederholungstaktik.

Klimarettung als Lebenssinn für die neue Weltordnung

Bei normalen oder natürlichen Themen, wie einem Vulkanausbruch, ist es so, dass diese einmal in den Massenmedien auftauchen und dann, nachdem die natürliche Halbwertszeit dieses Themas überschritten ist, wieder verschwinden. Anders ist es mit Angelegenheiten, die gezielt im Bewusstsein der Menschen verankert werden sollen. Diese werden mitunter über Jahrzehnte hinweg, immer und immer wieder von den Massenmedien ausgerufen und zwar genau so lange, bis das erwünschte Ziel erreicht ist.

Dabei sind weitere Punkte zu beachten. Joseph Goebbels war einer der ersten, der die Funktionsweise dieser Propagandamethode beschrieb. So notierte er im Januar 1942 in sein Tagebuch:

> »Ich kann wieder sehr viel lernen; vor allem, daß das Volk meistens viel primitiver ist, als wir uns das vorstellen. Das Wesen der Propaganda ist deshalb die Einfachheit und die Wiederholung. Nur wer die Probleme auf die einfachste Formel bringen kann, und den Mut hat, sie auch gegen die Einsprüche der Intellektuellen ewig in dieser vereinfachten Form zu wiederholen, der wird auf die Dauer zu grundlegenden Erfolgen in der Beeinflussung der öffentlichen Meinung kommen. Wer einen anderen Weg einschlägt, mag den oder jenen labilen Intellektuellenkreis beeinflussen, das Volk ist er nicht einmal an der Oberfläche zu ritzen in der Lage.«[12]

Es kommt bei dieser Taktik also auf zwei wichtige Punkte an. Erstens muss ein komplexer Zusammenhang auf eine einfache Aussage reduziert werden. Seit Hunderten Millionen Jahren wechseln sich auf dem Planeten Erde Eiszeiten und Hitzeperioden ab, lange bevor der Mensch auf der Bühne dieser Welt erschienen ist. Die Ursachen für diese Temperaturschwankungen sind vielfältig, komplex und bis heute nicht eindeutig geklärt. Daraus wurde jedoch die einfache Formel: »Der Mensch ist schuld am Klimawandel.«

Doch dies muss noch weiter präzisiert werden. »Besonders der übermäßige Fleischkonsum trägt in den westlichen Ländern« zum Klimawandel bei, heißt es auf der Internetseite einer großen Umweltschutzorganisation.[13] Der westliche Mensch ist also »schuld« am Klimawandel, nicht die Menschen Afrikas oder Asiens. Die Schuldigen sind in einer bestimmten ethnisch-geografischen Gruppe zu finden und eine ihrer Sünden besteht darin, Fleisch zu essen, und zwar viel Fleisch zu essen. Hier zeigt sich nebenbei gesagt die schon von Carl Schmitt aufgestellte These, dass in säkularisierten Gesellschaften der politische Diskurs zunehmend von einer pseudoreligiösen Sprache geprägt ist.[14] Der westliche Mensch ist zum einen »schuld« am Klimawandel und zum anderen begeht er die »Sünde«, Fleisch zu essen. »Schuld« und »Sünde« sind jedoch als Begriffe religiösen Ursprungs und machen in politischen Debatten in der Regel nur als manipulative Begriffe Sinn.

Doch zurück zur Wiederholungstaktik. Zweitens muss diese überraschende Theorie oft genug wiederholt werden, damit sie von der Zielgruppe, nämlich der hellhäutigen, westeuropäischen und nordamerikanischen Bevölkerung, geglaubt wird. Hier ist zu beachten, dass diese Wiederholung eines Themas nur dann die gewünschten Folgen zeigt, wenn sich zwischen den einzelnen Wiederholungen auch Pausen befinden. Das ist insofern wichtig, da sich ein Thema nur im Unterbewussten verankern kann, wenn sich zwischen den einzelnen Wiederholungen genug Pausen befinden, damit die unbewusste Verarbeitung funktioniert.

Im Falle des Themas: »Der Mensch ist schuld am Klimawandel« ist man inzwischen zumindest in Deutschland so weit, die Ernte einzufahren. 4.000 Milliarden Euro soll der deutsche Steuerzahler aufbringen, damit Deutschland seine CO_2-Emissionen um 40 Prozent bis zum Jahr 2030 reduziert. Setzt man das Ziel auf 85 Prozent Reduktion bis 2050, was ungefähr dem Energiekonzept der Bundesregierung von 2010 entspricht, so stiegen die Kosten auf 2 Billionen Euro.[15] Bis 2050 soll Deutschland Klimaneutralität erreichen, so die Kanzlerin Angela Merkel auf ihrer offiziellen Internetseite.[16]

Doch die Theorie des menschengemachten Klimawandels ist inzwischen weit mehr als eine Begründung für weitere Steuererhöhungen. In einer Podiumsdiskussion der Cambridge Union vom 4. November 2018 wurde der konservative Psychologe Jordan Peterson gefragt, ob der Klimawandel nicht etwas wäre, das die politisch gespaltenen Lager »rechts« und »links« vereinen könne, da die Rettung der Welt für die Menschheit doch endlich so etwas wie ein global vereinheitlichter Sinn des Lebens bedeute.[17]

Peterson lehnte in der Diskussion diese Form der versuchten globalen Sinnstiftung ab mit der Begründung, dass es wissenschaftlich überhaupt nicht geklärt wäre, ob mit einer Reduktion des CO_2-Ausstoßes überhaupt der Klimawandel beeinflusst werden könnte. Um wirklich den Einfluss der Menschheit beim Klima auf null zurückzufahren und so etwas wie Klimaneutralität zu erreichen, müsse der Mensch selbst in die Steinzeit zurückkehren, auf moderne Verkehrsmittel und Mobiltelefone verzichten und das wäre letztlich genau das, wozu die zumeist jüngeren Vertreter des Klimaschutzes unter keinen Umständen bereit sind. Von diesen Aktivisten werden hingegen staatliche Sanktionen gefordert; eine Bereitschaft, den eigenen Konsum drastisch einzuschränken und zum Beispiel auf Mobiltelefone zu verzichten, sei jedoch nicht vorhanden. Insofern erklärte er die Option, sich gegen den Klimawandel zu engagieren, als unsinnig, insbesondere vor dem Hintergrund viel wichtigerer Fragestellungen, die in Zukunft auf die Menschheit zukommen.

In dieser Frage zeigt sich jedoch vieles, was in diesem Buch bereits diskutiert wurde. Die mediale Lenkung der Massen zielt immer auf Sinnstiftung. Es werden jene Zielvorgaben als sinnvoll inszeniert, in deren Richtung man die Massen führen möchte. Dies ist das Grundprinzip des sogenannten Nudgings. Offizielle Einsatzstäbe für ein Nudging der Bevölkerung gibt es auf nationaler Ebene zum Beispiel in Großbritannien und Deutschland, es gibt sie aber auch auf internationaler Ebene der EU, der UN und der Weltbank.[18] In ihrem grundlegenden Buch beschreiben Thaler und Sunstein das Grundprinzip des Nudgings wie folgt:

> »Ein Nudge (Schubser), wie wir den Begriff verwenden wollen, ist jeder Einfluß auf die Entscheidungsarchitektur, der das Verhalten der Menschen auf eine vorhersagbare Weise beeinflußt, ohne irgendeine Option zu verbieten oder die wirtschaftlichen Anreize auf eine schwerwiegende Weise zu verändern. (A nudge, as we will use the term, is any aspect of the choice architecture that alters people's behavior in a predictable way without forbidding any options or significantly changing their economic incentives.)«[19]

Dies ist sehr wichtig zu verstehen. Moderne Demokratiesimulationen arbeiten mit sehr sublimen Mitteln, um die Bevölkerung in die gewünschte Richtung zu lenken. Das heißt, die Manipulation der Menschen in modernen Demokratien geschieht wesentlich nicht über Verbote, sondern darüber, dass zum Beispiel Vegan als die bessere Ernährungsweise angepriesen, der Konsum von Fleisch jedoch in den Massenmedien als ungesund und klimaschädlich gebrandmarkt wird. Beim Nudging wird also Fleisch nicht verboten, sondern es wird der Mensch durch gezielte kleine Stöße dahingehend gelenkt, eine Ernährung, die Fleisch enthält, als »böse« zu empfinden, während er eine vegane, rein pflanzliche Ernährung als »gut« und sinnerfüllt wahrnehmen soll. Natürlich gibt es in solchen Systemen auch Verbote, doch in der Regel sind sie eher abschreckend konzipiert und dienen weniger dem konkreten Vollzug. Den Machern des Nudgings ist natürlich auch das zu Anfang beschriebene Phänomen bewusst, dass, wenn die große Masse in die eine Richtung rennt, eine kleine Gruppe in die andere Richtung laufen wird. Dieses Phänomen wird gezielt genutzt, um Gruppen in der Gesellschaft gegeneinander aufzuwiegeln. Wie wir im Buch gesehen haben, gab es das schon im Fall der Konfliktlinie: »Homosexuelle gegen traditionelle Familie«. Nun wird ein neuer Showkampf inszeniert. Diesmal ist es der Kampf der Veganer gegen die sogenannten »Fleischesser«. Wieder wird eine gesellschaftliche Kleingruppe, wie diejenigen, die sich vegan ernähren, dazu benutzt, die Gesellschaft zu spalten, indem die Glaubenssätze der veganen Bewegung verabsolutiert und plötzlich auf die ganze Gesellschaft übertragen werden.

Vegane Zwangsernährung

Es darf uns also nicht verwundern, dass die Grünen-Politikerin Renate Künast in den Massenmedien die Einführung der veganen Ernährung zum Schutz des Klimas für unausweichlich hält.[20] So sollen in Zukunft Fleisch verteuert und vegane Produkte mit Steuergeldern gefördert werden. Im August 2019 begrüßten Union, SPD und Grüne entsprechend den Vorstoß, die Mehrwertsteuer für Fleisch zu erhöhen. Manche Produkte werden ergo für den Verbraucher höher gehängt. In Zukunft können sich dann nur noch Besserverdiener regelmäßig Fleisch leisten, während die breite Masse zu den günstigeren, hochindustriell aufgearbeiteten, veganen Fleischersatzprodukten einer Firma wie »Beyond Meat« greifen wird, zu deren Aktionären bekannte

Multimillionäre wie Bill Gates gehören[21] und die inzwischen bei vielen Discountern wie der weltweit agierenden Lidl-Stiftung erhältlich sind. Natürlich gehört Bill Gates als Aktionär von Beyond Meat zu jenen, die sich aktiv dafür einsetzen, die vegane Ernährung weltweit durchzusetzen.[22]

Einer der anderen weltweit reichsten Männer, Richard Branson, dem in Großbritannien neben Eisbahn- und Flugzeuglinien, Banken und Telekommunikationskonzernen so ziemlich alles zu gehören scheint, spricht sogar davon, dass in 30 Jahren der Verzehr von Fleisch der Vergangenheit angehören wird:

> »In ungefähr 30 Jahren […] Ich denke, dass in der Zukunft reines und aus Pflanzen erzeugtes Fleisch zur Norm werden wird und es in 30 Jahren sehr unwahrscheinlich sein wird, dass Tiere getötet werden, um Nahrung für jemanden zu erzeugen. (In 30 years or so, ... I think that in the future clean and plant-based meat will become the norm, and in 30 years it is unlikely animals will need to be killed for food anymore.)«[23]

Zusammen mit Jeff Bezos und Bill Gates gehört auch er zu den prominenten Investoren bei der Gründung der Beyond-Meat-Aktiengesellschaft.[24]

Dabei sollte man Multimillionären wie diesen neben wirtschaftlichen Interessen nicht absprechen, sich auch aus echtem Glauben für die Durchsetzung der veganen Ernährung einzusetzen. Wir haben es, wie wir im Buch gesehen haben, mit Gläubigen zu tun, die sich für die Rettung des Weltklimas einsetzen und mit zunehmender Intoleranz auf »Nichtgläubige«, das heißt auf sogenannte »Fleischesser« reagieren. Etwas Zynismus ist dabei natürlich auch im Spiel.

Doch gerade unter Journalisten gilt die vegane Ernährung inzwischen als Norm. So gibt es im deutschen öffentlich-rechtlichen Fernsehen kaum noch Kochsendungen, in denen nicht vegan gekocht wird. Auch wird die neue Konfliktlinie mit Sendungen wie dem bei der ARD ausgestrahlten »Vegan gegen Fleisch – Die WG – Das Experiment« gezielt weiter ausgebaut.[25]

Doch was sind die Folgen der veganen Ernährung?

Zahlreiche Studien gehen von drei zentralen Problemen bei veganer Ernährung aus: Unfruchtbarkeit, Schädigung von ungeborenen Kindern, Säuglingen und Kleinkindern, sowie der Beeinträchtigung der Gehirnfunktion.

»Bei den Babys von vegan lebenden Müttern sehen wir immer wieder leichte Beeinträchtigungen der Gehirnfunktion und in seltenen Fällen auch sehr schwere Schädigungen«[26], so Prof. Stefan Eber. Weiter führt der Artikel aus:

> »‚Während manche Erwachsenen offensichtlich über längere Zeit vegan leben können, ohne einen Schaden davonzutragen, ist das in der Schwangerschaft und beim sich entwickelnden und wachsenden Kind keine sinnvolle Ernährung', so der Kinderarzt. Eine vegane Ernährung in der Schwangerschaft ist seiner Ansicht nach ethisch sehr problematisch, da die Frau die Entscheidung nicht für sich allein trifft, sondern für einen weiteren Menschen mit. Die DGE empfiehlt eine vegane Ernährung weder in Schwangerschaft und Stillzeit noch im Säuglings-, Kindes- und Jugendalter.«[27]

Natürlich klingt die These, dass wir uns in dreißig Jahren alle nur noch vegan ernähren, absurd, aber man darf nicht vergessen, über wie vieles vor 30 Jahren noch gelacht wurde: die Umgestaltung Deutschlands in eine multikulturelle Gesellschaft oder die Homo-Ehe. Beides ist heute längst Realität. Es wird dabei immer nach dem gleichen Muster verfahren. Positionen einer gesellschaftlichen Kleingruppe werden schrittweise zur akzeptierenden Norm deklariert. Das daraus folgende gesellschaftliche Spektakel ist Teil der Show und dient der politischen Unterhaltung, die uns die Massenmedien bieten.

Über diese Themen kann auch nicht mehr sachlich diskutiert werden. Sei es die Frage, ob die staatlich verordnete vegane Ernährung oder die steuerrechtliche Förderung von Homosexualität familienpolitisch Sinn ergibt. Ein offener Diskurs ist nicht mehr möglich. Die Möglichkeiten der gesellschaftlichen Lenkung und Manipulation sind längst so ausgereift, dass sich in der Öffentlichkeit immer mehr ein unheimliches Schweigen ausbreitet. Den Völkern Westeuropas bleibt praktisch kaum noch eine Gelegenheit, im Rahmen des demokratischen Meinungsbildungsprozesses Einfluss auf die gegenwärtige Entwicklung zu nehmen.

Insofern sorgte es zwar für viel Aufregung, dass Grünen-Chef Habeck im Gespräch mit dem Fernseh-Philosophen Precht 2018 im ZDF davon sprach, dass in Anbetracht des Klimawandels das politische System Chinas effizienter sei, wenn es darum geht, Gesellschaft, Wirtschaft und Politik umzugestalten und im Sinne der Eliten zu lenken:

> »[…] Bürgerbeteiligung (das wollen wir ja auch), aber dadurch entsteht eine Wirklichkeit, dass die Politik nicht immer auf Ballhöhe der Herausforderungen ist. […] Man kommt da nur normativ weiter. Da muss man sich entscheiden: will man, dass ein demokratisches System noch eine Chance hat, dann muss man aber in großer Geschwindigkeit radikale Schritte in der Politik einführen, oder gibt man es auf, dann muss man zu zentralistischen Systemen hingehen, die natürlich schneller sind […] da gibt es eben keine Opposition und keine Mitbestimmung, und wenn die Fehler machen, dann werden die eben trotzdem nicht abgewählt, vielleicht gibt es mal eine Revolte in China, aber erstmal ist das System China effizienter. Wollen wir das oder wollen wir das nicht? Ich glaube, die Entscheidung kann man nicht ökonomisch treffen, die kannst du nur wertegeleitet treffen, und ich würde sagen: Ja, das wollen wir.«[28]

Letztlich kommt es bei dieser Aussage schon nicht mehr so genau darauf an, um was für eine Form des politischen Systems es Habeck für die Zukunft geht. Es kommt nur noch darauf an, zu erkennen, wie groß der Wille der Eliten inzwischen ist, die soziale Lenkung zu beschleunigen und weiter zu perfektionieren.

Was wir, nebenbei gesagt, auch anhand dieser Fernseh-»Diskussion« erkennen können. Wieder finden sich zwei »Experten« im angeblich offenen Gespräch, und wieder erleben wir die große Show, mit einem gezielt gesetzten Aufreger, an dem sich die Konsumenten abarbeiten dürfen. Das ist nicht mehr als ein Prozess, der die Menschen langsam aber sicher auf das, was kommen wird, vorbereitet.

Um 2010 kursierte ein Manipulations-Handbuch[29] im Netz, das angeblich auf eine in den 1980ern aufgeflogene Schrift des britischen Militärgeheimdienstes zurückgehen soll. Ob diese Schrift authentisch ist oder nicht, sei dahingestellt. Es wird jedenfalls auf kluge Weise dargelegt, wie in einer Zuschauerdemokratie die Massen durch die Medien gelenkt werden können:

> »1. Ablenkung – von großen Problemen durch Nebenschauplätze und »Haltet-den-Dieb«-Manöver
>
> 2. Probleme schaffen, deren Lösung man dann selber anbietet
>
> 3. Stückelung der durchzusetzenden Maßnahmen in Scheibchen, die jede für sich geschluckt wird
>
> 4. ‚Opfer bringen für das höhere Ziel' schweißt die Geopferten zusammen und macht sie gefügig
>
> 5. Infantilisierung der Sprache vernebelt Zusammenhänge und gibt griffige Formeln fürs Volk aus
>
> 6. Emotionalisierung der Politik biegt diese aufs Subjektiv-Persönliche zurück
>
> 7. Unbildung durch systematische Nivellierung des Bildungssystems geht einher mit
>
> 8. Verblödung: Man befeuere das Volk, seine eigene Primitivisierung, Barbarisierung und Proletarisierung »geil« zu finden
>
> 9. Schuldkult – wer den Leuten einreden kann, an irgendetwas schuld zu sein, macht sie erpressbar
>
> 10. Gläserne Menschen: über den Einzelnen mehr zu wissen als er selber weiß, und ihm dies subtil zu verstehen zu geben«[30]

Insofern war die alte Bundesrepublik nur eine »demokratische« Idylle, da in einem besetzten Land nicht wirklich viel demokratisch zu entscheiden und andernteils die langfristig angelegte Änderung der Sache nach für die Massen nicht wirklich zu erkennen war. Die oben beschriebenen Lenkungsprinzipien waren natürlich auch damals schon wirksam. Ein wichtiger Unterschied allerdings war die noch vorhandene Homogenität des Volkes, das vielfach über eine gemeinsame Kultur, Sprache, Erinnerung und Identität verfügte. Aus dieser damaligen Homogenität resultiert die Sehnsucht der »Rechtspopulisten« nach der »guten, alten Zeit«, die nun für immer verloren ist.

Auch in Bezug auf die USA kann man vermutlich bald aus der Rückschau sagen, dass die Epoche von den frühen 1950ern an bis vielleicht jetzt zu Trump nur eine Epoche war, getragen von einer weißen, angelsächsisch geprägten, wohlhabenden Mittelschicht, die ethnokulturell und von ihrem politischen Einfluss her die Mehrheit stellte und die es sich leisten konnte, »offen« und »tolerant« zu sein. Diese Gruppe schwindet auch in den USA und ist stellenweise bereits verschwunden. Was bleibt, ist die Anonymität der multikulturellen Masse, deren Lenkung sich zunehmend als einfach erweist, da kein »Volk« mehr vorhanden ist, das sich widersetzen könnte.

Für diesen Niedergang West- und Nordeuropas können drei Ursachen genannt werden:

1. »Konstruktionsfehler« in den westlichen Demokratien, die dazu führten, dass diese inzwischen weitestgehend zu reinen Zuschauerdemokratien verkommen sind, in denen die Bürger im Bereich der wichtigen Entscheidungen über so gut wie kein Mitspracherecht (mehr) verfügen. »Demokratische« Diskurse finden in diesen westlichen Zuschauerdemokratien fast ausschließlich in den Massenmedien statt. Dort werden die Themen gesetzt, über welche die Menschen zu diskutieren haben, zum Beispiel die Theorie eines menschengemachten Klimawandels. Gleichzeitig wird dort festgelegt, in welchem Rahmen der Diskurs stattfinden darf. Zum Beispiel dürfen Migranten als Opfer von Gewalt dargestellt werden, die Berichterstattung über Migranten als Täter ist jedoch streng reguliert und wird nur in Ausnahmefällen zugelassen.
2. Die Etablierung eines typisch westlichen Kommunismus, des sogenannten »Kulturmarxismus«, der trotz des Zusammenbruchs der östlichen kommunistischen Regime inzwischen weitestgehend den Rahmen des öffentlich Sagbaren definiert. Kritik zum Beispiel an der steuerlichen Förderung von Homosexualität im Rahmen der Familien-

politik oder Kritik an der Massenmigration gelten inzwischen als »Hassrede« und werden zunehmend strafrechtlich sanktioniert.

3. Insbesondere sorgte die während des Ersten Weltkriegs in Großbritannien gestartete Kriegspropaganda gegen das Deutsche Reich für eine Ausbreitung einer gegen die Völker Europas gerichteten Ideologie. Dies sollte, auch wenn es den Rahmen dieses Buches sprengt, hier kurz erwähnt werden. Deutschland befand sich damals in einem vorausgreifenden Verteidigungskrieg. Man versuchte, in Anbetracht der russischen Mobilisierung an der östlichen Grenze zu Deutschland, mittels eines Angriffskrieges Frankreich kurzfristig auszuschalten und so einen Zweifrontenkrieg zu vermeiden. Im Rückblick war dies für die Nachgeborenen nicht nur eine schwerwiegende militärische Fehlentscheidung, sondern auch generell für Europa ein fataler Fehler. Denn nun wurde insbesondere in Großbritannien und den USA versucht, Deutschland als nationalistischen Kriegstreiber hinzustellen. Diese Vorstellung wurde dann nochmals im Zweiten Weltkrieg durch die antisemitischen Wahnvorstellungen der Hitler-Partei bestätigt und fiel am Ende auf **alle** Völker Europas zurück. Nutznießer dieser Entwicklung waren zeitweilig die USA. Diese konnten sich erst mit dem Völkerbund, dann mit den Vereinten Nationen eine übernationale, antinationalistische Institution im Sinne ihrer Hegemonie erschaffen. Inzwischen fällt diese Ideologie in Form des Kulturmarxismus jedoch auch auf die USA zurück.

Was bedeutet das für die Zukunft Westeuropas?
In einer Übergangsphase sind zwei Entwicklungen zu erwarten:

1. Einschränkung der persönlichen Freiheitsrechte durch die zunehmend durchgesetzte Ideologie der politischen Korrektheit und des Klimawandels.

2. Eine rapide Absenkung der Innovationskraft und des Wohlstands in Westeuropa als Folge des Geburtenrückgangs und der Massenmigration.

Am Ende dürfte der Islam eine dominante Rolle in Europa einnehmen. Das spezielle Ideal der südöstlichen Großfamilie würde dann die Gender- und Klimaideologie ablösen. Der Glaube an die globale Menschheitsfamilie wird durch den Islam als vereinenden Faktor ersetzt werden und Europa nur noch als Randgebiet, neben neuen Großmächten wie China, im Rahmen eines panislamischen Großraums eine Rolle spielen.

Aus weltgeschichtlicher Perspektive – wenn man sich anschaut, wie andere große Kulturen ihr Entstehen, ihre Blütezeit und ihren Niedergang hatten – mag dieser Vorgang nichts Ungewöhnliches sein. Oswald Spengler schrieb 1922 in der überarbeiteten Ausgabe seines 1917 erschienenen Buches »Der Untergang des Abendlandes«:

> »Ich sehe statt jenes öden Bildes einer linienförmigen Weltgeschichte […] das Schauspiel einer Vielzahl mächtiger Kulturen […], von denen jede ihr *eigenes* Leben, […] ihren eigenen Tod hat. […] Es gibt aufblühende und alternde Kulturen, Völker, Sprachen, Wahrheiten, Götter […]. Jede Kultur hat ihre neuen Möglichkeiten des Ausdrucks, die erscheinen, reifen, verwelken und nie wiederkehren.«[31]

In Analogie zu einem lebenden Organismus sah Oswald Spengler das Prinzip des Werdens und Vergehens auch für Kulturen konstitutiv. So wie zum Beispiel das römische Weltreich seinen Anfang hatte, seine Blütezeit, seine reifen Jahre und schließlich seinen Untergang, betrachtete Oswald Spengler dieses Prinzip auch für das Abendland als zwingend. Aus seiner weitläufigen Analyse der Weltgeschichte, dem Werden und Vergehen vielfältiger Kulturen und Kulturabschnitte in der Menschheitsgeschichte, schlussfolgerte er, dass die abendländische Welt, also der Kulturkreis, in dem wir uns befinden, in die Phase des Absterbens übergetreten ist. Diese Endphase einer Kultur beschrieb Oswald Spengler als »Zivilisation«:

> »Die Zivilisation ist das unausweichliche Schicksal einer Kultur. […] Zivilisationen sind die *äußersten* und *künstlichsten* Zustände, deren eine höhere Art von Menschen fähig ist. Sie sind ein Abschluß; sie folgen dem Werden als das Gewordene, dem Leben als der Tod, der Entwicklung als die Starrheit, dem Lande

> und der seelischen Kindheit, wie sie Dorik und Gotik zeigen, als das geistige Greisentum und die steinerne, versteinernde Weltstadt. Sie sind ein *Ende*, unwiderruflich, aber sie sind mit innerster Notwendigkeit immer wieder erreicht worden.«[32]

Die Auflösung des Volkes hin zu einer multikulturellen Masse in der Großstadt, die mittels verschiedener Unterhaltungs-Programme ruhig gehalten wird, ist entscheidendes Kennzeichen der Zivilisation:

> »Zur Weltstadt gehört nicht ein Volk, sondern eine Masse. Ihr Unverständnis für alles Überlieferte, in dem man die Kultur bekämpft […], ihr Naturalismus in einem ganz neuen Sinne, der über Sokrates und Rousseau weit zurück in Bezug auf alles Sexuelle und Soziale an urmenschliche Instinkte und Zustände anknüpft, das *panem et circenses,* das heute wieder in der Verkleidung von Lohnkampf und Sportplatz erscheint – alles das bezeichnet […] eine ganz neue, späte und zukunftslose Form menschlicher Existenz.«[33]

Auch die Charakterisierung dieses neuen, entwurzelten und traditionslosen Menschen, die Spengler 1922 gibt, sollte uns aufhorchen lassen, wenn wir an heutige Aussagen in den Massenmedien denken: die Vorstellung eines deutschen Volkes wäre nur ein Konstrukt oder die Einführung eines steuerfinanzierten, bedingungslosen Grundeinkommens unabdingbar:

> »[…] statt eines formvollen, mit der Erde verwurzelten Volkes ein neuer Nomade, ein Parasit, der Großstadtbewohner, der reine, traditionslose, in formlos fluktuierender Masse auftretende Tatsachenmensch, irreligiös, intelligent, unfruchtbar […] also ein ungeheurer Schritt zum Anorganischen, zum Ende […]«[34]

Gleichzeitig sollten wir aber auch die Einwände bedenken, die Ernst Jünger zum Beispiel gegen Oswald Spenglers pessimistischen Blick in die Zukunft erhob, indem er die strengen, geometrischen Formen von Werden, Blüte und Untergang kritisierte, in denen Spengler dachte. Trotz der Vielzahl der Kulturen in der Geschichte, denen es nach diesem Muster erging, gibt es auch Anzeichen dafür, dass Geschichte anders verlaufen kann und es durchaus noch Hoffnung für den abendländischen Kulturkreis gibt.

Sollte jedoch Europa noch eine Zukunft haben, wird dabei entscheidend sein, dass sich die Kritiker der derzeitigen politischen Entwicklung über den politischen Aktionismus hinausbegeben und erkennen, dass Politik kein Heilsweg ist. Der Lösung des derzeitigen Dilemmas, sprich der Vereinnahmung des »Rechtspopulismus« in die große Show, kann nur mit einem Loslassen von der politischen Misere begegnet werden. Es kommt darauf an, sich nicht mehr von Spielchen wie »Veganer gegen Fleischesser« vereinnahmen zu lassen, sondern die tiefe kulturelle Misere zu erkennen, in der sich die Völker Europas befinden. Ein Zurück in das, was einmal war, kann es nicht geben. Ein Überwinden der Krise kann nur eine Renovatio sein, eine Wiedergeburt Europas aus seiner innersten Idee. Hierfür müssen wir anfangen, den kulturellen Faden, der sich durch unsere Geschichte zieht, wiederaufzugreifen und mit den jetzt vorhandenen Fragestellungen weiterzuweben. Wir müssen den Aufbruch in eine neue Zeit wagen, indem wir, die wir uns der Kultur und Geschichte Europas verpflichtet fühlen, anfangen, sie neu zu gestalten.

Dies ist ganz leicht, wenn es uns gelingt, die Quelle unserer Kultur wiederzufinden. So heißt es vom Wasser der Quellen dieser Welt: »Wer von diesem Wasser trinkt, wird wieder Durst bekommen.« (Johannes 4:13). Die eigentliche Quelle und damit auch die Quelle der abendländischen Kultur ist aber nicht von dieser Welt, so Jesus:

»Wer aber von dem Wasser trinkt, das ich ihm geben werde,
wird niemals mehr Durst haben; vielmehr wird das Wasser,
das ich ihm gebe, in ihm zur sprudelnden Quelle werden,
deren Wasser ewiges Leben schenkt.«
(Johannes 4:14)

www.schrang.de

Tolle Produkte zu Top-Preisen!

Alle Produkte aus unserem Shop versandkostenfrei innerhalb Deutschlands!

Heiko Schrang

Die Jahrhundertlüge, die nur Insider kennen

Der Bestseller, der mittlerweile zum Kultbuch einer neuen Generation wurde, ist aktueller denn je. Dieses spannende Buch deckt nicht nur Unglaubliches auf, sondern bietet zudem im zweiten Teil auch Lösungen an, die Ihr Leben komplett verändern werden. Über 300 positive Bewertungen sprechen eine eindeutige Sprache.

ISBN: 978-3-9815839-0-8 · 24,90 €

(auch erhältlich als eBook, Hörbuch-CD und Mp3-Download)

Heiko Schrang

Die Jahrhundertlüge, die nur Insider kennen 2

Nach dem Erfolg des ersten Buches „Die Jahrhundertlüge, die nur Insider kennen", setzt dieses Buch völlig neue Akzente. In diesem eigenständigen Werk verbindet Heiko Schrang auf einzigartige Weise komplexe politische mit spirituellen Themen.

ISBN: 978-3-9815839-9-1 · 24,90 €

(auch erhältlich als eBook, Hörbuch-CD und Mp3-Download)

Heiko Schrang

Im Zeichen der Wahrheit

Vier Jahre nach dem Kultbuch „Die Jahrhundertlüge, die nur Insider kennen" erschien endlich Heiko Schrangs lang ersehntes neues Werk „Im Zeichen der Wahrheit". Dieses Buch deckt nicht nur die geheimen Aktivitäten der „Mächtigen" auf, sondern ist der bewusstseins-öffnende Schlüssel zu den essenziellen Fragen des Lebens. So wie sein Erstlingswerk avancierte es in kürzester Zeit zum Bestseller.

ISBN: 978-3-945780-41-1 · 24,90 €

(auch erhältlich als eBook, Hörbuch-CD und Mp3-Download)

Heiko Schrang

Die GEZ-Lüge

Dem Erfolgsautor Heiko Schrang wurde mit Gefängnis gedroht, da er sich aus Gewissensgründen weigerte, den Rundfunkbeitrag zu entrichten. Die Geschichte sorgte für große mediale Aufmerksamkeit. Dieses Buch ist ein Befreiungsschlag aus Gewissensgründen, die uns auferlegten Ketten aus Lügen, Manipulation und Kriegshetze zu zerreißen.

ISBN: 978-3-945780-84-8 · 12,90 €

(auch erhältlich als eBook, Hörbuch-CD und Mp3-Download)

Diverse Autoren

#wir sind noch mehr

Die bekanntesten Autoren der freien Medien, unter ihnen: Vera Lengsfeld, Petra Paulsen, Heiko Schrang, Hanno Vollenweider u.v.m, bilden mit diesem Buch zum ersten Mal ein gemeinsames Bündnis für eine unabhängige und freie Meinungsbildung fernab von journalistischem Einheitsbrei, staatlicher Deutungshoheit, Zensur oder erzwungener Political Correctness.

ISBN: 978-3-945780-42-8 · 24,90 €

(auch erhältlich als eBook)

Petra Paulsen

Deutschland außer Rand und Band

Dieses Buch schaffte es innerhalb von vierzehn Tagen nach dem Erscheinen in die Spiegel Bestsellerliste. Über zwei Millionen Menschen sahen ihre Botschaft auf YouTube. Als eine unübersehbare Zahl von Menschen aus dem Nahen Osten und Nordafrika im Herbst 2015 plötzlich unkontrolliert nach Deutschland strömte, stellte sich die Gymnasiallehrerin die Frage „Was ist hier bloß los?". Dieses Buch ist gespickt mit akribisch belegten Tatbeständen sowie spannend lesbaren und aufrüttelnden Informationen.

ISBN: 978-3-945780-32-9 · 22,90 €

(auch erhältlich als eBook, Hörbuch-CD und Mp3-Download)

Petra Paulsen

Zivilcourage – Frieden und Freiheit für alle

Mit ihrem neuen Buch setzt die Spiegel-Bestsellerautorin Petra Paulsen im Hinblick auf ihr Erstlingswerk „Deutschland außer Rand und Band" noch „einen drauf". Sie liefert jede Menge explosives Hintergrundwissen, wodurch sie die Leser ermutigen möchte, aus der Schweigespirale auszubrechen.

ISBN: 978-3-945780-76-3 · 24,90 €

(auch erhältlich als eBook)

Niklas Lotz

Mein Weckruf für Deutschland – Neverforgetniki

Innerhalb von kurzer Zeit avancierte Neverforgetniki zu einem ganz großen Hoffnungsträge der freien Medienszene. In diesem Buch schildert er erstmalig und exklusiv seine Erfahrungen und Eindrücke von Zuständen, die an deutschen Schulen herrschen. Es ist ein Weckruf zur Verteidigung der Demokratie und Meinungsfreiheit in Deutschland. Mit einem Vorwort der Spiegel-Bestseller-Autorin Petra Paulsen.

ISBN: 978-3-945780-70-1 · 24,90 €

(auch erhältlich als eBook)

Renate Lilge-Stodieck

SEIN – Die Kunst des Annehmens

Das Buch „Sein – Die Kunst des Annehmens" kann für Viele ein Lichtblick in dieser dunklen Welt sein. Ähnlich wie im weltberühmten Tao Te King von Laotse findet der Leser in diesem Weisheitsbuch Antworten auf die wichtigsten Fragen des Lebens.
Die Autorin versteht es auf einzigartige Weise, den Leser auf eine Reise zu den tiefsten Geheimnissen des Seins mitzunehmen.

ISBN: 978-3-945780-43-5 · 22,90 €
(auch erhältlich als eBook)

Heiko Schrang

Meditation 1– Der Schlüssel für Frieden und Liebe
Mitschnitt Massenmediation vom 27.06.2019.

Meditation 2 - Du bist das Licht der Welt
Mitschnitt der Massenmediation vom 05.09.2019.

Meditation 3 - Die Reise zu Deinem inneren Selbst
Mitschnitt der Massenmediation vom 21.11.2019.

exklusiv nur im Online-Shop:
je CD 12,99 € und MP3-Download 6,99 €

Heiko Schrang

Heiko Schrangs große Meditationsbox

Meditationsreisen Ausgabe 1 – 3 jetzt jeweils auf CD in der hochwertigen Premiumbox zum Vorteilspreis.

Inhalt:
CD 1: Der Schlüssel für Frieden und Liebe
CD 2: Du bist das Licht der Welt
CD 3: Die Reise zu Deinem inneren Selbst

exklusiv nur im Online-Shop: CD 29,99 €

Alle Produkte aus unserem Shop versandkostenfrei innerhalb Deutschlands!

www.schrang.de

Anmerkungen

1 Vgl. z.B. das Konzept zur schulischen Einführungswoche der Stiftung Schwarz-Rot-Bunt (Hrsg.): Vielfalt schätzen – Fremdheit überwinden. www.schwarz-rot-bunt.de (aufgerufen am 20.12.2017).

2 Zitiert nach: https://de.wikipedia.org/wiki/Paul_Gauguin (aufgerufen am 04.04.2017).

3 »Gauguin. Ärger mit Titi«, in: *Der Spiegel,* Nr. 14, 1966.

4 Ebd.

5 Ebd.

6 Ebd.

7 Vgl. z.B. die aus Steuermitteln finanzierte Webseite der Bundeszentrale für Politische Bildung: www.buendnis-toleranz.de mit Themen wie bunt.offen.anders oder: IG QueerTausch (aufgerufen am 04.04.2017).

8 Immanuel Kant: »Beantwortung der Frage: Was ist Aufklärung?«, in: Jürgen Zehbe (Hrsg.): *Immanuel Kant, Was ist Aufklärung? Aufsätze zur Geschichte und Philosophie,* Göttingen 1985. S. 55.

9 zitate.tagesspiegel.de/autoren/barack-obama/ (aufgerufen am 06.04.2017).

10 Karl Marx, Friedrich Engels: *Manifest der Kommunistischen Partei,* Berlin 1964, S. 68.

11 Vgl.: Lutz Meyer: »Der Finger im Primatenkot – der schöne Traum vom gewaltfreien Leben«, in: *Sezession* Nr 76, Februar 2017, S. 37.

12 Derek Freeman: *Liebe ohne Aggression. Margaret Meads Legende von der Friedfertigkeit der Naturvölker,* München 1983.

13 Martin Schulz sagt Feinden der Demokratie den Kampf an«, unter: deutsche-wirtschafts-nachrichten.de (aufgerufen am 04.04.2017).

14 »Gemeinsames, einheitliches Ziel ist die Säuberung der russischen Erde von allem Ungeziefer.« Wladimir Iljitsch Lenin: *Werke,* Band 26, Berlin 1961, S. 412f.

15 Stefan Berg: »Gabriels Weg der Eskalation«, unter: www.spiegel.de (aufgerufen am 06.04.2017).

16 ARD.ZDF Medienakademie (Hrsg.): »Journalismusforum 2018 – Menschen erreichen – publizistisch relevant sein«, unter: www.ard-zdf-medienakademie.de (aufgerufen am 29.10.2017).

17 Vgl. Wolfgang Kaschuba, Dieter Kassel: »Rechtspopulismus: Die Rache der Dörfer«, unter: www.deutschlandradiokultur.de (aufgerufen am 06.04.2017).

18 Sabine Leutheusser-Schnarrenberger: »Rechtspopulisten: Das Land das die AfD anstrebt«, unter www.sueddeutsche.de (aufgerufen am 04.04.2017).

19 Bertold Brecht: *Die Dreigroschenoper. Nach John Gays The Beggar's Opera,* Berlin 1968, S. 79.

20 Stéphane Courtois: »Die Verbrechen des Kommunismus«, in: Stéphane Courtois, Nicolas Werth, Jean-Louis Panné u.a. (Hrsg.): *Das Schwarzbuch des Kommunismus. Unterdrückung, Verbrechen und Terror,* München 1998, S. 16.

21 Vgl. z.B.: Bundeszentrale für politische Bildung (Hrsg.): »Preisverleihung Wettbewerb: Aktiv für Demokratie und Toleranz 2014«, unter: www.bpb.de (aufgerufen am 06.04.2017).

22 Vgl. z.B.: Rundfunk Berlin-Brandenburg (Hrsg.): »Aktion Schulstunde zur ARD-Themenwoche ›Toleranz‹«, unter: www.rbb-online.de (aufgerufen am 19.3.2017).

23 Vgl. z.B.: Daniel Hornuff: »Angriff auf Geschlechterforschung: Gender-Bashing ist der neue Volkssport«, unter: www.deutschlandradiokultur.de (aufgerufen am 19.3.2017).

24 Vgl. z.B.: Ortwin Renn: »Hilfe! Flüchtlinge!« unter: www.zeit.de (aufgerufen am 19.3.2017).

25 Vgl. z.B.: Zweites Deutsches Fernsehen(Hrsg.): »Verunsicherte Bürger«, unter: www.zdf.de (aufgerufen am 19.3.2017).

26 Vgl. z.B.: N. N.: »Hochschulen entlassen Mathe-Dozent nach Islamkritik«, unter: jungefreiheit.de (aufgerufen am 19.3.2017).

27 Vgl. z.B.: www.schule-ohne-rassismus.org (aufgerufen am 19.3.2017).

28 Vgl. z.B.: Bildungsserver Berlin-Brandenburg (Hrsg.:): »Lesbisch, schwul, bi, trans- und intergeschlechtlich – alles ganz normal?« unter: bildungsserver.berlin-brandenburg.de (aufgerufen am 19.3.2017).

29 Vgl. z.B.: Barbara Unmüßig: »Kein Mensch ist illegal«, unter: www.boell.de (aufgerufen am 19.3.2017).

30 Zu den »veralteten Lebensformen« gehört nicht nur die Familie aus Vater, Mutter und Kindern, sondern zum Beispiel auch der zölibatär lebende katholische Priester.

31 Caspar von Schrenck-Notzing: *Charakterwäsche. Die Re-education der Deutschen und ihre bleibenden Auswirkungen,* Erweiterte Neuausgabe, Graz 2005, S. 294ff.

32 Vgl. Renaud Camus: *Revolte gegen den großen Austausch,* Schnellroda 2016, S. 44ff.

33 Bertolt Brecht: *Der aufhaltsame Aufstieg des Arturo Ui,* London 1981, S. 200.

34 Karl Marx, Friedrich Engels: *Manifest der Kommunistischen Partei,* Berlin 1964, S. 41.

35 Ebd. S. 62f.

36 »Das Sein bestimmt das Bewusstsein« ist eine populäre Verkürzung des berühmten Zitats aus dem Vorwort zur Schrift *Zur Kritik der politischen Ökonomie* von Karl Marx. Das Vorwort findet sich in: Karl Marx,Friedrich Engels: *Werke,* Berlin. Band 13, 1971. S. 7 – 11.

37 de.wikipedia.org/wiki/Deutscher_Arbeiter-Abstinenten-Bund (aufgerufen am 19.3.2017).

38 Schön demonstrieren dies die vielfach literarisch einzigartigen Zukunftsromane aus der ehemaligen Sowjetunion und den assoziierten Ostblockstaaten. Selbstverständlich ist in diesen Utopien die Erde ein kommunistischer Einheitsstaat. Als äußerst lesenswerte Beispiele seien hier genannt: Angela und Karlheinz Steinmüller: *Andymon. Eine Weltraum Utopie,* Berlin 1982. Arkadi und Boris Strugazki: *Picknick am Wegesrand,* Berlin 1983. Stanislaw Lem: *Solaris,* Berlin 1983.

39 So zum Beispiel im Christentum: »Mein Reich ist nicht von dieser Welt« (Johannes 18,36).

40 Abrufbar unter: www.haus-heimwerker.de (aufgerufen am 30.12.2017).

41 Abrufbar unter: www.songtexte.com (aufgerufen am 10.4.2017).

42 Vgl.: Vladimir Palko: *Die Löwen kommen. Warum Europa und Amerika auf eine neue Tyrannei zusteuern,* Kißlegg, 2015. S. 18.

43 Ebd. S. 19.

44 Vgl.: Joachim Fest: *Hitler. Der Aufstieg,* Frankfurt a.M. 1976, S.115ff.

45 Vgl. im Folgenden: »Dossier: Kulturmarxismus«, in.: *Die ExpressZeitung* Nr. 3, 2017.

46 Hugo Poritsch: *Hört die Signale. Aufstieg und Fall des Sowjetkommunismus,* Wien 1991. S. 222.

47 Ebd. S. 262.

48 Ebd. S.258ff.

49 https://de.wikipedia.org/wiki/Stalinsche_S%C3%A4uberungen#Anzahl_der_Opfer (aufgerufen am 15.1.2017).
50 Stéphane Courtois: Die Verbrechen des Kommunismus, in.: Stéphane Courtois, Nicolas Werth, Jean-Louis Panné u.a. (Hrsg.): *Das Schwarzbuch des Kommunismus. Unterdrückung, Verbrechen und Terror,* München 1998, S. 16.
51 de.wikipedia.org/wiki/Carl_Gr%C3%BCnberg (aufgerufen am 15.1.2017).
52 Vgl.: Rolf Wiggershaus: *Die Frankfurter Schule,* München Wien 1988, S. 43.
53 de.wikipedia.org/wiki/Institut_f%C3%BCr_Sozialforschung (aufgerufen am 11.4.2017).
54 Vgl.: Caspar von Schrenck-Notzing: *Charakterwäsche. Die Re-education der Deutschen und ihre bleibenden Auswirkungen,* erweiterte Neuausgabe. Graz 2005.
55 »Dossier: Kulturmarxismus«, in.: *Die ExpressZeitung* Nr. 3, 2017.
56 de.wikipedia.org/wiki/Kommune_I (aufgerufen am 10.4.2017).
57 Erich Fromm: *Haben oder Sein. Die seelischen Grundlagen einer neuen Gesellschaft,* München 1991, S. 97.
58 Ebd. S. 96.
59 In seiner späteren, durch die 68er modifizierten Ausprägung, fiel die zentrale Kapitalismuskritik zumindest in Teilen weg.
60 Vgl. Marx, Engels: *Manifest der Kommunistischen Partei,* S. 63ff.
61 Carl Davidson: »Strategy, Hegemony & ›The Long March‹«, unter: carldavidson.blogspot.de (aufgerufen am 27.4.2017).
62 Ebd.
63 Jürgen Busche: *Die 68er. Biographie einer Generation,* Berlin 2003, S. 85.
64 Vgl.: Tina Gotthardt: *Abkehr von der Wohlstandsgesellschaft – Gammler in den 60er Jahren der BRD,* Saarbrücken 2007
65 Zitiert nach Götz Aly: *Unser Kampf 1968 – ein irritierter Blick zurück,* Frankfurt a.M. 2012, S 32.
66 Jürgen Busche: *Die 68er. Biographie einer Generation,* Berlin 2003, S. 19.
67 Ebd. S. 91.
68 Ebd. S. 91.
69 Ebd. S. 142f.
70 Ebd. S. 122f.
71 Bettina Röhl: »Großmut ist nicht angebracht – Überproportionale Medienmacht«, unter: www.wiwo.de (aufgerufen am 30.12.2017).
72 de.wikipedia.org/wiki/Marsch_durch_die_Institutionen (aufgerufen am 30.12.2017).
73 Manfred Spieker: »Gender-Mainstreaming in Deutschland«, unter: www.kath.net (aufgerufen am 22.6.2017).
74 N.N.: »Jeder dritte Journalist liebäugelt mit Grünen«, unter: meedia.de (aufgerufen am 8.6.2017).
75 Zitiert nach Götz Aly: *Unser Kampf 1968 – ein irritierter Blick zurück,* Frankfurt a.M. 2012, S. 19.
76 Ebd. S. 19.
77 Ebd. S. 19.
78 Thomas Schmid: »Die Debatte über Flüchtlinge ist unanständig«, unter: www.welt.de (aufgerufen am 8.6.2017).
79 Gerd-Klaus Kaltenbrunner: *Elite. Erziehung für den Ernstfall,* Asendorf, 1984, S. 31.
80 Zitiert nach Götz Aly: *Unser Kampf 1968,* S. X.
81 Ebd. S. X.
82 Ebd. S. 10.
83 Jürgen Busche: *Die 68er. Biographie einer Generation,* Berlin 2003, S. 62.

84 Kurt Kister: »Der Triumph der Grünen ist auch ein Sieg der 68er«, unter: www.sueddeutsche.de (aufgerufen am 29.6.2017).

85 Holger Hettinger: »Ikonen der APO«, unter: www.deutschlandfunkkultur.de (aufgerufen am 24.6.2017).

86 Rainer Blasius: »Vor dem Staatsverfall?« unter: www.faz.net (aufgerufen am 2.7.2017).

87 Zitiert nach: Götz Aly: *Unser Kampf 1968*, S. 37.

88 »Verstehen Sie das, Herr Schmidt?« unter: www.zeit.de (aufgerufen am 27.4.2017).

89 »Wieviel Anatolien verträgt Europa?« unter: www.abendblatt.de (aufgerufen am 27.4.2017).

90 de.wikipedia.org/wiki/Deutschland_schafft_sich_ab (aufgerufen am 27.4.2017).

91 »Migrationsexperte nennt Sarrazin einen ›Brandstifter‹«, unter: www.welt.de (aufgerufen am 4.7.2017).

92 »Anna Reimann: Forscher geben Sarrazin Mitschuld an Abwanderung«, unter: www.spiegel.de (aufgerufen am 4.7.2017).

93 Ebd.

94 Seit 1952 amtiert in England kein König, sondern Elisabeth II.

95 Hannah Arendt, Hans-Jürgen Benedict: Briefwechsel, in: *Mittelweg* 36, 17/1, 2008 S. 2–8. Zitiert nach: Aly S. IV.

96 Herbert Marcuse: *Konterrevolution und Revolte* (= *Schriften* Bd. 9), Frankfurt a.M. 1987, S. 105.

97 »Gewalt-Nacht in Hamburg. Plünderungen in der Schanze: Zerstörung wie im Wahn«, unter: www.stern.de (aufgerufen am 11.7.2017).

98 Astrid Geisler: »Regierung verdoppelt Ausgaben gegen rechts«, unter: www.zeit.de (aufgerufen am 11.7.2017) sowie: »Aufgedeckt: Antifa & Linke gesponsert vom STAAT! München-Skandal«, unter: www.youtube.com (aufgerufen am 11.7.2017).

99 Ronald Berthold: »Journalisten nehmen Partei für Krawallmacher. G20-Gipfel«, in: *Junge Freiheit* 29/17 vom 14.7.2017.

100 »[…] a lullaby to sexual non-conformity« schrieb zum Beispiel ein Rezensent im *New Musical Express.* Zitiert nach: https://en.wikipedia.org/wiki/Queer_(song)#Critical_reception (aufgerufen am 15.5.2017).

101 Vgl. Erklärung des Begriffs »queer« unter: www.urbandictionary.com (aufgerufen am 15.5.2017)

102 Lady Gaga: »Erstes Parfüm heißt Fame«, unter: www.maedchen.de (aufgerufen am 16.5.2017).

103 ames Michael Nichols: »Miley Cyrus Opens Up About Being Pansexual And Gender-Neutral«, unter: www.huffingtonpost.com (aufgerufen am 16.5.2017).

104 »Der Ex-Kinderstar wird erwachsen: Miley Cyrus outet sich als pansexuell«, unter: www.queer.de (aufgerufen am 11.7.2017).

105 Susanne Billig: »Ein Feind muss her«, unter: www.deutschlandfunkkultur.de (aufgerufen am 24.6.2017).

106 »Kölner Dom: Frau springt barbusig vor Meisner auf Altar«, unter: www.fnp.de (aufgerufen am 16.5.2017).

107 Stefan Lauer: »Aktivisten machen Abtreibungsgegnern einen Strich durch die Rechnung«, unter: www.vice.com (aufgerufen am 16.5.2017).

108 Interview mit Martin Goldstein: »Die sexuelle Revolution«, unter: www.bpb.de (aufgerufen am 18.7.2017).

109 de.wikipedia.org/wiki/Freudomarxismus (aufgerufen am 5.9.2017).

110 Wilhelm Reich: *Die Massenpsychologie des Faschismus,* Köln 2003, S. 51.

111 Parvin Sadigh: »Nicht nur die Verirrung eines kleinen Zirkels«, unter: www.zeit.de (aufgerufen am 5.9.2017).

112 de.wikipedia.org/wiki/La_Boum_%E2%80%93_Die_Fete (aufgerufen am 7.9.2017).
113 Zitiert nach Ruth Römer (Hrsg.): *Geistige Brandstifter von links,* Graz 2007, S. 58.
114 bilder.augsburger-allgemeine.de/img/incoming/origs32620652/665041434-w900-h960/Protest-geg.jpg (aufgerufen am 29.12.2017).
115 »Von Lust ist nicht die Rede: Die Sexualerziehung festigt die alten Tabus«, unter: www.zeit.de (aufgerufen am 18.7.2017).
116 Ebd.
117 Ebd.
118 Vgl. Judith Butler: *Das Unbehagen der Geschlechter,* Frankfurt a.M. 1991.
119 Ebd.
120 Vgl.: Vladimír Palko: *Die Löwen kommen. Warum Europa und Amerika auf eine neue Tyrannei zusteuern,* Kißlegg 2015, S. 84.
121 Ann-Katrin Müller: »Volker Beck täuschte Öffentlichkeit über Pädophilie-Text«, unter: www.spiegel.de (aufgerufen am 18.7.2017).
122 Johannes Rogalla von Bieberstein: *Schwulenkult und feministischer Geschlechterkampf. Wie der »sex-positive« Geschlechterkrieg Kirche und Gesellschaft verändert,* Graz 2015, S. 19.
123 Westdeutscher Rundfunk (Hrsg.): »Schwul und stolz darauf? – Schulfernsehen«, unter: programm.ard.de (aufgerufen am 7.9.2017).
124 Von Bieberstein: *Schwulenkult und feministischer Geschlechterkampf,* S. 20f.
125 Ebd.
126 www.brighton-hove.gov.uk (aufgerufen am 7.9.2017).
127 »Spende gegen Homo-Ehe zwingt Mozilla-Chef zum Rücktritt«, unter: www.zeit.de (aufgerufen am 18.7.2017).
128 »›Ehe für alle‹: Professor gerät unter Beschuß«, in: *Junge Freiheit* 31–32/17, 28.7.2017.
129 www.latimes.com (aufgerufen am 18.7.2017).
130 »Der Kult um die Schwulen«, in: *Die Welt* vom 17.10.2009 (zitiert nach: von Bieberstein: *Schwulenkult,* S. 22).
131 Von Bieberstein: *Schwulenkult* ,S. 28.
132 www.familien-schutz.de (aufgerufen am 30.12.2017).
133 Paul Kengor: »Obamas Vermächtnis. Die Kultur zählte: Wie Barack Obama die Vereinigten Staaten von Grund auf umgestaltet hat«, in: *Die Tagespost,* 27.1.2017 Nr. 7.
134 Zitiert nach von Biberstein: *Schwulenkult,* S. 36.
135 Ebd.
136 Jill Johnston: *Lesben-Nation. Die feministische Lösung,* Berlin 1977, S. 149.
137 Ebd.
138 Franz Solms-Laubach: »Die zehn Erfolgsstrategien des Barack Obama«, unter: www.welt.de (aufgerufen am 5.10.2017).
139 Persönlichkeits-Coach Gálvez: »Warum wir Obama lieben und was Trump und Clinton fehlt«, unter: meedia.de (aufgerufen am 5.10.2017).
140 Dena Kelishadi: »Welchen Einfluss haben Fake-News auf die Wahl?« unter: www.deutschlandfunk.de (aufgerufen am 25.9.2017).
141 »Zehn Jahre nach Kerner: Eva Herman packt aus«, unter: www.youtube.com (aufgerufen am 5.10.2017).
142 www.jvm.com (aufgerufen am 21.9.2017).
143 www.angela-merkel.de/ (aufgerufen am 21.9.2017).

144 Jakob Augstein: »Margaret Merkel? So ein Quatsch!« unter: www.spiegel.de (aufgerufen am 8.8.2017).

145 Gerhard Wisnewski: »Störfall Bundespraesident: Warum Christian Wulff wirklich zurücktreten musste«, unter: info.kopp-verlag.de (aufgerufen am 15.8.2017).

146 de.wikipedia.org/wiki/Christian_Wulff (aufgerufen am 19.9.2017).

147 Colin Crouch: *Postdemokratie,* Bonn 2008, S. 10.

148 »Fernsehkonsum: Tägliche Sehdauer der Deutschen in Minuten nach Altersgruppen«, unter: de.statista.com (aufgerufen am 25.8.2016).

149 de.wikipedia.org/wiki/Lebenserwartung (aufgerufen am 25.8.2016).

150 h»Anti-GEZ-Protest von Rechts: ›Junge Freiheit‹ statt ZDF?« unter: blog.zeit.de (aufgerufen am 27.12.2017).

151 Neil Postman, geboren 1931, war Professor für Media Ecology an der New York University.

152 Neil Postman: *Wir amüsieren uns zu Tode. Urteilsbildung im Zeitalter der Unterhaltungsindustrie,* Frankfurt a.M. 1985.

153 Ebd.

154 Ebd. S. 194.

155 Ebd. S. 128.

156 Ebd. S. 130.

157 So die Abgeordnete Bettina Fortunato in der Ablehnungsbegründung einer Petition zur Abschaffung des Rundfunkbeitrags an den Landtag Brandenburg.

158 Postman: *Wir amüsieren uns zu Tode,* S. 7.

159 Ebd. S. 8.

160 Kathrin Sumpf: »Nun doch wegen GEZ-Gebühren in den Knast? Erneut Haftbefehl gegen junge Mutter«, unter: www.epochtimes.de (aufgerufen am 2.5.2017).

161 »WDR-Journalistin für Wahrheit bestraft: ›Meine journalistische Karriere in Deutschland ist zu Ende‹«, unter: www.epochtimes.de (aufgerufen am 27.12.2017).

162 »WDR-Leiter packt aus: Die Regierung erlaubt uns keine freie Berichterstattung und die Themen werden vorgeschrieben«, unter: votum24.votum1.de (aufgerufen am 27.7.2017).

163 Dirk C. Fleck: »Eine Orgie der Anpassung«, unter: kenfm.de (aufgerufen am 27.12.2107).

164 Stefan Meetschen: »›Vertrauen eingebüßt‹ Mathias Döpfner sieht das Wirken der Medien kritisch – Die freiheitliche Gesellschaftsordnung sei in Gefahr«, in: *Die Tagespost* 4.2.2017 Nr. 15.

165 Matthias Krupa: »Die Linken entdecken den Nationalismus«, unter: www.zeit.de (aufgerufen am 13.8.2017).

166 Joachim Gauck: Weihnachtsansprache 2016, unter: www.bundespraesident.de (aufgerufen am 17.8.2017).

167 Wahlprogramm der CDU aus dem Jahr 2002, unter: www.documentarchiv.de (aufgerufen am 8.8.2017).

168 »›Das werde ich nicht akzeptieren‹ Das größte Streitthema bleibt der Union erhalten«, unter: www.t-online.de (aufgerufen am 8.8.2017).

169 Ruth Schneeberger: »Abgehängte Bevölkerungsgruppen: ›AfD-Wähler sind nicht wirtschaftlich, sondern kulturell abgehängt‹«, unter: www.sueddeutsche.de (aufgerufen am 2.5.2018).

170 Angela Merkel: »2016 hat die Welt schwächer und instabiler gemacht«, unter: www.zeit.de (aufgerufen am 6.12.2016).

171 Landkreis Oberhavel (Hrsg.): »Toleranz auf Rädern«, unter: www.oberhavel.de (aufgerufen am 19.9.2017).

172 Yassin Musharbash: »Steinbach-Eklat auf Twitter: ›Die Nazis waren eine linke Partei‹«, unter: www.spiegel.de (aufgerufen am 19.9.2017).

173 Ebd.

174 Ebd.

175 Ebd.

176 Joachim C. Fest; Hitler. *Eine Biographie. Erster Band: Der Aufstieg,* Frankfurt a.M. 1976, S. 295.

177 Adolf Hitler am 24. Februar 1945 auf der Tagung der Reichs- und Gauleiter, zitiert bei Rainer Zitelmann: *Hitler. Selbstverständnis eines Revolutionärs,* München 1998, S. 457.

178 So z. Bsp. Erich Loest im Interview: https://www.youtube.com/watch?v=NUzG2dQtij0 (aufgerufen am 1.10.2017)

179 Im *Der Angriff* vom 6.12.1931, nach Wolfgang Venohr: *Dokumente Deutschen Daseins,* Athenäum Verlag, 1980, S. 291

180 Götz Aly: »Wie links war die NSDAP?« unter: www.fr-online.de, aufrufbar unter: web.archive.org (aufgerufen am 24.9.2017).

181 N.N.: »Mit Nazis spricht man nicht«, unter: www.mdr.de (aufgerufen am 28.9.2017).

182 »Regierung verdoppelt Ausgaben gegen rechts«, unter: www.zeit.de (aufgerufen am 11.7.2017).

183 N.N.: »Mord an Maria L.: Angeklagter gesteht falsche Altersangabe« oder N.N.: »Vergewaltigung von Obdachloser: Polizei nimmt zwei Afghanen fest« oder zum Beispiel N.N.: »Studentin vergewaltigt: Ghanaer ›weiß nichts‹ vor Gericht«, unter: jungefreiheit.de (aufgerufen am 26.9.2017). Diese Beispiele lassen sich ad nauseam fortsetzen.

184 N.N.: »Merkel sieht in Flüchtlingskrise drei Großbaustellen«, unter: www.welt.de (aufgerufen am 26.9.2017).

185 Arnold Gehlen: *Moral und Hypermoral. Eine pluralistische Ethik,* Frankfurt a.M. / Bonn, 2016, S. 155.

186 N.N.: »Reaktionen auf AfD-Einzug: ›Die deutsche Nachkriegs-Demokratie hat ihre Unschuld verloren‹«, unter: jungefreiheit.de (aufgerufen am 26.9.2017).

187 Rosemarie Frühauf: »ZDF-Autor hofft auf Gewalt gegen schwangere Frauke Petry«, unter: www.epochtimes.de (aufgerufen am 15.2.2017).

188 Vgl. für den nächsten Abschnitt: Thorsten Hinz: »Das Volk wird entmündigt. Neototalitarismus: Das öffentliche und private Leben ist immer mehr einem Tugendterror unterworfen«, in: *Junge Freiheit* Nr. 25/17, 16.6.2017.

189 Vgl. Bundeskanzlerin im FOCUS-Online-Interview: »Das sind Angela Merkels Zukunftsvisionen für Deutschlands Gesellschaft«, unter: www.focus.de (aufgerufen am 30.12.2017).

190 Thorsten Hinz: »Das Volk wird entmündigt. Neototalitarismus: Das öffentliche und private Leben ist immer mehr einem Tugendterror unterworfen«, in: *Junge Freiheit* Nr. 25/17, 16.6.2017.

191 Ebd.

192 Jan Dams, Anja Ettel, Martin Greive, Holger Zschäpitz: »Merkel will die Deutschen durch Nudging erziehen«, unter: www.welt.de (aufgerufen am 30.12.2017).

193 Burkhard Müller-Ullrich: *Medienmärchen. Gesinnungstäter im Journalismus,* Berlin 1998, S. 19.

194 Christian Schreiber: »Indiskretionen gelten als verpönt. Hintergrundkreise: Exklusive Gesprächszirkel zwischen Politikern und Journalisten eröffnen Raum für Verschwörungstheorien«, in: *Junge Freiheit* Nr. 27/16 1.6.2016.

195 Ebd.

196 Ebd.

197 Hendrik Kafsack: EU macht weniger Gesetze als angenommen, unter: www.faz.net (aufgerufen am 30.12.2017).

198 Kenneth Minogue: *Die demokratische Sklavenmentalität: Wie der Überstaat die Alltagsmoral zerstört,* Berlin 2013.

199 Thorsten Hinz: »Das Volk wird entmündigt. Neototalitarismus: Das öffentliche und private Leben ist immer mehr einem Tugendterror unterworfen«, in: *Junge Freiheit* Nr. 25/17, 16.6.2017.

200 Ebd.

201 Zitiert nach *Sezession* 72, S. 1.

202 Vgl. z.B.: N.N.: »Österreich: Hausdurchsuchung bei Identitären«, unter: sezession.de (aufgerufen am 2.5.2018).

203 Rudolf Burger: *Im Namen der Geschichte. Vom Missbrauch der historischen Vernunft,* Springe 2007, S. 8.

204 Michael Müller: »Diese zwei Bilder zeigen den Kulturkampf in Deutschland«, unter: www.berlin-journal.biz/ (aufgerufen am 06.11.2017).

205 Julia Jung: »Gefahr von rechts«, in: *Apothekenrundschau: Baby und Familie,* Februar 2016. S. 64–68

206 Ebd.

207 Ebd.

208 N. N.: »Käßmann attackiert auf Kirchentag AfD scharf: Ehemalige EKD-Vorsitzende: Forderung nach höherer Geburtenrate ›Einheimischer‹ entspreche ›kleinem Arierparagrafen der Nationalsozialisten‹«, unter: www.neues-deutschland.de (aufgerufen am 18.07.2017).

209 N. N.: »Wirbel um Margot Käßmann-Zitat: ›Zwei deutsche Eltern, vier deutsche Großeltern: Da weiß man, woher der braune Wind wirklich weht‹«, unter: www.epochtimes.de (aufgerufen am 18.07.2017).

210 N. N.: »Neue Studie: Wer Kinder hat, zahlt im Rentensystem drauf«, unter: www.handelsblatt.com (aufgerufen am 08.11.2017).

211 N. N.: Wohnungsnot: »Diese Familie lebt auf dem Campingplatz«, unter: https: www.tz.de (aufgerufen am 23.11.2017).

212 Ursula von der Leyen im Stern-Interview, unter: www.bmfsfj.de (aufgerufen am 08.11.2017).

213 N. N.: »2520 Euro für einen Kitaplatz«, unter: www.spiegel.de (aufgerufen am 08.11.2017).214 http://www.spiegel.de/politik/deutschland/betreuungsgeld-in-karlsruhe-bundesverfassungsgericht-kippt-zuschuss-a-1044570.html (aufgerufen am 08.11.2017).

214. N. N.: »Verfassungsrichter kippen Betreuungsgeld«, unter: www.spiegel.de (aufgerufen am 08.11.2017).

215 N. N.: »Familienförderung in Deutschland: FOCUS Online bringt Licht in den Antragsdschungel«, unter: www.focus.de (aufgerufen am 08.11.2017).

216 Die Anzahl der Kinder unter 14 Jahren ergibt sich aus folgender Statistik: https://de.statista.com/statistik/daten/studie/1253/umfrage/anzahl-der-kinder-bis-14-jahre-in-deutschland-seit-dem-jahr-1950/ (aufgerufen am 14.11.2017).

217 Von Bieberstein, S. 31.

218 Zu finden unter: www.eva-herman.net (aufgerufen am 21.11.2017).

219 Zitiert nach Arne Hoffmann: *Der Fall Eva Herman: Hexenjagd in den Medien,* Grevenbroich 2007, S. (Bei von Bieberstein, S. 82).

220 Alice Schwarzer: *Zehn Jahre …,* Köln 1981, S. 201.

221 Vgl.: Jürgen Borchert: *Sozialstaatsdämmerung,* München 2014.

222 Vgl. sinngemäß: »Badische Neueste Nachrichten: Bundesfamilienministerin Manuela Schwesig über familienpolitische Vorhaben«, unter: www.bmfsfj.de (aufgerufen am 05.11.2017).

223 Alexander Grau: »Die Agonie der Linken«, unter: www.cicero.de (aufgerufen am 2.5.2018).

224 Caspar von Schrenck-Notzing: *Charakter-Wäsche. Die Re-education der Deutschen und ihre bleibenden Auswirkungen,* Erweiterte Neuausgabe, S. 20f.

225 Miriam Hollstein: »Sexualkunde Streit: ›So schön ist es, dass es schöner nicht werden kann‹«, *Die Welt*, 23.04.2013.
226 Siehe die nächsten Kapitel.
227 Hans-Jochen Gamm: »Anleitung zur Handhabung der Rahmenrichtlinien für Sexualkunde in Hessen«, in: *Handbuch für Lehrer*, Ort, 1970.
228 Vgl.: Militärische Sozialisation: e. Ringvorlesung im Fachbereich Erziehungswiss. u. Psychologie d. Techn. Hochsch. Darmstadt im Wintersemester 1985/86 / eingel. u. hrsg. von Hans-Jochen Gamm, 1986, Darmstadt.
229 Zitiert nach Götz Aly: *Unser Kampf 1968*, S. XI f.
230 Katholische junge Gemeinde (Hrsg.): »Erste allgemeine Verunsicherung: Sexualpädagogik in der KjG«, unter: kjg.de (aufgerufen am 26.5.2018). Zu finden auf Seite 9.
231 Ebd. Zu finden am Ende des Dokuments.
232 Björn Seeling, Tilmann Warnecke: »Grünen-Vorsitzender Wesener über queere Politik ›Ohne die Ehe für alle keine Koalition‹«, unter: www.tagesspiegel.de (aufgerufen am 19.11.2017).
233 KiKA (Hrsg.): »7. Liebe zwischen Jungs: Schwul, und jetzt?« unter: www.kika.de (aufgerufen am 14.11.2017).
234 Ebd.
235 N. N.: »GEZ-Haftbefehl gegen zweifache Mutter sorgt für Aufregung«, unter: www.stern.de (aufgerufen am 14.11.2017).
236 Peter Helmes: »Sexuelle Früherziehung: Schule erzwingt frühzeitige Indoktrinierung«, unter: conservo.wordpress.com(aufgerufen am 22.08.2016).
237 Gewerkschaft Erziehung und Wissenschaft (Hrsg.): »Für eine Pädagogik der Vielfalt. Argumente gegen ultrakonservative, neu-rechte und christlich-fundamentalistische Behauptungen«, unter: www.gew.de (aufgerufen am 14.11.2017).
238 Bundeszentrale für politische Bildung (Hrsg.): »Gender Mainstreaming«, unter: www.bpb.de (aufgerufen am 14.11.2017).
239 Bundesministerium für Familie, Senioren, Frauen und Jugend (Hrsg.): »Strategie ›Gender Mainstreaming‹«, unter: www.bmfsfj.de (aufgerufen am 14.11.2017).
240 Aufzurufen unter: www.ibidemverlag.de (aufgerufen am 21.11.2017).
241 Judith Butler: *Das Unbehagen der Geschlechter*, Frankfurt a.M., 1991, S. 61.
242 N. N.: »The tragic twin boy who was brought up as a girl after horrific hospital blunder«, unter: www.dailymail.co.uk (aufgerufen am 21.11.2017).
243 de.wikipedia.org/wiki/David_Reimer (aufgerufen am 21.11.2017).
244 Paul Kengor: »Obamas Vermächtnis. Die Kultur zählte: Wie Barack Obama die Vereinigten Staaten von Grund auf umgestaltet hat«, in: *Die Tagespost*, 27.01.2017, Nr. 7.
245 Elisabeth Tuider, Mario Müller u.a.: *Sexualpädagogik der Vielfalt*, Weinheim-Basel 2012, S. 81ff.
246 Ebd.
247 Birgit Kelle: »›Puff für alle‹ als pädagogisches Stilmittel«, unter: www.theeuropean.de (aufgerufen am 21.11.2017).
248 Antje Schmelcher: »Unter dem Deckmantel der Vielfalt«, unter: www.faz.net (aufgerufen am 23.11.2017).
249 Ebd.
250 Zitiert nach: von Bieberstein: *Schwulenkult*. S. 15.
251 Ebd.
252 N.N.: »Trump und Transgender ›Das ist ein Desaster‹«, unter: www.spiegel.de (aufgerufen am 21.11.2017).

253 Deutscher Bundestag (Hrsg.): Entwurf eines Gesetzes zur Neuregelung des Mutterschutzrechts, unter: www.bmfsfj.de (aufgerufen am 21.11.2017).

254 Zitiert nach von Bieberstein: *Schwulenkult,* S. 27.

255 Arnold Gehlen: *Moral und Hypermoral. Eine pluralistische Ethik,* Frankfurt a.M., 2016, S. 56.

256 Jürgen Borchert: *Sozialstaats-Dämmerung,* München 2014, S. 12 f.

257 Manfred Schäfers: »Steuerquote steigt auf neuen Rekordwert«, unter: www.faz.net (aufgerufen am 07.11.2017).

258 Florian Staeck: »Selbstständige in der GKV-Schuldenfalle«, unter: www.aerztezeitung.de (aufgerufen am 02.05.2017).

259 N. N.: »Krankenkassen schicken Zoll zur Pfändung los«, unter: www.spiegel.de (aufgerufen am 02.05.2017).

260 Vgl.: Jürgen Borchert: *Sozialstaats-Dämmerung,* München 2014.

261 Martin Rhonheimer: »Soziale Marktwirtschaft – ein deutscher Mythos«, in: *Die Tagespost,* 25.02.2017, Nr. 24.

262 Ebd.

263 Vgl. z. Bsp.: Christopher Clark: *Iron Kingdom. The Rise and Downfall of Prussia 1600–1947,* London 2007.

264 Ludwig Witzani: »Putsch der Zivilgesellschaft«, in: *Junge Freiheit,* 29.04.2016, Berlin, S. 20.

265 Vgl.: Hans Wassermund: *Revolutionstheorien. Eine Einführung,* München 1986.

266 Vgl.: Johannes Willms: *Tugend und Terror: Geschichte der Französischen Revolution,* München, 2014.

267 Vgl.: Orlando Figes: *A People's Tragedy: Russian Revolution, 1891–1924,* London, 1997.

268 Artikel 16a, Absatz 2 des Grundgesetzes besagt: »Art 16a. (2) Auf Absatz 1 [Asylrecht]kann sich nicht berufen, wer aus einem Mitgliedstaat der Europäischen Gemeinschaften oder aus einem anderen Drittstaat einreist, in dem die Anwendung des Abkommens über die Rechtsstellung der Flüchtlinge und der Konvention zum Schutze der Menschenrechte und Grundfreiheiten sichergestellt ist.« Da weit über 98 Prozent aller Einwanderer über sichere Drittländer wie Österreich, Tschechien, Ungarn, Mazedonien usw. einreisten, hätte keiner derselben in Deutschland einen Asylantrag stellen dürfen. Auch der Fakt des illegalen Grenzübertritts blieb ungeahndet.

269 Siehe Projektvorlagen zum Thema »Integration« unter: www.das-macht-schule.net (aufgerufen am 12.10.2017).

270 Volker Resing: »Beipackzettel statt Lyrik«, unter: www.katholisch.de (aufgerufen am 12.10.2017).

271 Eva Kallinger, Ulrich Reitz: »Unsere Zukunft ist multireligiös«, unter: www.focus.de (aufgerufen am 12.10.2017).

272 Unter: hartgeld.com (aufgerufen am 12.10.2017).

273 Günther Bähr: »›Tagesschau‹ und ›Tagesthemen‹: ARD räumt falsches Flüchtlingsbild ein«, unter: www.focus.de (aufgerufen am 12.10.2017).

274 Zitiert nach: Dirk Glaser: »Monopol auf einseitige Berichterstattung«, in: *Junge Freiheit,* 13.01.2017, Nr. 3/17.

275 N. N.: »Nach AfD-Redeverbot auf Katholikentag: AfD-Chefin Petry wettert gegen katholische Kirche«, unter: www.augsburger-allgemeine.de (aufgerufen am 30.12.2017).

276 Zitiert nach Regina Einig: »Geben Sie Gott eine Chance« *Die Tagespost, Katholische Zeitung für Politik, Gesellschaft und Kultur,* Nummer 63, Würzburg 28.05.2016, S. 1.

277 Stefan Aust, Manuel Bewarder, Wolfgang Büscher, Martin Lutz, Claus Christian Malzahn: »Herbst der Kanzlerin. Geschichte eines Staatsversagens«, unter: www.welt.de (aufgerufen am 30.12.2017).

278 Susanne Gaschke: »100 Millionen Euro für ›Demokratie-Projekte‹ – doch was bringen sie?« unter: www.welt.de (aufgerufen am 28.12.2107).

279 Ronald Berthold: »Die Deutungshoheit wackelt«, in: *Junge Freiheit*, 23./30.12.2016, Nr. 52/16.

280 Ebd.

281 de.wikipedia.org/wiki/Sexuelle_%C3%9Cbergriffe_in_der_Silvesternacht_2015/16 (aufgerufen am 28.12.2017).

282 Michael Paulwitz: »Im Belagerungszustand. Silvester in Deutschland: Die ›Nafris‹ und die grünen Schreibtischtäter«, in: *Junge Freiheit*, 06.01.2017, Nr. 2/17.

283 Vgl.: Elias Canetti: *Masse und Macht*, Frankfurt a.M., 1993, S. 26ff.

284 Vgl.: Ellen Kositza: »Macht: Gefühle«, in: *Sezession* 75, 2015, S. 14ff.

285 Vgl.: Elias Canetti: *Masse und Macht*, Frankfurt a.M., 1993, S. 26ff.

286 N. N.: »›Lass Dir kein schlechtes Gewissen einreden!‹ – AfD reagiert auf Anti-AfD-Aussagen von Kirchenvertretern«, unter: www.katholisches.info (aufgerufen am 30.12.2017).

287 N. N.: »Starker Anstieg aus Maghreb-Staaten: Flüchtlinge reaktivieren alte Routen«, unter www.focus.de/ (aufgerufen am 30.12.2017)

288 N. N.: »Marokko, Algerien und Tunesien als sichere Herkunftsländer eingestuft«, unter: www.spiegel.de (aufgerufen am 29.10.2017).

289 de.wikipedia.org/wiki/Anschlag_auf_den_Berliner_Weihnachtsmarkt_an_der_Ged%C3%A4chtniskirche (aufgerufen am 17.10.2017).

290 Vgl.: Martin D. Wind: »Die Grüne Moral«, in: *Die Tagespost*, 23.06.2016, Nr. 74.

291 Vgl. »Afrikas Wohl liegt in deutschem Interesse«, unter: www.bundeskanzlerin.de (aufgerufen am 16.10.2017).

292 N. N.: »Stille für Syrien – Solidarität mit den Opfern von Krieg und Verfolgung«, unter: awoblog.info (aufgerufen am 28.12.2017).

293 N. N.: »Evangelischer Kirchentag – Obama und Merkel drehen das große historische Rad«, unter: www.rbb24.de (aufgerufen am 17.10.2017).

294 Sonja Ozimek: »Amtszeit-Bilanz von Friedensnobelpreisträger Obama: Mehr Krieg, mehr Terror, mehr Armut«, unter: www.epochtimes.de (aufgerufen am 28.12.2017).

295 Kulturzeit-Gespräch mit Günter Meyer, unter: www.3sat.de (aufgerufen am 17.10.2017).

296 Julian Reichelt: »Giftgas-Assad: Der schlimmste Vater der Welt«, unter: www.bild.de (aufgerufen am 19.10.2017).

297 »Russlands Einschreiten als Wendepunkt«, unter: www.wiesbadener-kurier.de (aufgerufen am 17.10.2017).

298 Aufrufbar unter: www.spiegel.de/media/media-36707.pdf (aufgerufen am 17.10.2017).

299 Sonja Ozimek: »Amtszeit-Bilanz von Friedensnobelpreisträger Obama: Mehr Krieg, mehr Terror, mehr Armut«, unter: www.epochtimes.de (aufgerufen am 28.12.2017).

300 Emran Feroz: »Drohnenkrieg – Ombamas tödliches Erbe«, unter: www.deutschlandfunkkultur.de(aufgerufen am 19.10.2017).

301 Ebd.

302 N. N.: »Ramstein: Bundestag sieht keine Handhabe gegen US-Drohneneinsätze«, unter: www.zeit.de (aufgerufen am 19.10.2017).

303 N. N.: »Syrien: IS köpft und kreuzigt elf einheimische Christen«, unter: www.kath.net (aufgerufen am 28.12.2017).

304 Für Deutschland: www.un.org/esa/population/publications/ReplMigED/Germany.pdf oder allgemein für Europa und Japan: www.un.org/esa/population/publications/migration/migration.htm (aufgerufen am 17.10.2017).

305 Ebd.

306 »Europe must accept Diversity or face War«, unter: www.youtube.com (aufgerufen am 08.06.2016).

307 Ebd.

308 Ebd.

309 Zitiert nach Martin Lichtmesz: *Kann nur ein Gott uns retten? Glauben – hoffen – standhalten,* Schnellroda, 2014, S. 201f.

310 Rat für nachhaltige Entwicklung (Hrsg.): »Dialoge Zukunft – Visionen 2050«, Band 2, ehemals aufrufbar unter: www.nachhaltigkeitsrat.de, jetzt unter: de.scribd.com (aufgerufen am 17.11.2017).

311 Vgl. Dirk Maxeiner, Michael Miersch: »Bis 2050 wird der ›Normalbürger‹ abgeschafft«, unter: www.welt.de, sowie: s.o. (aufgerufen am 24.10.2017).

312 Rat für nachhaltige Entwicklung (Hrsg.): »Dialoge Zukunft – Visionen 2050«, Band 2, ehemals aufrufbar unter: www.nachhaltigkeitsrat.de, jetzt unter: de.scribd.com (aufgerufen am 17.11.2017).

313 Ebd.

314 Ebd.

315 N. N.: »Grünen-Politikerin will syrisches Dorf in Lettland ansiedeln«, unter: www.welt.de, sowie Jochen Bittner: »Flüchtlinge auf die Dörfer!« unter: www.zeit.de (aufgerufen am 24.10.2017)

316 Jana Werner: »Salfismus Experte: ›Warum nicht ein Neu-Aleppo in Vorpommern gründen?‹«, unter: www.welt.de (aufgerufen am 25.10.2016).

317 Claudia Ehrenstein, Ileana Grabitz, Daniel Friedrich Sturm: »Willkommen in Neu-Aleppo, der Stadt für Flüchtlinge«, unter: www.welt.de (aufgerufen am 24.10.2017).

318 N. N.: »OECD-Studie überrascht: Flüchtlinge in Deutschland sind oft überqualifiziert«, unter: www.t-online.de (aufgerufen am 26.10.2017).

319 Dorothea Siems: »Bessere Job-Chancen für Asylbewerber gefordert«, unter: www.welt.de (aufgerufen am 26.10.2017).

320 Henrik Müller: »Zuwanderung – Das zweite deutsche Wirtschaftswunder«, unter: www.spiegel.de (aufgerufen am 26.10.2017).

321 Peter Thelen: »Zuwanderer retten die deutschen Sozialkassen«, unter: www.handelsblatt.com (aufgerufen am 26.10.2017).

322 Markus Klemm: »Viele Flüchtlinge ›im Grunde Analphabeten‹«, unter: www.welt.de (aufgerufen am 26.10.2017).

323 Ronald Berthold: »Die Deutungshoheit wackelt«, in: *Junge Freiheit,* 23./30.12.2016, Nr. 52/16.

324 Bundesarbeitsministerin SPD.

325 N. N.: »Nahles: Nicht einmal jeder zehnte Flüchtling für Arbeit oder Ausbildung qualifiziert«, unter: deutsche-wirtschafts-nachrichten.de (aufgerufen am 26.10.2017).

326 N. N.: »Jeder vierte Hartz-IV-Bezieher ist Ausländer«, unter: www.faz.net (aufgerufen am 2.5.2018).

327 Michael Paulwitz: »Asylkosten. Münchhausiaden«, in: Junge Freiheit, Nr. 6/17, 03.02.2017, .

328 Ronald Berthold: »Die Deutungshoheit wackelt«, in: *Junge Freiheit,* 23./30.12.2016, Nr. 52/16.

329 Reinhold Michels: »92 Jahre nach der Niederlage: Deutschland bezahlt letzte Kriegsschulden«, unter: www.rp-online.de (aufgerufen am 26.10.2017).

330 Corinna Nohn, Martin Lechtape: »Ein Jahr Flüchtlingskrise – der Faktencheck ›Da kommen ja nur Männer‹«, unter: www.handelsblatt.com (aufgerufen am 26.10.2017).

331 N. N.: »Nahles: Nicht einmal jeder zehnte Flüchtling für Arbeit oder Ausbildung qualifiziert«, unter: deutsche-wirtschafts-nachrichten.de (aufgerufen am 26.10.2017).

332 Dorothea Siems: »Muslimische Migranten müssen sich besser anpassen«, unter: www.welt.de (aufgerufen am 30.12.2017).
333 Daniel Eckert: »Diese Zahlen offenbaren das Ausmaß der Flüchtlingskrise«, unter: www.welt.de (aufgerufen am 28.12.2017).
334 Sebastian Riemer: »Was die Flüchtlinge uns bringen, ist wertvoller als Gold«, unter: www.rnz.de (aufgerufen am 26.10.2017).
335 Michael Paulwitz: »Kriminalstatistik: Wir haben es geahnt«, unter: jungefreiheit.de (aufgerufen am 26.10.2017).
336 Michael Paulwitz: »Welle der Desinformation«, unter: jungefreiheit.de (aufgerufen am 26.10.2017).
337 N. N.: »Frauen in Afghanistan – Von Siegen und Sorgen«, unter: www.focus.de (aufgerufen am 26.10.2017).
338 N. N.: »Sexuelle Übergriffe bei Open-Air-Fest – 14 Anzeigen«, unter: www.welt.de (aufgerufen am 31.05.2016).
339 N. N.: »Tafsa inte – och polisanmäl om du utsatts«, ehemals unter: polisen.se, jetzt unter: web.archive.org (aufgerufen am 26.10.2017).
340 N. N.: »40 Jahre Multikulti in Schweden: 300 Prozent mehr Gewaltverbrechen und 1472 Prozent mehr Vergewaltigungen«, unter: www.epochtimes.de (aufgerufen am 26.10.2017).
341 Rainer Zittelmann: »Staatsanwälte: ›Wir sind am Ende‹«, unter: www.theeuropean.de (aufgerufen am 29.10.2017).
342 Ebd.
343 Dieter Amann: »Sisyphos-Arbeit«, in: *Junge Freiheit,* Nr. 24/16 vom 10.06.2016.
344 Ebd.
345 N. N.: »Drogendealer arbeiten tapfer im öffentlichen Raum«, unter: www.welt.de (aufgerufen am 29.10.2017).
346 Ebd.
347 Rainer Zittelmann: »Staatsanwälte: ›Wir sind am Ende‹«, unter: www.theeuropean.de (aufgerufen am 29.10.2017).
348 »Berlin gemeinsam gestalten, solidarisch, nachhaltig, weltoffen: Koalitionsvereinbarung 2016–2021«, unter: www.berlin.de (aufgerufen am 29.10.2017).
349 Heiko Schrang: »Staat in Panik: Mister Germany vom SEK fast getötet – Was steckt wirklich dahinter?« unter: www.macht-steuert-wissen.de (aufgerufen am 29.10.2017).
350 Hamed Abdel-Samad: »Der gefährliche Prophet«, unter: www.zeit.de (aufgerufen am 02.11.2017).
351 Zu finden unter: derprophet.info (aufgerufen am 28.12.2017).
352 »Diffamieren und Verleumden«, in: *Junge Freiheit,* 13.01.2017, Nr. 3/17.
353 Ebd.
354 N. N.: »Einwanderung, hohe Geburtenrate und Missionierung: Steht uns eine Islamisierung Europas bevor?« unter: www.epochtimes.de (aufgerufen am 02.11.2017).
355 Ebd.
356 N. N.: »Grüne: Gesetz gegen Kinderehen ist ›populistisch‹ und ein ›Verstoß gegen internationales Recht«, unter: www.epochtimes.de (aufgerufen am 28.12.2017).
357 CIBEDO – Arbeitsstelle der Deutschen Bischoffskonferenz (Hrsg.): »›Subway‹ führt islamgemäße Filialen ein«, unter: archiv.cibedo.de (aufgerufen am 28.12.2017).
358 N. N.: »Gericht bestätigt Scharia-Recht in Deutschland«, in: *Die Tagespost,* Nr. 67, 07.06.2016.
359 OXFAM International (Hrsg.): »62 people own the same as half the world, reveals Oxfam Davos report«, unter: www.oxfam.org (aufgerufen am 28.11.2017).

360 Harald Schumann: »Die Herrschaft der Superreichen. Die Macht der Geldelite und die Kapitulation der Politik«, unter: www.blaetter.de (aufgerufen am 26.02.2017).

361 Ebd.

362 Ebd.

363 Zitiert nach: https://de.wikipedia.org/wiki/Edward_Bernays (aufgerufen am 07.12.2017).

364 N. N.: »The Myth of European Democracy: A Shocking Revelation«, unter: www.strategic-culture.org (aufgerufen am 28.11.2017).

365 »Gender and Sexuality«, in: *Scholar Forum. The Journal of the Open Society Institute's Network Scholaship Programs,* Nr. 4, Winter 2001.

366 Claudia Wanner: »George Soros wehrt sich gegen Orbáns Hetzkampagne«, unter: www.welt.de (aufgerufen am 30.12.2017).

367 N. N.: »Freedom House: Ungarn, das unfreieste Land der EU«, unter: derstandard.at (aufgerufen am 30.12.2017).

368 Ebd.

369 Thorsten Benner: »Viktor Orbans ›illiberaler Staat‹: Deutsche Unternehmen müssen dem Spiel ein Ende bereiten«, unter: www.wiwo.de (aufgerufen am 30.12.2017).

370 Nadine Oberhuber: »Orbán ruft«, unter: www.zeit.de (aufgerufen am 30.12.2017).

371 N. N.: »Freedom House: Ungarn, das unfreieste Land der EU«, unter: derstandard.at (aufgerufen am 30.12.2017).

372 George Soros, in *Süddeutsche Zeitung,* 19.05.2010.

373 N. N.: »The Myth of European Democracy: A Shocking Revelation«, unter: www.strategic-culture.org (aufgerufen am 28.11.2017).

374 N. N.: »Mapping: Reliable allies in the European Parliament(2014– 2019)«, unter: legacy.gscdn.nl (aufgerufen am 28.11.2017).

375 Von dem Auftritt gibt es mehrere Videos unter: youtube.com (aufgerufen am 11.02.2018).

376 z.B.: www.zdf.de/ZDF/zdfportal/blob/25238686/1/data.pdf (aufgerufen am 30.11.2017).

377 Ebd.

378 André F. Lichtschlag: »Von wegen Meinungsfreiheit«, unter: ef-magazin.de (aufgerufen am 19.08.2017).

379 Ebd.

380 Ebd.

381 Joe Quinn: »›Pussy Riot‹ – A Grotesque Creation of the US State Department«, unter: joequinn.net (aufgerufen am 19.08.2017), Tyler Durden: »Leaked Memo Exposes George Soros' Plan To Overthrow Putin & Destabilise Russia«, unter: www.zerohedge.com (aufgerufen am 19.08.2017).

382 Vgl. z.B.: Wiktor Dynarski: »Giving Trans Activism the Support It Deserves«, unter: www.opensocietyfoundations.org (aufgerufen am 19.08.2017).

383 N. N.: »Russland erklärt Soros-Stiftungen für unerwünscht«, unter: de.sputniknews.com (aufgerufen am 19.08.2017).

384 Ebd.

385 Peter Scholl-Latour, in *Münchner Merkur,* 10.03.2015.

386 de.wikipedia.org/wiki/Liste_von_Teilnehmern_an_Bilderberg-Konferenzen (aufgerufen am 30.11.2017).

387 Nadine Oberhuber: »Achtung, die Weltregierung tagt«, unter: www.zeit.de (aufgerufen am 30.11.2017).

388 Harald Schumann: »Die Herrschaft der Superreichen. Die Macht der Geldelite und die Kapitulation der Politik«, unter: www.blaetter.de (aufgerufen am 26.02.2017).

389 Zitiert nach: de.wikipedia.org/wiki/Edward_Bernays (aufgerufen am 07.12.2017).
390 Alexander Grau: »Die Agonie der Linken«, unter: www.cicero.de (aufgerufen am 2.5.2018).
391 Vladimír Palko: *Die Löwen kommen. Warum Europa und Amerika auf eine neue Tyrannei zusteuern,* Kißlegg, 2015.
392 Norbert Lossau: »So will Ranga Yogeshwar die Demokratie retten«, unter: www.welt.de (aufgerufen am 22.02.2017).
393 Julia Haase: »Das passiert, wenn du den Rundfunkbeitrag verweigerst«, unter: www.welt.de (aufgerufen am 05.12.2017).
394 Burkhard Müller-Ullrich: *Medienmärchen,* S. 19.
395 Das NetzDG ist aufrufbar z.B. unter: www.bmjv.de (aufgerufen am 30.12.2017).
396 Peter Mühlbauer: »Maas will sich ins Programmieren einmischen«, unter: www.heise.de (aufgerufen am 11.10.2017).
397 hFabian Reinbold: »Jetzt will Maas an die Algorithmen«, unter: www.spiegel.de (aufgerufen am 11.10.2017).
398 KEK (Hrsg.): »Fernsehnutzung«, unter: www.kek-online.de (aufgerufen am 30.12.2017).
399 N. N.: »Weltregierung statt Basisdemokratie? New World Order – Was George Soros und Angela Merkel gemeinsam haben«, unter: www.freiewelt.net (aufgerufen am 07.12.2017).
400 Open Society Foundations (Hrsg.): »George Soros and Open Society«, unter: youtu.be/oVfp1XNLEXo (aufgerufen am 07.12.2017).
401 Manfred Kleine-Hartlage: »Angela Merkel und die neue Weltordnung«, unter: sezession.de (aufgerufen am 07.12.2017).
402 N. N.: »Weltregierung statt Basisdemokratie? New World Order – Was George Soros und Angela Merkel gemeinsam haben«, unter: www.freiewelt.net (aufgerufen am 07.12.2017).
403 de.wikipedia.org/wiki/Farbrevolutionen#US-Gr%C3%BCndungen_und_Unterst%C3%BCtzung (aufgerufen am 07.12.2017)..
404 Ebd.
405 Hans-Christian Rössler: »Ein Fischhändler als ›Märtyrer‹«, unter: www.faz.net (aufgerufen am 07.12.2017).
406 N. N.: »Weltregierung statt Basisdemokratie? New World Order – Was George Soros und Angela Merkel gemeinsam haben«, unter: www.freiewelt.net (aufgerufen am 07.12.2017).
407 Ebd.
408 N. N.: Schulz will Vereinigte Staaten von Europa bis 2025, unter: www.faz.net (aufgerufen am 10.12.2017).
409 Lutz Meyer: »Eliten, Experten, Mandarine – die Zukunft der Demokratie«, in: *Sezession* 78, Juni 2017, S. 44.
410 Was ist Industrie 4.0? unter: www.plattform-i40.de (aufgerufen am 10.12.2017).
411 Oliver Diedrich: »IBM: Künstliche Intelligenz für den Arbeitsplatz«, unter: www.heise.de (aufgerufen am 10.12.2017).
412 Alexander Jung: »Die Roboter kommen«, unter: www.spiegel.de (aufgerufen am 10.12.2017).
413 www.wirtschaft-fuer-grundeinkommen.com/supporters/ (aufgerufen am 10.12.2107).
414 »Die beste Regierungsform ist die direkte Technokratie«, unter: www.tagesanzeiger.ch (aufgerufen am 10.12.2017).
415 Hans Springstein: »Die Elite blickt auf die Demokratie herab«, unter: www.freitag.de (aufgerufen am 10.12.2017).
416 Ebd.

417 N. N.: »Weltregierung statt Basisdemokratie? New World Order – Was George Soros und Angela Merkel gemeinsam haben«, unter: www.freiewelt.net (aufgerufen am 07.12.2017).

418 Vgl.: Carl Schmitt: *Der Wert des Staates und die Bedeutung des Einzelnen,* Berlin 2014.

419 Vgl.: Felix Dirsch: »Die Ambivalenzen der runden Welt«, in: *Die Tagespost,* Nr. 149, 15.12.2016.

420 Ebd.

421 Carl Schmitt: *Begriff des Politischen,* Berlin 1932, S. 55.

422 Benedictus PP. XV: »Bonum sane«, aufrufbar unter: w2.vatican.va (aufgerufen am 10.12.2017).

423 Vgl. Martin Lichtmesz: *Kann nur ein Gott uns retten? Glauben – hoffen – standhalten,* Schnellroda 2014.

424 Vgl.: Lichtmesz: *Kann nur ein Gott uns retten?* S. 74f.

425 Elke Vogel: »Berliner Volksbühne zeigt Sex- und Blutorgie«, unter: www.stern.de (aufgerufen am 30.12.2017).

426 Martin Lichtmesz: *Kann nur ein Gott uns retten?* S. 197.

427 Zitiert nach von Bieberstein: *Schwulenkult,* S. 42.

428 Helmut Schelsky: *Die Arbeit tun die anderen: Klassenkampf und Priesterherrschaft der Intellektuellen,* Berlin 2013, S. 77.

429 Ebd.

430 Zitiert nach von Bieberstein: *Schwulenkult,* S. 71.

431 Alexander Kissler: »Evangelische Kirche: Gelaber und Apokalypse«, in: *Cicero,* 11.05.2014.

432 Antonio Socci: »Le trame in Vaticano: Socci, il piano per far dimettere il papa ›comunista‹«, unter: www.liberoquotidiano.it (aufgerufen am 14.12.2017).

433 Carl Davidson: »Strategy, Hegemony & ›The Long March‹«, unter: carldavidson.blogspot.de (aufgerufen am 27.4.2017).

434 Vgl. z. Bsp.: https://www.katholisches.info/2016/01/koran-in-der-kirche-synkretismus-bei-weihnachtsmesse/ (aufgerufen am 17.12.2017).

435 Von Bieberstein: *Schwulenkult,* Ebd., S. 6.

436 Vgl.: von Bieberstein: *Schwulenkult,* S. 63.

437 N. N.: »Schick: Christliche Flüchtlinge nicht bevorzugen«, unter: www.katholisch.de (aufgerufen am 19.12.2017).

438 Rolf Hille: »Glauben Christen und Muslime an den gleichen Gott?« unter: www.bibelundbekenntnis.de (aufgerufen am 19.12.2017).

439 »Reformation und Islam«, unter: www.ekd.de (aufgerufen am 24.07.2016).

440 N. N.: »Warum hat Bedford-Strohm sein Kreuz in Jerusalem abgelegt?« unter: www.evangelisch.de (aufgerufen am 19.12.2017).

441 Ulrich Dehn, Kirsten Dietrich: »Missionierung von Flüchtlingen: ›Instrumentalisierung einer Situation‹«, unter: www.deutschlandfunkkultur.de (aufgerufen am 19.12.2017).

442 de.wikipedia.org/wiki/Liste_von_in_Moscheen_umgewidmeten_Kirchengeb%C3%A4uden_und_Heiligt%C3%BCmern (aufgerufen am 19.12.2017).

443 www.mdr.de/thueringen/mitte-west-thueringen/holzkreuze-abriss-100.html (aufgerufen am 19.12.2107).

444 Zitiert nach: Sebastian Moll: »Der postfaktische Luther«, in: *Die Tagespost,* 02.03.2017, Nr. 26.

445 de.wikipedia.org/wiki/Clemens_August_Graf_von_Galen (aufgerufen am 07.05.2017).

446 Ebd.

447 Reinhold Schmitt: »Wie scharfprankig war der ›Löwe von Münster‹?«, in: Stefan Rahner, Franz-Helmut Richter, Stefan Riese, Dirk Stelter: *»Treu deutsch sind wir – wir sind auch katholisch«. Kardinal von Galen und das Dritte Reich,* Münster 1987, S. 78–79.

448 Zitiert nach von Bieberstein: *Schwulenkult,* S. 51.

449 Vgl.: von Bieberstein: *Schwulenkult,* S. 51.

450 Vgl. z. Bsp.: http://www.evangelisch.de/comment/75782 (aufgerufen am 23.12.2017).

451 Ebd.

452 Lichtmesz: *Kann nur ein Gott uns retten?,* S. 85.

453 Sven von Storch: »Papst Franziskus fordert mehr Migranten für Europa«, unter: www.freiewelt.net (aufgerufen am 20.12.2017).

454 Papst Johannes Paul II: »Dilecti amici«, unter: w2.vatican.va (aufgerufen am 30.12.2017).

455 Thomas von Aquin: *Summe der Theologie. Secunda Pars, Secundae Partis, Quaestio 101, Articulus 1.*

456 Ebd.

457 Ebd.

458 Zitiert nach Martin Lichtmesz: *Kann nur ein Gott uns retten?,* S. 218.

459 Werner Goez: »Zwei-Schwerter-Lehre«, in: *Lexikon des Mittelalters.* Band 9, München 1998, S. 725f.

460 Zitiert nach Lichtmesz: *Kann nur ein Gott uns retten?,* S. 161.

461 Ebd.

462 Zitiert nach ebd., S. 162.

463 N. N.: »Jugendliche beinahe ertränkt: Nach mutmaßlichem Mordversuch an der Havel – Verdächtiger liegt im Koma«, unter: www.tagesspiegel.de (aufgerufen am 20.12.2017).

464 N. N.: »Islamistischer Gefährder in Berlin freigelassen«, unter: www.freiewelt.net (aufgerufen am 20.12.2017).

465 Fallbeispiele unter: www.forum-krankenversicherung.de (aufgerufen am 20.12.2017).

466 Jacques Schuster: »Die größten Heucheleien in der Flüchtlingspolitik«, unter: www.welt.de (aufgerufen am 20.12.2017).

467 Arthur Schopenhauer: *Die Welt als Wille und Vorstellung.* Band 1. Zürich 1988, S. 415. Erster Band. Viertes Buch. Der Welt als Wille zweite Betrachtung: Bei erreichter Selbsterkenntnis Bejahung und Verneinung des Willens zum Leben.

468 Ebd.

469 Vgl. zur derzeitigen Situation: Klaus-Peter Jörns: *Die neuen Gesichter Gottes: was die Menschen heute wirklich glauben,* München 1997, S. 176.

470 Joachim Frank: »Flüchtlingspolitik: Kardinal Woelki wettert gegen CSU-Positionen«, unter: www.ksta.de (aufgerufen am 20.12.2017).

471 Markus Mohr: »Militanz gegen Nazis und Probleme ›linker Gewalt‹, unter: www.neues-deutschland.de (aufgerufen am 30.12.2017).

472 Vgl. z.B. hierzu die eindrücklichen Schilderungen des dionysischen Kultes in: Dmitry Sergejewitsch Mereschkowski: *Julian Apostata. Der letzte Hellene auf dem Throne der Cäsaren,* Berlin 1928

473 Zitiert nach: Martin Lichtmesz: *Kann nur ein Gott uns retten?,* S. 170.

474 Ernst Jünger: *Siebzig verweht I.,* Stuttgart, 1981, S. 439.

475 youtu.be/X9JxEC5Rq9Q (aufgerufen am 20.12.2017).

476 Søren Kierkegaard: *Der Begriff der Angst,* S. 182 f.

477 Vgl. zur Einführung: Gautama Buddha: *Die vier edlen Wahrheiten. Texte des ursprünglichen Buddhismus.* Hrsg. v. Klaus Mylius. Leipzig 1983.

478 Ebd.

479 Arthur Schopenhauer: *Die Welt als Wille und Vorstellung.* Erster Band c, Köln 1997, § 56.

480 Georg Lukács: *Die Theorie des Romans,* München 1994, S. 32.

481 Kai Kupferschmidt: »Der Gottesinstinkt«, unter: www.tagesspiegel.de (aufgerufen am 27.12.2017).

482 Martin Lichtmesz: *Kann nur ein Gott uns retten?,* S. 42.

483 Zitiert nach Lukács: *Die Theorie des Romans,* S. 21.

484 Zitiert nach Lichtmesz: *Kann nur ein Gott uns retten?*, S. 34.
485 Ebd. S. 8.

Anmerkungen zum Kapitel »Die große Show: Nachtrag aus dem Jahr 2019«

1. https://www.welt.de/kmpkt/article159509620/Wuerdest-du-das-Hitler-Baby-toeten-wenn-du-koenntest.html (aufgerufen am 19.08.2019).
2. Man beachte die Wortwahl hier bei einer ähnlichen Gelegenheit 2017: https://www.n-tv.de/politik/Gegendemo-blockiert-Neonazi-Aufmarsch-article19991496.html (aufgerufen am 19.08.2019).
3. Ebd.
4. Vgl. für die folgenden Abschnitte: Wolfgang Wickler, Uta Seibt: *Das Prinzip Eigennutz. Ursachen und Konsequenzen sozialen Verhaltens. München, 1981, sowie die grundlegende Arbeit: Elias Canetti: Masse und Macht. Frankfurt a. M. 1993.*
5. Alain de Benoist: *Démocratie: le probleme. Paris, 1985, S. 25.*
6. https://www.focus.de/finanzen/banken/umfrage_aid_121372.html (aufgerufen am 19.08.2019).
7. Vgl.: Benoist: *Démocratie.*
8. https://www.spiegel.de/international/spiegel/the-west-and-islam-hurray-we-re-capitulating-a-462149.html (aufgerufen am 19.08.2019).
9. Dieser und die folgenden Abschnitte sind als kritische Auseinandersetzung mit folgendem Text zu verstehen: https://www.quintacolumna.eu/kultur/volle-fahrt-ins-nichts/ (aufgerufen am 19.08.2019).
10. Tim Spier: *Modernisierungsverlierer? Die Wählerschaft rechtspopulistischer Parteien in Westeuropa. Heidelberg, 2010, S. 4.*
11. Vgl.: Alex Kurtagic: *Warum Konservative immer verlieren. Schnellroda, 2013.*
12. Joseph Goebbels, Tagebuch, 29. Januar 1942 (Anton F. Schimmelpfennig [Hrsg.]): *Aus den Tagebüchern von Joseph Goebbels seine Unterredungen mit Adolf Hitler 1939/1945: Band 1 August 1939 – November 1942. Frankfurt a.M. 2016).*
13. https://www.nabu.de/umwelt-und-ressourcen/klima-und-luft/klimawandel/06738.html (aufgerufen am 19.08.2019).
14. Vgl.: *Carl Schmitt: Der Begriff des Politischen: Text von 1932 mit einem Vorwort und drei Corollarien. Berlin, 2015.*
15. https://energiesysteme-zukunft.de/fileadmin/user_upload/Publikationen/PDFs/ESYS_Stellungnahme_Sektorkopplung.pdf (aufgerufen am 19.08.2019).
16. https://www.bundeskanzlerin.de/bkin-de/aktuelles/sommerpressekonferenz-1649640 (aufgerufen am 19.08.2019).
17. https://youtu.be/pBbvehbomrY (aufgerufen am 19.08.2019).
18. https://en.wikipedia.org/wiki/Nudge_theory (aufgerufen am 19.08.2019).
19. R. Thaler and C. Sunstein: *Nudge*. London, 2008.
20. https://www.epochtimes.de/politik/deutschland/klimaschutz-kuenast-haelt-umstellung-auf-vegane-und-vegetarische-ernaehrung-fuer-unausweichlich-a2884571.html (aufgerufen am 19.08.2019).

21. https://www.cnbc.com/2019/01/21/how-bill-gates-backed-vegan-beyond-meat-is-winning-over-meat-eaters.html (aufgerufen am 19.08.2019).
22. https://www.vivalavegan.net/articles/554-bill-gates-helping-the-world-to-go-vegan.html (aufgerufen am 19.08.2019).
23. https://www.virgin.com/richard-branson/clean-meat-future-meat (aufgerufen am 19.08.2019).
24. https://www.livekindly.com/bezos-branson-gates-vegan-meat-investment-motif/ (aufgerufen am 19.08.2019).
25. https://youtu.be/uW3UIw4ldYU (aufgerufen am 19.08.2019).
26. https://www.pharmazeutische-zeitung.de/neurologische-schaeden-beim-kind-moeglich/ (aufgerufen am 19.08.2019).
27. Ebd.
28. Zitiert nach: https://sezession.de/61307/nur-noch-kurz-die-welt-retten-habecks-dromokratie (aufgerufen am 19.08.2019).
29. https://le-bohemien.net/2011/06/16/10-strategien-die-gesellschaft-zu-manipulieren/ (aufgerufen am 19.08.2019).
30. Zusammenfassung durch Caroline Sommerfeld unter: https://sezession.de/61330/eingedenk-der-zuschauerdemokratie (aufgerufen am 19.08.2019).
31. Oswald Spengler: *Der Untergang des Abendlandes. Umrisse einer Morphologie der Weltgeschichte. München, 1997, S. 22.*
32. Ebd. S. 43.
33. Ebd. S. 46.
34. Ebd. S. 45.